当代新哲学丛书

赵剑英　肖　峰■主编

信息主义及其哲学探析

肖　峰　著

中国社会科学出版社

图书在版编目（CIP）数据

信息主义及其哲学探析/肖峰著. —北京：中国社会科学
出版社，2011.10

（当代新哲学丛书）

ISBN 978-7-5004-9990-9

Ⅰ.①信… Ⅱ.①肖… Ⅲ.①信息社会—研究 Ⅳ.①G201

中国版本图书馆 CIP 数据核字（2011）第 143269 号

责任编辑　储诚喜
责任校对　王雪梅
封面设计　苍海光天设计工作室
技术编辑　王　超

出版发行　中国社会科学出版社
社　　址　北京鼓楼西大街甲 158 号　　邮　编　100720
电　　话　010 - 84029450（邮购）
网　　址　http：//www.csspw.cn
经　　销　新华书店
印　　刷　北京君升印刷有限公司　　装　订　广增装订厂
版　　次　2011 年 10 月第 1 版　　印　次　2011 年 10 月第 1 次印刷
开　　本　710×1000　1/16
印　　张　17.75　　　　　　　　　插　页　2
字　　数　239 千字
定　　价　38.00 元

《当代新哲学丛书》总序

如果说"哲学是时代精神的精华",那么哲学的重要使命,无疑就是要通过对时代趋势的把握,来展现出时代精神的丰富内涵,并从中提炼出新的哲学观念、哲学方法和哲学视野,去影响人们更合理地构建自己的时代。

凡存在的,都是变动演化的,由此而形成不断推陈出新的趋势,人类智力和智慧的一种"内在本能",就是要极力把握住这种新的趋势,以获得对存在之奥妙的"明白",消解心中因外界的变动不居而留下的疑惑,并借助实践的力量将认识世界的成果转变为改善现实的成果。所以,对新事物的把握汇聚着人类各个层次的精神探求,在这个意义上,哲学不仅仅是一种"为往圣继绝学"的传承过程,更是"为当世探新知"的"开来"活动,这就是"探求新学"的活动,我们无疑可称这个意义上的哲学为"当代新哲学"。

"新哲学"也意味着,我们的哲学是处于发展中的哲学,而我们的哲学发展也不断形成新的趋向。无论是不断强化着的"科学性"、"实践性",还是成为焦点的"人本性"、"文化性",都是当今学术界在探索新哲学的过程中所归结的特征,这些特征当然并没有穷尽对哲学之新的把握,而本丛书所展示的方面,可以说是对新兴哲学的又一些维度的探视。

当代新哲学的多维度存在,表明她的来源是多样化的,她所汇聚的是多样的趋势，例如，本丛书就择取的是如下视角：

其一是追踪科学技术的前沿趋势，让哲学走进"新大陆"。科学技术是人类在探新的过程中迄今走在最前沿的领域，它长期以来为哲学的发展提供着源源不断的智力支持和问题激励，以至于追踪科学技术的前沿趋势，成为每一个时代哲学保持其生命活力的必要条件之一。本丛书我们选取了"量子信息"和"纳米科技"这两个国内哲学界从未涉足的科技前沿领域，对其发展的现状和趋势进行了哲学初探。进入这些领域，也犹如让哲学踏上"新大陆"，进入由当代科技为我们开辟的知识上的"处女地"，使我们面对从未接触过的新存在、新现象去尝试性地进行哲学分析和思辨性概括，在其中看看能否获得新的哲学发现。这个过程也是哲学与新兴学科的相互嵌入，用哲学的方式去打开这些新的"黑箱"，力求产生出智力上的"互惠"和视域上融合。

其二是把握日常生活的变动趋势，也就是让哲学走进"新生活"。生活世界的新问题是层出不穷的，它们为哲学思考提供了取之不尽的新养料，在今天由"现代性"和"后现代性"交织影响的日常生活中，女性问题、技术的人文问题以及视觉文化问题都已经成为"焦点问题"，也有的成为公众的"热门话题"，因为它们或者关系到一部分人的社会地位，或者关系到全人类的"生存还是死亡"，再或者关系到我们日常的文化社会方式问题，它们成为生活世界中不断兴起的关注点和"热词"，对其加以哲学的分析和归结，可以使形而上的哲理具象化，使抽象的哲学观点社会化。抑或说，这是一种在生活世界与哲学探究之间相互会通的尝试，体现了哲学"从生活中来，再到生活中去"的强劲趋势。

其三是反思思想学术的"转型"趋势，也就是让哲学进入"新视界"。近来，各种新兴思潮尤其是"＊＊主义"的兴起，不断掀动着思想学术或理论范式的"转型"，出现了从"物质主义"到信息主义、从实体主义到计算主义，从客观主义到社会建构主义，呈现出新兴学术思潮冲击传统思潮的强大趋势。这些学术思潮起初发源于具体学科，分别作为"信息观"、"计算观"、"知识观"等等而存在，但由于其潜在的说明世界的普遍性方法论功能，无疑包含着成为一种种新哲学的趋势；这些理论范式在走向哲学的过程为我们"重新"认识世界提供了若干新的参照系，引领我们换一个角度看世界，去看看世界究竟会是个什么样子？这无疑是一种智力探险，同时也伴随了丰富的思想成果，为当代哲学图景起到了"增光添彩"的作用，同时其"利弊得失"的"双重效果"也构成为哲学反思的新课题，正因为如此，这些选题构成为本丛书的一个重要组成部分。

总之，我们的新哲学源自于探索领域的新扩张、或是焦点问题的新延伸、或是观察视角的新转移。

世界范围内经济、政治、文化的大变迁，必然伴之以人类智慧和思想的大发展，使得哲学探新的势头日趋强劲，各个新领域、新侧面的哲学探索不断推出新的成果。如果从哲学上 20 世纪是"分析的时代"，21 世纪则是各种新哲学思想竞相争艳的时代，正是在这种背景下，各种当代新哲学连续诞生，成为人类知识宝库和文化成就中的重要组成部分，"当代新哲学"的选题就是反映 21 世纪以来最引人注目的哲学新学科，展现近几十年乃至近几年来异军突起的哲学新亮点，它们认识论到方法论再到本体论，都带来了"新气象"。作者们力求从当代新的自然图景、社会图景和人文图景中把握总体性的新的世界图景，从而增加我们从哲学上把握世界的时代感、生动性和趋势感；这些新哲学的出现即使构不成哲学中的"全新革命"，但至少也由于其应对了时代的"挑战"而实现了哪怕是局部的"突破"和"超越"，从而形成了实实在在的"新发展"。哲学必须有它的传统和历史的积淀，才有智慧的进化；哲学也必须有对人类新发现新发明新趋势的追踪和创新性思考，才有不仅仅是作为"非物质文化遗产"的哲学存在，而且还有作为把握现实的世界观和方法论哲学的存在。由于"存在就是推陈出新",也由于哲学的探新精神,新哲学的涌现是没有止境的。

　　本丛书汇聚了一批中青年哲学工作者参与写作,其长处是他们对于"求新"的渴望,他们中不少在追踪学术前沿的过程中,已经开辟了或正在开辟新的哲学领域;同时,由于初涉这些全新的领域,所以这样的探索还只能是"初探"。当然,即便如此,我们也是力求以一种前沿性、学术性和通俗性相结合的方式,将其传播至公众和学者,力求通过焦点之新和表述之活来对更多的人产生更大的吸引力,可以称之为对哲学的一种"新传播":提高哲学尤其是新哲学对世界的"影响力",从而不仅仅是满足于能够以各种方式解释新的世界,而且还能够参与建构一个新世界。这或许就是当代新哲学的"力量"及其旨趣和追求。

赵剑英、肖峰

2011 年 8 月

目　　录

信息帝国的崛起

信息时代，"信息"成为了一个十分耀眼的词汇和符号，以它为前缀或后缀的词组层出不穷，且个个闪烁着时代的光辉，令人景仰和追逐，以至于信息时代的来临，建造了一个"信息帝国"；抑或说，"信息时代"就是"信息帝国"的同义语。

"信息"的这种强势出场，与当代信息技术的问世并给我们的社会乃至整个世界造成的巨大变化联系在一起，信息技术的神奇功能使得"信息"也被附上巨大的魔力，成为能够"呼风唤雨"、主导社会乃至整个世界的"决定性要素"，于是我们似乎看到，无所不能的信息和信息革命，使得信息成为引导物质的力量、信息技术成为主导人类历史的决定性因素、信息文明在当代则引领整个人类文明，信息化导致了经济繁荣、政治昌明、文化兴盛……信息革命带来了社会乃至整个世界的艳阳高照、莺歌燕舞……这就是信息和信息技术正在展示的神奇功能。由此导致一种"新社会观"乃至"新世界观"的形成，这就是"信息主义"。

可以说，在信息帝国崛起或信息主义兴盛之前，至少在工业社会时代，是"物质帝国"或"物质主义"占据着统治的地位。那么信息帝国的崛起是否意味着物质帝国的衰落？是否意味着信息对物质的"霸权"时代的来临？

在一些人的描述中，确实可以看到物质的重要性似乎在信息的重要性面前消退；如果以前的年代是只见物质不见信息，那么信息帝国的年代似乎又在走向另一个极端：只见信息不见物质，或物质被信息的泡沫所掩盖。

例如，经济领域似乎就显示了这种关系。信息经济的兴起使人们普遍误认为信息正在成为比物质、能源和货币资本更重要的资本，经济极大地依赖于知识、技术人才等信息资本，经济的主导性质从物质经济变成信息经济、从实体经济变成虚拟经济，从现实经济变成未来经济，从物品经济变成体验经济，从生产主义的经济变成消费主义的经济，而消费中又是所谓"符号消费"为主导……所有这些特征的变化，都被统摄到信息经济所带来的经济革命之中。随着信息经济的兴起，发达国家的主导产业从物质性的制造业转向了研发、金融、营销为主的虚拟产业，智力产业或知识产业成为经济的核心，它们均属于"信息经济"或"知识经济"的范畴，在产业链中居于高端的位置，或者说知识的生产成为首要的产业，具有重大的价值，成为社会经济发展的强大功力，信息工作者成为中心人物；而体力劳动的经济意义退居次要，随之物质性的制造业主要由富集体力劳动者的发展中国家承担，并被发达国家视为"夕阳产业"，这无疑表明了经济领域中信息帝国的崛起是和物质帝国的衰落联系在一起的。当代管理学大师彼得·德鲁克还在 20 世纪 80 年代的一段名言就典型地从经济上反映了上述的"新关系"，他说："知识是今天惟一意义深远的资源，传统的生产要素——土地（即自然资源）、劳动和资本没有消失，但它们已经变成第二位的。假如有知识，就很容易得到传统意义的生产要素。"①

政治领域似乎也有这种迹象。政治强国在今天被赋予越来越

① ［美］达尔·尼夫主编：《知识经济》，樊春良等译，珠海出版社 1998 年版，第 57 页。

多的"软实力"成分，它们不再仅仅是追求从武力上征服殖民地，而是力求向他国输出自己的价值观，即对他国公众的心灵世界产生文化影响，也就是古人所说的"攻心为上"（心理战）。这种征服心灵的能力说到底也是一种信息影响力。在这个意义上，信息不仅成为直接的经济力，也成为直接的军事力和政治力；"信息政治"日益成为一种更强大的政治。由信息实力构成的"软实力"似乎正在取代由经济、财富、物质资源、武装力量等物质实力所构成的"硬实力"，成为决定国家之政治地位的最主要因素。甚至作为政治争端的最极端化形式——战争——也成为由信息实力起决定作用的"信息战"。总之，信息是更重要的权力，是比资本更重要的战略资源。这一点也为系统哲学家 E. 拉兹洛 1992 年在题为《决定命运的选择》的报告中所精辟阐释："在 20 世纪末至 21 世纪初，规定世界上权力与财富性质的游戏规则已经改变……一个比黄金、货币和土地更灵活的无形的财富和权力的基础已在形成。这个新基础以思想、技术和通讯占优势为标志，一句话，以'信息'为标志。"①

不仅对社会现象的看法从而在社会观领域中如此，而且在世界观领域中也是如此，这就是从过去强调物质实体为世界的基石，转变到强调"关系"、"结构"、"形式"等方面为世界的新的基石，并视"物质实体论"为传统过时的本体论或存在论，而后者则直接属于或本质上关联于"信息"范畴，从而意味着力求从物质本体论过渡到"信息本体论"，甚至将这种新的本体论或世界观直接表达为"万物源于比特"或"信息比物质更实在"，并将揭示信息的哲学特征的"信息哲学"置于"第一哲学"的位置，由此，"世界观信息主义"宣告问世，信息帝国的疆界也就从人间社会扩展至全部宇宙，信息主义也从一种社会学变成一种

---

① ［美］E. 拉兹洛：《决定命运的选择》，李吟波等译，生活·读书·新知三联书店 1977 年版，第 6 页。

哲学。

可见，信息主义是在信息世界和物质世界之间所作的一种非此即彼的"新"选择。

信息主义和任何社会文化思潮一样，其积极价值在于将原先被人们忽视的某种存在或现象凸显出来，引起人们的重视，使被注意力遗忘的角落被思想之光照亮，这就是使被"物质霸权"所压制的信息存在取得普世的关注。一个最简单的事例，在今天的生活中，人们如果一天不上网或不带手机出门，就会觉得缺少了什么，甚至处于不安和焦虑之中，似乎处于与信息世界的隔绝之中。这就是日常生活中我们感到的信息的重要性。

但信息主义也和任何一种社会文化思潮一样，所采取的往往是"矫枉过正"的手段来引起我们对信息的关注，这就难免走向极端，即过分夸大地去阐释信息的价值和功能，从而走向用信息压制其他存在现象甚至取代其他一切存在的价值的偏激之道上去，由此形成只见信息泡沫而不见其他一切现象的认识论景观甚至本体论图景。

在这种新的图景中，信息主义一方面将过去物质或实体优位时代被遮蔽的信息提高到引人注目的地位，另一方面又将信息推向"新的神坛"，使其成为耀眼夺目的现象，甚至泛起了被过度膨化的泡沫，大有"一飞冲天"之势，压倒物质甚至取代物质的地位，具体表现为：

信息的哲学地位：将信息从本体论上从属于物质的现象，变成独立于物质甚至可派生出物质的现象；从认识论上则将"信息思维"视为取代"实体思维"和"能量思维"的更合理有效的思维方式；从方法论上更是将信息看作是可以解释一切的"终极原因"；而作为这些的合集，就是所谓哲学因信息革命而成为信息哲学，使得哲学发生了一场"全新的革命"。

信息的社会学地位：信息尤其是信息技术被视为社会发展的决定力量，其中当代信息技术成为当代社会的性质和面貌的决定性因素，成为社会文明的最高标志，形成"信息时代"、"网络社会"的称谓，信息和信息技术的魔力成为解释社会和历史的新的法则，社会变化的机制必须从信息世界或"信息方式"而不是从物质世界或"生产方式"中去寻找。

信息的人本学地位：信息成为解释和说明人的本质的新维度，甚至取代先前的一切维度被视为最有效、最正确的维度，从而更推广为生命的首要意义；各种"信息人"假说涌现出来，大有湮没先前的"物质人"、"生物人"、"社会人"的势头。

无论如何，信息帝国的崛起有其深厚的技术基础和心理基础，这就是信息技术对我们日常生活的影响和改变，即人的"生存方式"的变化，这就是尼葛洛庞帝所说的"数字化生存"。我们变得越来越依赖于数字信息和网络，也可以称其为数字化纠缠的无所不在，即"你不找信息，信息也会找你"。

可见，无论在日常生活的领域，还是学术研究的向度，信息问题从而信息主义都无时无刻不在"冲击"我们的感受和思绪。即使"信息主义"这个概念还未被每一个领域所普遍知晓和自觉接受，但其作为一种智力倾向正在兴起则是一个不争的事实：它具体地存在于各个学术领域中研究方法和观察视野上普遍的"信息转向"之中。这种现象的存在正是对信息时代的一种理论提升和哲学反思，也是"信息解释力"的必然扩张。在这种"时代性背景"下，我们必须对自己所置身的这个信息帝国有所认识，尤其是对信息主义有一种清醒而冷静的透视，在这个过程中，无疑也可以收获一些新的哲学思想，从而成为"当代新哲学"之浩浩长河中的涓涓细流。

本书叙述的逻辑是，第一章对信息主义的含义、多样性表现加以介绍，第二章和第三章分别对哲学信息主义中的本体论和认识论观点加以阐释，第四章转向作为社会历史哲学的信息技术决定论的分析，第五章集中对作为经济信息主义的重要现象——虚拟经济加以专门的探讨，第六章回到信息主义的基本概念——"信息"之上，对其哲学含义再度加以深入的剖析，在此基础上进入到对信息主义的评价性归结，这就是第七章的内容。

第 一 章

多面孔的信息主义

信息主义是信息帝国的世界观，它虽然已经形成为一种具有广泛影响的社会思潮，但对其含义和表现形式则有莫衷一是的看法，其存在的历程和演进的过程遍及从日常生活到学术研究的诸多领域，也显示出一种从社会观到世界观的动态提升和扩展，从而带来某种新哲学问世的景象。

第一节　从日常表达到学理主张

一涉及信息主义，通常的首要问题是：什么是信息主义？

简单地说，信息主义就是对信息的过度推崇；稍微复杂一点说，就是将对信息的这种过度推崇上升到学理的层面，通过一套理论表达出信息的极端重要性，这种重要性如果主要是体现在论证信息对于社会发展的作用和价值，则可称之为社会观意义上的信息主义；而如果是体现在论证信息对于整个世界的意义和地位，则可称之为世界观意义上的信息主义。前者也可称之为社会学信息主义，后者则可称之为哲学信息主义。

学理上的信息主义通常也可以在日常生活中表现出来，形成所谓的"朴素信息主义"，这就是对日常经验中所认识的信息及其重要作用加以简朴的概括和总结。

对信息的重视古已有之，但并不一定构成信息主义，像古诗中"梦断美人沉信息，目穿长路倚楼台"；"塞外音书无信息，道傍车马起尘埃"；"雁过故人无信息，酒醒残梦寄凄凉"；"荡子江湖信息稀，疲兵关塞肌肤裂"；"欲传春信息，不怕雪埋藏"；"烽火连三月，家书抵万金"等等，都表达了日常生活中对信息的渴求乃至赞美。稍进一步，在攻城略地和安邦治国的"大事"中，信息或信息手段的重要性更是早已被人们所体认，所以才有如下之说："知己知彼，百战不殆"，"攻城为下，攻心为上"，"以力服人者，非心服也；力不赡也。以德服人者，心中悦而诚服也"，"一言可兴邦，一言可灭邦"，如此等等。而当我们的古人用击鼓传信、烽火告警的方式来通知外敌入侵时，就标志了他们在实际需要的促进下不断"发明"种种能够迅速传递信息的"技术手段"，成为远古时代为实现远距和及时通信的一种方式，同时表明了信息和信息技术在通常的"军事活动"中的极端重要性。这种重要性不仅为我们的古人所认识，也成为某种"普世"的共识，于是有了"三张敌对的报纸比一千把刺刀更可怕"①、"一说客能抵千军万马"、"一条信息几乎可以颠覆一个政府"等说法。

即使我们不能称上述现象为"信息主义"，也可以认为这些都是采取了一种区别于"物质视角"的"信息视角"。以下是一个如何识别特修斯之船（The Ship of Theseus）的古老的思想实验，其中就体现了是采用"物质视角"还是"信息视角"的问题：

"特修斯之船"最早出自普鲁塔克的记载。它描述的是一艘可以在海上航行几百年的船，归功于不间断的维修和替换部件。只要一块木板腐烂了，它就会被替换掉，以此类

---

① ［加］马歇尔·麦克卢汉：《理解媒介》，何道宽译，商务印书馆2000年版，第40页。

推，直到所有的功能部件都不是最开始的那些了。问题是，最终产生的这艘船是否还是原来的那艘特修斯之船，还是一艘完全不同的船？如果不是原来的船，那么在什么时候它不再是原来的船了？哲学家霍布斯后来对此进行了延伸，如果用特修斯之船上取下来的老部件来重新建造一艘新的船，那么两艘船中哪艘才是真正的特修斯之船？

一种解读：对于哲学家，特修斯之船被用来研究身份的本质。特别是讨论一个物体是否仅仅等于其组成部件之和。一个更现代的例子就是一个不断发展的乐队，直到某一阶段乐队成员中没有任何一个原始成员。这个问题可以应用于各个领域。对于企业，在不断并购和更换东家后仍然保持原来的名字。对于人体，人体不间断的进行着新陈代谢和自我修复。这个实验的核心思想在于强迫人们去反思身份仅仅局限在实际物体和现象中这一常识。

也就是说，我们如何识别一个在物理构成上不断变化的对象，是根据其物质成分还是根据其"形式"、"结构"和贯穿其中的"精神气质"、"文化传统"？如果根据后者，就至少是更看重"信息"对于保持一个对象"是其所是"的作用，某种意义上这种视角和方法论就是信息主义的前身。

今天，"信息"已成为现代人的生命要素之一，我们的日常生活同信息日趋紧密相连。如同维纳所说："接受信息和使用信息的过程就是我们对外界环境中的偶然性进行调节并在该环境中有效地生活着的过程"，"所谓有效地生活就是拥有足够的信息来生活"，"要有效地生活就要有足够的信息。所以，正像通信和控制属于人的社会生活那样，它们也是人们的内部生活的要素"[①]。我们越来越深刻地认识到信息的重要性。我们的日常生活中，每

---

① ［美］维纳：《人有人的用处》，陈步译，商务印书馆1978年版，第9页。

天都在与信息打交道，或者接收或者输出信息，我们从过去离不开与人的面对面交谈，到后来离不开报纸书信、广播电视，到今天离不开计算机、网络和手机，以至于"一关上电脑，你就觉得与世隔绝，总担心自己错过一些重要信息"①。

甚至，即使我们想摆脱信息，在当今社会都已成为不可能，因为"你不去找信息，信息会来找你"②。或者说，新的信息技术会对你的生活进行无孔不入的渗透，它"延伸到社会生活几乎每一个领域，它甚至通过用于查询信息、娱乐、教育和启迪智力的家用电脑侵入家庭。公众通过'世界游戏'和电子技巧参与规划未来的技术仪式，这是由传播技术带来的新型参与式民主演习"③。这使得我们每天都被各种各样的信息所包围、簇拥甚至"侵犯"，想过一种无信息或少信息的"原始状态"的生活，甚至也成为一种想摆脱现代技术而退回自然状态那样成为一种"梦想"。

我们不仅生活在"信息的海洋"中，还常常需要对信息的真假进行辨别，不时还会对信息真假难辨，在日常生活中陷于"两难境地"，以至于处在某种程度的"信息紧张"之中。下面的短文④所叙述的故事就传达出这样的"信息"：

> 到底是谁动了我的信息？咱无从追究。每次遇上骗局，我总在心里冷笑，现在骗子的智商怎么就那么低呢？
>
> 前段时间，有一个外地电话一直往我手机里打，我每次都不接。后来这家伙改发短信，说他是重庆的，因为我帮他

---

① ［美］盖瑞·斯默尔等：《大脑革命》，梁桂宽译，中国人民大学出版社2009年版，第3页。

② ［美］斯各特·拉什：《信息批判》，杨德睿译，北京大学出版社2009年版，第239页。

③ ［美］詹姆斯·凯瑞：《作为文化的传播》，丁未译，华夏出版社2005年版，第151页。

④ 流沙：《谁动了我的信息？》，《时文博览》2009年第12期。

们杂志写了许多稿件，评上了优秀通讯员，有五百元奖金，希望我把银行卡卡号告诉他。我一看，又在心里冷笑，说现在这骗子真是无孔不入。我回了一条短信："奖金不要了，你们自己享用吧。"

那人回短信说："那不行，这是杂志社给你的钱，怎么能自己享用呢？"

我想现在的骗子真是穷追猛打，不达目的不罢休啊。我把他的电话设置进了黑名单，终于耳根清净了。

大概过了一周，我收到了一个快递，拆开后，里面有两个信封，一个里面装了五百元钱，一个里面有张小纸条，上面写着一段话："流沙老师，一直打不通你的电话，你为我们杂志写了那么多稿子，你不肯领这个奖，我们真的十分惭愧，我们杂志社财力有限，这点钱希望笑纳。"

我看罢真是哭笑不得，这回中奖成了真的。

就是说，某些方面的信息太多使得我们不再相信这方面的信息，但这样的态度又会使我们失去有价值的信息，于是，如何分辨信息泡沫中那微小的真实的部分、那剩余的沉淀物，就成为我们在信息的汪洋中面临的一个重要问题。这类问题的存在也表明，即使我们不"投入"信息性的日常生活，也会"被卷入"这样的生活，甚至进入尼古拉·尼葛洛庞帝所说的"数字化生存"：在电脑和数字通信呈指数发展的今天，我们正奔向突发巨变的临界点，我们周围越来越多的信息都被数字化了，被简化为同样的"1"和"0"，我们就生活在"1"和"0"组成的一串串"比特"所代表的数字化信息空间中。在数字化空间中，人们将出现一种新的生存方式，这就是数字化生存方式。也就是说，信息生活方式已经是当今日常生活的主题。凡此种种，都表明当今社会的人们都在趋向于过一种"信息生活"，而一旦将这种重要性夸大到一定的程度，就有可能走向日常生活中的信息主义。

对信息能力的重要性的强调也不时显现出信息主义的日常形态，如"声音大的有奶吃"、"强词夺理"之类就隐含着类似的主张。拿"强词夺理"来说，如果撇去其贬义的感情色彩，那么在实际社会中，强词就常常能夺理，或是不是"有理"，常常取决于是否拥有强词，或者理就是强词，谁有强词，谁就有理，以至于形成"事实胜于雄辩"的反义句："雄辩胜于事实。"在这里，作为信息能力的修辞和表达能力成为决定一种观点是不是"有理"以至是不是"事实"的因素，而"权力"、"威信"等就是从中获得的。在现实中还常见"说的比唱的还好听"的情况，一般地说，这是信息表达的超常发挥，特殊地说，也是一种"表达决定论"式的信息主义，认为信息的效果唯一地取决于信息的表达而不是信息的内容。萧伯纳说过，Yes、No 的写法只有印刷体和手写体两种，而说法却可以多到几千种，能表达出各种细微的差别。"表达决定论"导致社会形成一大类职业：以改善信息表达方式而取得所需要的结果，如律师、推销员、政治演说家，以及江湖骗子……所谓凭"三寸不烂之舌"来说服人，甚至把圆的说成方的。一定程度上，它将"知识就是力量"转化为"语言就是力量"；此时，事实本身不一定有什么社会性或群体性效应，而对事实的信息表达方式更能起决定作用，尤其是这种表达方式是否能够"煽情"往往成为最被看重的因素。这也说明，知识的价值，从而信息的价值，其实现过程还有赖于信息能力的系统发挥，如一个满腹经纶的人如果不善表达，则其知识信息就体现不出现实的价值。这同时还似乎说明，人是被信息表达方式所支配的动物，这至少是人的多样性的一个方面。

表达的功用也使我们看到，从度量上分析，"信息量"可分为"内容的信息量"和"效果的信息量"两种，后者也叫信息的效用量——信息所能改变信宿的信息状况的度量。信息的效用量的提出，使得信息的表达方式问题成为一个重要问题，同样的信息采取不同的表达方式就会获得不同的效用量，所以说服力的重要性，所以"宣传"和"传播"艺术的重要性，由此出现两个极端：效用量为零的信息如何看待？通过"炒作"而产生的效用量扩大的信息如何看待？后者实质上就是传播意义上的信息主义：只求传播的效用量的最大化，而不问信息的真假，也是信息主义的一种日常表现。

"信息的效用量"也使我们联想到日常生活中的"吆喝"。过去流传的说法是"酒香不怕巷子深"，而今正在走向另一个极端："能吆喝就不怕酒不香"或"吆喝能使酒变香"。下面的辩论似乎也"暗示"了这个道理：

> 2010 年 7 月 8 日下午，"创想青春——2010 海峡两岸暨港澳地区高校世博辩论大赛"全国晋级赛在中央电视台农业电影电视中心演播厅举行，本场比赛的辩题是"打造城市名片，'酒香'更重要还是'吆喝'更重要"。反方……既巧妙避开了对方设置的陷阱，又成功压制了对方选手的发挥，如正方认为打造城市名片过程中"吆喝"要以"酒香"为基础，因此"酒香"更为重要，针对这一观点，反方选手首先承认了"吆喝"要以"酒香"为基础这一事实，然后对"吆喝"的内涵赋予丰富的思想，阐述"吆喝"具有指引方向、形成理念、凝聚力量和推动发展等强大作用，最后通过北京、张家界和纽约等城市的实例论证了"是基础"并不等于"更重要"，对于打造城市名片来说，通过"吆喝"可以传递出"酒香"，通过"吆喝"可以使酒更香，因此"吆喝"立足于"酒香"，又高于"酒香"，显得更为重要。

当然，更有甚者的"吆喝能使酒变香"的"吆喝决定论"或"忽悠决定论"，就是我们上面提到的表达主义式的信息主义。

日常生活中的信息主义更因为"信息时代"的来临而凸显出

来。它不仅表现为对信息内容的空前重视和强调（像"知识社会"、"信息经济"等等的提法），以至于将工业社会的座右铭"时间就是金钱、效率就是生命"转换为信息时代的口头禅"知识就是金钱，信息就是生命"；而且它还表现为对运载和处理巨量信息的当代信息技术的崇拜。今天，随着新的信息技术日益渗透到我们的生活世界，可以看到日常生活中的信息主义日趋表现为某种形式的"信息技术决定论"或"媒介决定论"。基于计算机、通信及网络等人类处理和利用信息的手段，以其显著的效果和对社会生活的全面渗透，造成了社会成员对计算机及其相关技术的神秘感，使得信息崇拜支配着社会成员及其思维和行为。无论是麦克卢汉在互联网时代来临前所说的"电视完全支配着我们的公共生活和私人生活"[1]，还是网络社会崛起后尼葛洛庞帝所归结的"数字化生存"，还是从一般的角度上认为"我们对任何传播媒介的使用产生的冲击力，远远超过它传播的特定内容。换句话说，媒介所能传输的东西——比如看电视的过程，对我们生活的影响，远远超过了我们看的具体节目或内容"[2]，这些都表达了日常生活中信息主义影响的无处不在。

波普尔曾提出过一个意味深长的隐喻，或许可称之为"图书馆信息主义"。他说，假如我们所有的机器和工具，连同我们所有的主观知识都被毁坏了，只要"图书馆和我们从中学习的能力依然存在。显然，在遭受重大损失之后，我们的世界会再次运转"。然而，若是"所有的图书馆也都被毁坏了"，"我们的文明在几千年内不会重新出现"[3]。图书馆是保存人类知识信息的地方，只要标志这些信息的图书馆存在，人类文明就存

① ［美］保罗·莱文森：《数字麦克卢汉》，何道宽译，社会科学文献出版社2001年版，第4页。

② 同上书，第49页。

③ ［英］卡尔·波普尔：《客观知识——一个进化论的研究》，舒炜光等译，上海译文出版社1987年版，第116页。

在和延续着。其实，波普尔还讲道"我们从中学习的能力依然存在"，就是说人类对图书馆中的书籍或其他载体所保存的那些文字符号的"解码能力"依然存在，否则仅有图书馆及其包含的信息也是不够的（所以至今我们并没有全部恢复甲骨文所记载的那些文明内容）。当然，如果深究，那么即使如此，这种说法也忽略了另一类文明——那些由"意会知识"所构成的文明，那些不能言说从而无法记载下来的知识——也会失传，所以波普尔的说法也不是学术意义上的分析，而是日常生活式的比喻。

在《信息封建主义》一书里，作者讲述了这样一个故事：公园里，一个女孩儿正在荡秋千。她没有像平时那样前后荡。而是拉着链子的一端左右摇着秋千。没过几天，她的父母收到了一封知识产权执法处的来信（该执法处隶属于警察局）。信中声称，监视器已拍下了他们女儿荡秋千时所使用的方法，该方法属于一项专利的主题，玩趣公司已经申请了包含该方法的一项专利。他们要么缴纳专利许可费，要么将面临专利授权诉讼。专利是一种通过发明而获得的知识信息，将玩耍的方法都纳入专利保护的范围，如果这样的故事是真的话，恐怕只能称其为"专利主义"，它作为某种形式的信息主义对我们的日常生活也可能产生"重大影响"。

今天，信息主义在日常生活中贯穿着两个相互联系的信条，一是"凡信息皆有用"，二是由其推出的必然结论："信息越多越好"。"信息爆炸"从而引起的巨大信息泡沫就是在这样的信条支配下被不断制造出来的，它使我们看到，不少人因此而遭受信息过载、信息焦虑之苦，过多的无用的信息湮没了真正有价值的信息，反而产生"未得其利，先受其害"的结果。

从技术手段上说，电视和网络在当今几乎完全支配着我们的公共生活和私人生活，尤其是网络已经成为今天最主要的信息传递工具，对信息的需要乃至依赖就转化为我们的日常生活对网络的需要和依赖，"与朋友和同事们的交流，无不依赖因特网和数字技术"①。以至于离开了网络就很不习惯，就如同失去了与他人乃至整个世界的联系，就如同不再是生活在"世界"之中，而是被世界抛弃了孤零零的存在状态，甚至一日无网络比一日无饮食更加难以忍受。一名20多岁的大学生说："没带手机会让我惊慌失措。我需要将手机时刻带在身上。有这种感觉的不止我一个，我认识的所有人几乎全都如此。人人都通过网络或是手机与他人交流。信息技术是我每天学习和生活中的重要部分，不知道如果没有这些我的生活会变成什么样子。"② 这样的互联网和手机"依赖症"一定程度上就是日常生活中以"网络主义"形式表现出来的信息主义。

对互联网的依赖如今还在向深度发展，这就是互联网文化所造就的种种新型文化生活方式，这不仅指通过网络实现的各种通信交流，更是指那些网络语言和"词媒体"③ 不断对人思想内容的"刷新"。从某种意义上讲，这些"热词"就是互联网在信息爆炸和信息泛滥时代自我清理的过程，最后通过网友的群体智慧，呈现出最精练、最能代表社会形态的词语。如果我们稍一疏远网络，就会不知这些热词所云，就会深感在网络世界中无立锥之地。于是，为了不在网络时代落伍，我们也常常要迫使自己去过一种信息主义的文化生活，那就是时时和网络保持"亲密接触"。

可见，日常生活中早就存在有多种形式的信息主义，而到了信息时代，其表现更加多样化，各种信息崇拜的日常衍生态，像

---

① ［美］盖瑞·斯默尔等：《大脑革命》，梁桂宽译，中国人民大学出版社2009年版，第4页。

② 理查德·伍兹：《数字生活改变我们的思维》，《参考消息》2006年9月27日。

③ 词媒体是指将词作为传递信息载体，最大限度地加快传播和记忆的速度，将特定的时间、地点、人物、事件进行超浓缩，以便于口口相传。这一概念是由全球最大的中文百科网站——互动百科首创的。

信息依赖、信息焦虑、互联网综合征等等，都可以视为在电子信息出现后的日常信息主义。

在这个意义上，信息主义早就通过我们的日常生活获得了存在。

一旦进入学术研究的领域，信息主义就更是"五花八门"，它们通常都有某种自觉的理论表述，通过对一般信息或某种特殊信息形式的强调，来表达信息对于自己理解和研究对象的决定性意义。和日常生活中的信息主义的"朴素性"相比较，学术研究中的信息主义通常有一套完整的理论学说，而且通常还会将自己所选择的某种信息的重要性推向极端，并且通常会对自己的观点进行理论上的论证，因此显现出较强的"学理性"，并冠之以"语言主义"、"计算主义"、"符号主义"之类的学术名称。而此时，就可以对"信息主义"下一个学术性"定义"：凡是极端地重视信息（包括信息技术）问题并提出一定的包含信息决定论的学术观点或实践主张的那些"家族相似"的思想趋向。

第二节 从社会观到世界观

"信息主义"一词原初语义仅限定在社会学范围之内，20 世纪 90 年代起，曼纽尔·卡斯特陆续出版了"信息时代三部曲"（《网络社会的崛起》、《千年终结》和《认同的力量》），不断使用"信息主义"（informationalism）一词，用它来描述以信息科技为基础、以网络技术为核心的新的技术范式，认为它"正在加速重塑社会的物质基础"，已经对当代社会的经济、政治、文化和全部社会生活以及相应的制度都产生了深刻而重大的影响，导致了社会结构的变迁，"并引出相关的社会形式"，因此被视为"整个世界最有决定意义的历史因素"。①

在卡斯特那里，"信息主义"也是一种发展方式，与工业主义形成了鲜明的对照。"工业主义以经济增长为取向，亦即追求产出的极大化；信息主义以技术的发展为取向，亦即追求知识的积累，以及信息处理更高层次的复杂度。"② 这种新的发展方式是从20世纪最后二十五年开始的，由此可以将历史的坐标轴区分为前工业主义、工业主义与信息主义。

在卡斯特看来，信息主义的出现是和当代信息技术联系在一起的。正是信息处理和沟通技术的变迁构成了我们社会正在经历的革命的核心，整个社会物质文化的转变是环绕信息技术而形成的新技术范式促成的。他尤其强调信息技术中网络技术的重要性，认为信息主义造就当代社会的过程也就是一个网络社会的崛起过程③，网络建构了我们社会的新社会形态，而网络化逻辑的扩散实质地改变了生产、经验、权力与文化过程中的操作和结果，因此可以说信息主义就是由网络及其所根植的信息技术衍生出来的。在这个意义上，卡斯特的信息主义可归结为对信息技术尤其是当代的网络技术的崇尚。更直接地看，这种信息主义实质上是"信息技术主义"或者"当代信息技术主义"乃至"网络主义"，所表达的是计算机和网络这样的信息技术对当代社会的决定性影响，某种意义上这是对当代社会变迁的技术根源的刻画。

信息主义仅仅在社会观意义上使用，多少有些"大词小用"，言不尽意。仅从技术—社会观上理解的信息主义，显然是不够的，首先从词义上就不能构成最贴切的理解。"信息"而且"主义"之后，与其说是关于"信息技术"的主义，不如说是关于

---

① ［美］曼纽尔·卡斯特：《网络社会的崛起》，夏铸九等译，社会科学文献出版社2001年版，第1、22页。

② 同上书，第21页。

③ 同上书，第569页。

"信息"的主义……于是，就需要从卡斯特的专有意义上加以扩张，由此所构成的问题也上升到哲学的层次，这就是所谓的"哲学信息主义"或作为世界观的信息主义。

由于"信息"的哲学性，由于信息不仅是一个日常生活与科学技术的范畴，而且早已被公认为一个哲学范畴，这也使得信息问题已经成为一个哲学问题，从而"信息主义"也必然要纳入哲学的平台上分析，所以信息主义也必然成为一种哲学主张。而且，由于"信息"本身不仅能用来解释社会，更可用来解释世界，所以信息主义作为一种视角，完全可以从一种社会观延伸为一种世界观从而走向哲学。即使在哲学内部，由于哲学问题也需要从信息学的角度加以解释，所以使得哲学必然走向信息。这种双向的需求，充分地表明了哲学信息主义产生的必然性。或者说，当"信息"成为一个世界观问题、而人们又用信息来解决世界观问题和确立一种新世界观时，就形成信息世界观，信息世界观的进一步发展，就是信息主义世界观。

从客观逻辑上更是如此。信息时代中一种全面的文化转型必然导致哲学观念转型，或必然上升、总结为一种哲学转向，由此形成一种"从信息角度来观察事物的迫切需要"①。如果说工业时代导致了崇尚物质和能量的世界观及相应的主导性哲学——物质论和机械论，信息时代就有可能导致崇尚知识和数据的另一种世界观和另一种主导性哲学——信息主义。于是，技术—社会观上的信息主义就成为哲学信息主义的一种生产力和物质性基础，一种时代性的导因。

从信息和信息技术的互不分离性亦可看出，信息技术是（人工）信息存在和传播的形式，形式的发达，导致了形式层面的技术信息主义。但从对形式的认识必然深入到对内容的认识，从而

---

① ［美］约翰·布朗等：《信息的社会层面》，王铁生等译，商务印书馆 2003 年版，第22 页。

由形式层面的技术信息主义过渡到内容层面的哲学信息主义，它使得信息主义的世界观价值得以充分体现。这也是信息化从手段落实到目的、意义和实质的层面。

这样的哲学信息主义也是可以多层次、多视角的。

从哲学上主张信息主义的种种观点并不是完全相同的，其坚持的立场有强有弱，所持信息主义的视野也有宽有窄，可视其为哲学信息主义的不同层次。

第一个层次，是将信息问题视为哲学问题，或认为哲学应该关注信息问题，强调信息作为哲学研究对象的重要性，从而认为需要有一种"信息的哲学转向"或"哲学的信息转向"；它可以归结为一种对以前被关注不够的"信息世界"加大研究的"哲学呼唤"。这是最初级的或"最低纲领的"哲学信息主义，也是最弱或最温和意义上的哲学信息主义。

第二个层次，视信息问题为哲学的核心问题，认为哲学就是信息哲学，或信息哲学是"第一哲学"，信息思维是最重要的思维。在此基础上有的学者全面展开了对信息思维、信息方法、信息本体论、信息认识论、信息价值论等等的研究，具有一定的"信息崇拜"倾向，但不涉及哲学本体论的根本转换，仍可在传统的物质或精神本体的解释框架中对信息的本质加以说明。我们可将其归于较弱或较温和的哲学信息主义。

第三个层次，视信息为超出物质和意识的本体，或认为信息是统一世界的基础，即在本体论上形成对传统哲学的根本性改造，例如认为"信息正在被认为是心、物和意义所有这些现象的基础，并最终将把它们统一在某个专门的理论中"①。不仅如此，信息甚至比无论物理性的还是心理性的现象更实在。在这个层次上的信息主义者看来，信息可以成为一切现象的来源和说明一切

① D. C. Dennett and J. Haugeland, "Intentionality", in Richard. L. Gregory (ed.), *The Oxford Companion to the Mind*, Oxford: Oxford University Press, 1987, p. 384.

的终极原因，世界的本质就是信息。这样的信息主义似乎可称之为"唯信息主义"。这是最彻底、最激进的信息主义，它将信息本体化、本源化，将物质和世界的一切最终归结于信息，或"换算"为信息。

哲学上的强弱信息主义也可能存在划界的模糊性，如既认为信息仍离不开物质，但又认为"在一定意义上确实可以近似地讲信息是独立存在的，即它所依赖的物质成分可以忽略不计"，以至于两者中"'信息'与'物质'相比处于主导地位"。①

不同程度的哲学信息主义就是不同程度的信息主义世界观，本体论层次上的信息主义世界观是舍弃了信息背后的基础，视信息为说明世界的最终根据，由此形成严格意义上的信息主义世界观。这样的信息主义就是将信息的某种形式或关联现象的重要性凸显出来，力求探索其在人类文化和一切领域中的极限功能，以及穷尽其认识论价值甚至本体论意义，由此导致的是一种类似于库恩所说的"范式转换"，使得当信息主义作为一种理论范式出现后，可能引起我们眼中世界图景的巨大变化，甚至导致信奉者看到的是一个不同的世界：似乎一个物质的世界完全变成了一个信息的世界。

第三节　从语形到语义

从不同的角度和方面，包括从英语单词上的语形差异到哲学和社会学内部的语义差异，均可以看到信息主义所具有的林林总总的含义和表现方式。

---

① 董光璧等：《信息、知识与社会》，《自然辩证法研究》1998 年第 5 期。

1. 英文语形之别

"信息主义"所对应的英语单词不止一个，至少有如下三个：informationalism，informatism，informationism；这些不同语形的单词具有不同的主导性含义，从而使得信息主义表现出不同的形式。

Informationalism 意义上的信息主义：它就是卡斯特所使用的信息主义。如前所述，卡斯特之"信息主义"中的"信息"，是"信息技术"的简称，而且是"当代信息技术"的简称，因此是一种如前所述的"信息技术主义"或社会观信息主义。这种意义上的信息主义和奈·斯比特的"信息社会"、托夫勒的"第三次浪潮"、贝尔的"后工业社会"、德鲁克的"知识社会"、波拉特的"信息经济"等的意指是一致的，都是对一个新时代或新的技术社会形态的描述，因此无非是信息社会理论的又一种表述。这种意义上的信息主义思潮还与我们当前所谈论的"信息化"（informational）思潮极为相似。信息化在今天通常指在国民经济和人民生活中主动地推进与最广泛应用先进的信息技术，以提高生产力，促进经济发展；或者说要在计算机和网络的基础上建立社会的信息基础设施，实现从企业信息化、产业信息化、国民经济信息化直到社会信息化的发展目标，也就是进入发达的信息社会。于是，这种意义上的"信息主义"的对应词是"工业主义"，它是用来描述社会形态的概念，只不过不像"资本主义"和"社会主义"所描述的是"经济社会形态"，而是"技术社会形态"。因此，Informationalism 意义上的信息主义是 20 世纪 60 年代以来，随着信息技术的不断发展和广泛应用而出现的一种关于社会发展的学术思潮，是一种技术社会形态范式的信息主义。

Informatism 意义上的信息主义：Informatism 一词于 20 世纪 70 年代首先来自艺术领域，被称为"信息艺术"的同义语，亦即电子艺术中正在涌现出来的一个领域，它将计算机科学、信息技术和更多的经典艺术形式（包括表演艺术、视觉艺术、新媒介艺术以及概念艺术等）加以综合，从而可将其主导含义理解为"信息时代的艺术形式"，抑或是当代信息技术对艺术的深刻影响而呈现出来的艺术新特点，这些新特点可以从照片、统计数据（census data）、数字商品交易中的小额支付（micropayments）、视频剪辑（video clips）、搜索引擎的结果、数字绘画、网络信号（network signals）和散文等等中看到。① 在国内，对 informatism 的主导性用法，则是用其指称一种新兴的诗歌流派：网络诗歌。更确切地说，一些网络诗人将自己的风格和形式特征命名为"信息主义"后，再寻找到 informatism 作为英文的对应词。如他们创建的网站就为 http：//informatism. org，于是，国内的"信息主义诗歌流派"就主导性地和 informatism 联系在一起，从而有了起源于国内的作为网络诗歌流派的 informatism，可见它的这种汉语语义是"逆向"生成的。更概括性地说，可视 informatism 为当代信息技术所造成的文学艺术的"转型"，抑或是一种文艺的创作和表达的新理念，可以表现为在方式上的超文本、多媒体、"非平面印刷"等等，因此是一种文学艺术的新形式，即在现代信息技术载体或平台上从事的文学艺术活动及其成果。

　　Informationism 意义上的信息主义：它主要是用在哲学中，代表一种新的哲学趋势。② 这种用法是基于人们对世界所存在的现象的"三分法"而来的，即认为物质、能量和信息是世界的三大构成要素，如果某种哲学观点将其中一种视为最基本的要素，就会分别形成"唯物主义"、"唯能主义"、"唯信息主义"。这样，"信息主义"无非是"唯信息主义"的简称，就像汉语中将 mate-

----

①　Information　art，http：//en. wikipedia. org/wiki/Information_ art，2009 – 03 – 18 ［2009 – 08 – 07］．

②　Informationism，http：//www. k0zzm0. com/philosophy/id5. html，2006 – 08 – 22 ［2009 – 8 – 7］．

rialism加一个"唯"字而译为"唯物主义"一样，"唯信息主义"也应该是一种汉语的习惯称谓，还可简称为"唯信（息）论"。这种意义上的唯信论，把能解释的、不能解释的都归结为信息，认为世界上一切都是信息，或都可以归结为信息，在这一点上，它与"物理主义"（以及"物质主义"、"能量主义"）形成对照：物理主义拒绝"信息"的概念，认为信息概念是多余的，没有它也可以说明一切现象。而唯信论则拒绝"物质"的基础地位，使信息成为说明一切的原因，成为解释现象的最后防线，成为寻求答案的终极基础，而且在一些科学技术的领域中，例如在通信、控制与计算领域中的去物理化的数字化也为其提供了部分的根据。作为informationism的唯信论或唯信息主义是不是唯物论和唯心论之外的第三种本体论哲学，存在着争议，其中也反映了哲学信息主义的含义、地位和价值的复杂性。由此还引出了另一个问题，就是哲学信息主义是否一定是一种本体论主张？是否还可以存在哲学意义上的认识论信息主义、方法论信息主义、价值论信息主义、人本学信息主义……或者说，即使在哲学上重视信息，甚至形成了"信息哲学"的研究领域和范式，但也不一定必定或必然是一个"唯信息主义者"。或者说，是否可以不改变原有的哲学本体论立场而主张一种哲学信息主义？对这些问题，我们还会在后面的相关部分论及。

2. 社会观中的不同语义

从社会与历史不可分割的意义上，社会观信息主义必然涉及历史观信息主义，而社会历史观信息主义就是对社会及其历史性发展的信息主义的说明。如果说社会历史观信息主义还是一种总体性的信息主义的话，那么这一视角向社会各个领域（经济、政治、文化）的扩展，就进一步构成经济信息主义、政治信息主义和文化信息主义，由它们的汇总才构成相对完整的社会学意义上的信息主义。

历史观信息主义：它是社会观信息主义在时间的维度上加以扩展，将信息主义不仅作为解释当今社会变化及其新特征的"阿基米德点"，而且也作为解释整个人类历史演进的"钥匙"。沿着社会观信息主义"信息技术决定当代社会"的思路，一些思想家显示了更开阔的视野，认为不仅当代的信息技术造就了当代社会的面貌，而且以往的信息技术（只不过不是当代的计算机、网络之类的信息技术，而是包括历史上若干次信息技术革命或"通信革命"所产生出来的信息技术）也造就了以往社会的特征；正是人类历史上的信息技术革命，决定了社会一次又一次的重大发展。这样，"信息传播媒介（以及通过其所传播的信息）的演变隐含在一个更为广阔的历史进程中"①，信息主义自然也就获得了更大的解释空间。尽管这仍然是技术—社会观内的信息主义，但由于从"当代史"扩展到了"人类史"，因此成为广义的技术—社会观的信息主义。这样，虽然只有信息时代才有信息主义，但信息主义并不是只能解释信息时代。历史观信息主义最著名的代表有波斯特和麦克卢汉，前者的观点可概括为"信息方式决定历史"，后者的观点可概括为"媒介塑造历史"。

经济信息主义：顾名思义，它是兴起在经济领域、经济活动以及经济学中的一种具有特定内涵的信息主义，所以既可以简称为经济信息主义（偏重于经济活动与领域），也可称为"经济观信息主义"（偏重于对经济的认识），它们表现出的共性是更偏重于从信息及其相关现象（如知识等）的角度去理解经济活动的本质、特征和意义，体现到方法论上后，则倾向于用信息的手段去实现经济活动的目标、经济问题的解决乃至经济未来的展望；在财富的本质上，主张"一切形态的财富盖源

①　［美］阿尔弗雷德·钱德勒等：《信息改变了美国》，邱艳娟译，上海远东出版社 2008 年版，第 4 页。

于信息的运动"①。经济观信息主义有如下几种形式或几个来源：从强调信息经济走向经济信息主义；从强调知识的价值到用知识价值论取代劳动价值论；从强调信息资本、虚拟经济到对实物资本和实体经济的忽视。而总体上，信息经济时代所导致的经济观的变迁，当其被强化到一定程度，就会直接走向经济信息主义，并且从多方面体现出来：经济视角上的信息决定论，即单一地认为信息的优势或劣势决定经济的优势或劣势，不再重视物质资源和实体经济的重要作用，只在虚拟经济上做文章，进而力求"资本的信息化"和"信息的资本化"来实现财富的急剧增长，走向极端就是"金融泡沫"、"经济危机"的出现。

政治信息主义：社会历史观信息主义，不仅必然会体现在经济的领域，而且还必然体现在政治的领域，于是形成一种"递进"的关系："信息被认为是经济发展新阶段的关键。而更激进的人还把自由流动的信息看成是实现未来自由及传播的民主手段……"② 由此走向典型的政治信息主义。可以说，政治与信息具有天然的联系，"政治的信息属性"与"信息的政治属性"成为可以互相说明的现象，而两者的集合就是所谓的"信息政治"，信息政治的强化就是所谓的"政治信息主义"。政治信息主义也可看作是一种关于信息政治的理想化的看法，它通过多种方式表达出来，如韦伯斯特认为被组织起来的知识和信息让全社会受益，"它是……真理、美丽、创造、革新、效率、竞争和自由的原材料"③。政治信息主义的一个基本主张，就是"信息决定政治"。换句话说，当信息手段为政治活动中的决定性手段时，成为压倒其他一切手段的手段时，就成为政治主张中的信息主义。

① ［加］马歇尔·麦克卢汉：《理解媒介》，何道宽译，商务印书馆2000年版，第94页。
② ［英］凯文·罗宾斯等：《技术文化的时代　从信息社会到虚拟生活》，何朝阳等译，安徽科技出版社2004年版，第148页。
③ 同上书，第110页。

从认知或解释功能上，可以说，政治信息主义是对政治现象的一种信息主义解释，即用信息主义的视角来解释包括政治起源、政治的本质、政治行为模式（如投票的积极性）、政治结果、政治中观点分歧的根源等等在内的所有政治现象。

文化信息主义：社会的信息化不仅有经济的信息化、政治的信息化，而且还有文化的信息化。进一步看，文化信息化甚至是社会信息化的更深刻层次，因为文化的改变往往比经济乃至政治的改变更难，它是社会综合变迁的结果和效应，也是历史的一种整体性发展。因此，衡量社会的信息化不仅有经济和政治的标准，还应有文化的标准。甚至可以说，文化信息化所导致的信息文化具有更大的概括性：信息生产力、信息技术、信息经济无非主要是信息文化的物质方面，信息政治和信息经济的某些部分无非是信息文化的制度方面，此外还有信息文化的精神方面。因此，信息经济、信息政治出现的必然延伸就是信息文化的出现，在经济和政治转型的时候，我们也必然面临文化的转型：走向信息文化。就像信息经济和信息政治有可能导向经济信息主义和政治信息主义一样，信息文化也可能走向文化信息主义，它是对信息文化的作用和意义加以过度强调的产物。文化信息主义是一种被信息主义改变了的文化观，它从信息的角度解释一切文化现象，包括文化的本质、文化的功能、文化的分类、文化的发展规律等；它是一种信息主义支配下的文化观；它与其他文化观（如物质主义支配下的文化观；制度崇拜下的文化观等等）形成一种重要的区别，所意味的是这样一种主张：其他文化都要向信息文化提升。

3. 哲学内诸侧面

信息主义从包括经济、政治和文化在内的社会观中进一步扩展，就是走向世界观的信息主义，或哲学信息主义，它是对世界的总体或世界中的某些普遍现象加以信息主义的说明，因此较之前面阐释的社会观信息主义来说，是一种更为广义的信息主义。

本体论信息主义：将信息视为本体，将一切归结为信息或看作是信息的派生，是一种严格意义上的强信息主义。哲学上有各种本体论主张，信息主义本体论或本体论上的信息主义是一种较为晚近出现的本体论，抑或是一种新的本体论。在本体论上主张信息主义也有不同的表现，主要是基于对"本体论"含义的理解不同，有的在世界的本源论意义上，主张信息是万物的来源；有的在世界的本质论意义上，主张一切皆信息；有的在实在论意义上，主张信息的实在性；有的在存在论意义上，主张"是其所是"就是"是信息"，从而构成了本体论信息主义的不同侧面。例如，本体论的一个侧面就是"本源论"，通常是要对世界作出终极解释，找出万物的根源，作为这个意义上的信息主义本体论，就是视信息为万物的本源，将万事万物的本质都归结为信息："一切皆信息"，这就是所谓本源论意义上的信息主义，它以物理学家惠勒所提出的"万物源于比特"为典型代表。又如，解释变化的原因上，将信息视为终极性的原因，认为对"信息的哲学探讨实质上就是对物质世界运动的终极原因做深入的思考"[1]，信息从而成为一切现象之所以出现的根源，至少是"动力因"上的根源。从总体上，本体论信息主义就是将信息视为世界一切现象中最基本、最重要的东西，用它去说明和解释万有的产生和存在。

认识论信息主义：将认识完全从信息的角度加以解释而排斥其他任何的解释，就形成基本意义上的认识论信息主义。一定程度上可以说，认识论与信息主义具有天然的联系。一方面，信息主要是一个认识论问题，信息的（狭义）定义也必须从认识论的层次上给出，这样的定义与人作为认识者直接关联起来。另一方

---

① 黎鸣：《信息哲学论》，陕西科技出版社1992年版，第74页。

面，认识论也主要是一个信息问题，当哲学一度关注语言问题时，由于信息是语言的本质，并且哲学就是认识论，就使得认识论当然就成为以信息为基石的哲学理论，或者成为信息主义支配的认识论。还可以说，只有从信息的角度才能给予认识以最恰当的说明，例如，从信息视角去分析认识的本质及机制和过程，可以使认识成为被清晰地理解的对象，而不只是模糊解释的现象，并使认识的机器模拟得到合理的说明，而且最终使认识论走向"科学化"，也使得认识论的"信息化"成为一种重要趋向。又如从认识的"起源"到"完成"，都是来自信息也终于信息；尤其在认识的起源问题上，无论认为认识起于好奇心、起于问题，还是起于实践（实践也包含信息活动，而其一大类实践就是信息型实践），都是起于信息；在认识的成果上，认识无论是形成知识、观念、判断还是理论，都是形成信息，因此"信息"的术语可统一关于认识的各种说法。而且信息还成为对整个信息系统和认识过程加以解释的最有效工具：人的思想就是一种信息形态，人的思维活动就是一种信息加工活动，由此发展到认识的全部因素和机制都只能用信息的术语加以解释和说明，都只能归结为一种信息运动，实际上就是从信息认识论过渡到认识论信息主义。总之，信息概念是理解人类的认识和实践的工具，而其中的强化取向就是认识论信息主义。

价值论信息主义：根据"价值"的两种通常含义（一是作为有用性的价值即信息具有有用性，二是作为与事实相对应的价值即信息中所包含的价值倾向、利益代表），使得"信息是一种价值现象"可以解读出两种含义：一是信息的有用性，如消除不确定性就是信息的有用性之一，它是信息价值的具体侧面；信息的价值还用诸如"财富"、"力量"之类的宾词来反身修饰。二是信息的非中立性和价值倾向性。对于第一个方面信息的有用性，如果加以无节制夸大，就走向价值论信息主义；对于第二个方面，如果走得较远，就会认为价值就是一种信息，价值的其他方面让位于信息方面，也就是在对"信息价值"的认识上，如果不分一切语境认为信息价值优位于物质价值，则走向了价值论信息主义。价值论信息主义可以被主要地理解为一种从"有用性"上对信息的崇拜，是一种有用性上的"信息万能论"。其实，承认信息的价值不一定是信息主义，但夸大信息的价值就成为一种信息主义，典型地表现为：从信息的价值到信息唯一地具有价值；从信息的有用性到认为这种有用性成为压倒一切（要素）的有用性；信息不仅可以置换和创造金钱与生命，还可以置换和创造时间，信息甚至可以使存在永恒化，从而使存在获得无限的时间。或者说，在价值比较上，价值论信息主义将信息评价为比物质和能量更为重要的资源和财富，信息与物质、能量虽被视作是共同构成世界的要素，但对于人们所生存的世界来说，信息被提到更具无可取代的崇高地位，其地位超过了物质和能量。甚至有的观点认为：信息能够弥补物质能量的不足，有了信息，可以无中生有，给人类带来所需要的一切。

方法论信息主义：方法论信息主义的生成路径主要有两条：一是从对信息方法的强化而来，二是从信息主义世界观或本体论信息主义衍生而来。前者表现为只见系统的信息，而不见系统中的其他；或者以为搞清了系统中的信息，就搞清了其中的一切。方法论信息主义也可视为对信息方法的扩大化，或称"泛信息方法论"，当其被强化到一定程度后，必定要将信息方法加以根基化，视信息方法为一切方法的基础，是所有方法中最重要的方法，一切方法都是从信息方法中派生出来的，都需要从信息方法中得到说明，如此等等。例如，如果认为过去是所谓"质料的时代"和"力的时代"，现在是"信息时代"，由此导致了"方法上的全新革命"，就必然会认为信息方法取代了过去的一切方法。后者表明，由于"信息"本身既是一个世界观问题，也是一个方法论问题，由此只要有世界观信息主义，就必定有方法论信息主义，形成从信息主义世界观到信息主义方法论的内在联系。而总的来说，方法论信息主义视信息方法为最有效的方法，视信息解释为万能的解释装置。无论是宇宙的起源、生命的进化、社会的发展，还是思维的奥秘，都唯有用信息方法才能加以揭示。从积极的意义上看，方法论信息主义凸显了信息方法的重要性，使得无论哲学方法还是具体科学方法，都被注入了新鲜血液，看待对象和世界增加了一个新的角度。从消极的方面看，方法论信息主义在许多已有成熟和清晰解释的地方换成信息的解释，反而使问题模糊化，起到"画蛇添足"的作用。如果再将实践方法信息化，将改造世界的方法从最根本上归结为信息方法，方法论信息主义就会认为信息的力量似乎可以取代物质的力量，似乎只要有了信息，什么人间奇迹都可以创造出来。

　　人本信息主义：它是信息主义视界与人本学视界的一种交融，从修辞上是用信息主义来看待人的问题，就像社会观信息主义、本体论信息主义等所包含的视角一样；但其隐含的前提也是从人本的视角看信息问题，从而是从信息的视角解释人与从人的视角解释信息的一种理论集合，是对人的信息特性加以关注与重视以及对信息的属人性（如信息的人文特性、人本特性等）加以强调的一种信息主义视角，抑或说是在信息主义中强调人的价值与意义的一种视角；是以信息主义为平台的人本主义或人本主义统摄下的信息主义，这一关系也表明了哲学信息主义的当代形式必定是人本信息主义，而人本信息主义则是哲学信息主义的一个极其重要的侧面，它也是哲学的信息转向与人学转向的交汇。人本信息主义的重要基础是信息人本观，认为人需要从信息的角度加以刻画，否则人就不过是一堆普通的物质。而这种人本观的一个集合概念就是所谓"信息人"的界定。信息人本观具有的合理性在于，从信息的角度丰富对人的本性的认识，这样的认识也可以视为主要是在方法论信息主义的层次上谈论一种信息人本观，也可视其为侧重于人本主义的信息化，或人学问题的信息化，尤其是用信息主义的视界来考察和分析人的问题，解决信息主义如何影响、运用到人本主义之上的问题，或者说是人的问题在信息主义视野中的展开。

4. 更多维度：科学与人文及其他

基于更加多样化的视角和领域，信息主义还可以从以下的维度加以分类。

科学信息主义与人文信息主义：从信息主义所展开的学科领域上看，可以区分出"科学（领域）的信息主义"与"人文（领域）的信息主义"两种基本的形式，前者发端于具体科学领域中并且主要以自然科学方式来表述，后者则主要是体现在人文学科诸领域并且主要以人文学的方式来表达；前者建立在"信息"是一个"科学的概念"、从而关于信息的研究构成一门"信息科学"的语境之中，于是追求对信息之精确、客观乃至定量的表达成为其重要特征；而后者视信息为一种"人文现象"，在突出信息的作用时并不舍弃人是中心的理念，对信息的价值和意义多是一种切身的感受。前者如生物学信息主义，后者如文学和诗歌中的信息主义。两种信息主义根基于两种不同的信息观，其区别在于信息是否可以离开人而存在，信息是"非人"的还是"为人"的，这就是"科学信息"与"人文信息"的区别，或解释信息上的所谓"科学信息学派"与"人文信息学派"的分野，前者的信息是可以离开人而存在的，而后者的信息是离不开人的，客观主义和主观主义的信息观的分野实际上就是科学主义与人文主义信息观的分野。科学信息主义特别强调"科学信息"的作用，因此，"科学—信息主义"的逻辑发展就是"科学信息—主义"。于是，对能够精确表达并且惟其能够表达这种科学信息的"科学语言"的崇拜和推崇的"科学语言学派"（逻辑实证主义）就在这种意义上隶属于科学信息主义；而容纳模糊性的人文领域的信息主义则以另一种眼光看待不确定性以及信息的本性，因为从特性上看，后者认为信息也是人文性的，从而带有不确定性，正是这种不确定性引起人们对信息的兴趣。科学信息主义与人文信息主义体现了信息主义的内部张力。显然，信息主义中无论是过度科学化还是科学性不足，或者过度人文化与人文性的不足，都面临各自的问题，如何达到两者的平衡，使得信息主义中既有科学性，也有人文性，或许是信息主义增强其解释力的一个重要"融合"性工作。

工具信息主义与目的信息主义：对信息的强调和崇拜有不同的动机。根据从工具还是目的的意义上推崇信息，可以将信息主义分为工具论信息主义与目的论信息主义，前者是在方法的意义上强调信息的重要性，把信息仅仅设想为解决问题的方便手段，将信息机制作为理解具有黑箱性质的对象的一种有效工具来使用，即只在工具层面上"利用"信息概念及其相应理论和关联方法，以期帮助我们认清现存的现象。工具论信息主义将信息方法作为分析和认识路径来采纳，它强调信息、引入信息论、信息学的说明机制，只是为了"解题"的方便，推崇信息主要是因为信息方法作为工具的有效性，而不是为了去解决它们的终极来源问题，即并不触及"世界的基石"和涉及哲学本体论和终极原因的问题，因此是一种有限的信息主义，在这个意义上它类似于前面提到的方法论信息主义。目的论信息主义推崇和崇拜信息，是为了达到对终极原因、本体论问题的"一劳永逸"的解决，即用信息来说明所有现象的终极来源，在这个意义上它类似于前面提到的本体论信息主义。在前者那里，信息不是归依，仅是手段；而在后者那里，信息成为最实在、最可靠的依托，它将信息观念、信息理论当成全新的本体论和理论变革的目标来追求，并认为像信息思维、信息观念等已经超越了工具的层面，具有一种走向普遍的信息世界观和信息本体论的意义，从而可以带来社会和思想的"全面转型"，例如从哲学上就可以引起"全新的变革"，导向一种新的"第一哲学"。某种意义上，目的论信息主义比工具论信息主义的主张更为彻底，也更倾向于哲学性，由此可以使信息成为一切解释和说明的最后归宿，成为建构一切的终极性的基石，也就是一切存在的最后意义——"终极目的"。

载体信息主义与过程信息主义：信息是离不开物质载体的，信息与载体的不可分离，使得一些人常常把信息和信息的物质载体混为一谈，如认为人类感官感觉不到的 X 射线、紫外线、红外线、Y 射线等，均是潜在性的信息。还有的把信息变成了载有代码、符号、序列的电信号，完全是申农《信息论》中强调的语符层次，于是对信息的崇拜便变成对载体的崇拜，形成一种崇拜信息载体的信息主义——简称为"载体论信息主义"。由于我们在很多情况下都是把这些载体直接理解为信息，由此成为载体论或媒介论信息主义兴起的基础。当然，在这个意义上，信息主义中的"信息"已经超出了信息的本来含义，将信息的关联现象统统纳入了自己强调或崇拜的范畴，就像罗斯扎克在《信息崇拜》中所指出的；"信息"一词已经脱离了其固有的意义，它被广泛地然而却是错误地使用着。当然，由于载体与信息的浑然一体，对载体的崇拜中自然也包含了对其所载信息的崇拜。这种载体与信息不分的情况还表现为载体也可以被信息化（如"言内之意"就是"言外之意"的载体，也就是信息的载体被信息化），但当载体本身也被信息化时，潜含着的一切都可能被信息化：如一篇小说的故事情节、主题、文采等都是信息，老师读了故事后要学生概述其主题，因为故事情节可以看作主题、文采、作者风格等信息的载体。[①] 由此推论下去，就极可能走向"信息是信息的载体"的主张。在载体崇拜的信息主义中，比较典型的有媒介决定论、符号主义、语言主义等。

与对载体的崇拜相对应，过程论信息主义是对信息处理过程的崇拜而导向的信息主义，其中尤其以计算主义最为典型，此外

---

① 苗东升：《论信息载体》，《重庆教育学院学报》2006 年第 1 期。

还有建构主义、解释学以及解构主义等，后面几种所诉诸的都是特殊的信息操作过程，因此如果以全称来表述，就应该是"信息建构主义"、"信息解释主义"、"信息解构主义"等。计算主义属于科学性的信息主义，而后三者属于人文性的信息主义，但它们在强调信息过程的意义上，又和强调媒介的信息主义形成一个共同的对照面，即将处理信息的某种环节或过程作为根本性的解释机制。前者强调的是"计算"——符号串的变换，后三者强调的是对信息的组织和构造，其实质都是对信息的加工和处理。就"计算"来说，如同弗洛里迪所指出的，它"一方面指图灵机意义下的算法处理，一方面指更广意义下的信息处理。这是关键性的规定。信息之所以最终取得原初现象的性质要归功于计算科学和技术以及信息与通信技术……因此，计算机的计算近年来吸引了许多哲学的注意力……信息哲学把'计算'仅仅处理为与信息相关的过程之一（也许是最重要的一个过程）"。[①] 国内学者也趋向于认为"计算就是信息加工的过程"[②]，在这样的界定下，计算主义显然就是推崇信息处理的过程论信息主义。

第四节 信息主义与信息哲学

从"哲学就是关于世界观的学问"的意义来看，信息世界观就是信息哲学，信息世界观与信息主义的关系就是信息哲学与信息主义的关系。

信息哲学在国内外的兴起已是不争的事实，但信息哲学研究中其实也包含着极大的差异性，其中之一就是有的信息哲学贯穿着信息主义的世界观，有的则没有，从而也使得信息哲学与信息

---

① ［英］L. 弗洛里迪：《什么是信息哲学》，刘钢译，《世界哲学》2002 年第 4 期。

② 郦全民：《关于计算的若干哲学思考》，《自然辩证法研究》2006 年第 8 期。

主义世界观的关系成为一个需要注意的问题。

无论什么样的信息哲学，有一点是共同的，就是将"信息"作为自己的研究对象，在展开有关信息的其他哲学问题的研究之前，通常要从哲学的角度回答"信息是什么"，此即所谓哲学信息观。可以说，哲学将信息纳入自己的视野，表明"信息"已经从一个具体科学的概念、尤其是信息论中"狭义信息"上升为一个哲学范畴即"广义信息"。而在对信息的含义进行解释时，就经常会触及哲学世界观的问题，例如，信息既不是物质、也不是能量的属性，常常被看作是与传统哲学无非的东西。

从信息需要加以哲学解释的意义上，表明了信息问题已经成为一个世界观问题；而目前已经形成的对信息的各种哲学解释，则进一步表明信息观已经成为各种哲学世界观的"角逐场"，不同信息观成为不同的哲学世界观的体现或组成部分。

大体上看来，目前较有影响的信息观中，有体现唯物主义世界观的信息观，认为信息是物质的一种属性；有体现唯心主义世界观的信息观，认为信息是精神实体的特性，是纯粹精神的活动，是"无物质的运动"；还有体现折中唯物唯心的二元论世界观的信息观，如把信息看成是"物质成分与意识成分按着完全特殊的方式融合起来的产物"；也还有体现人本主义世界观的信息观，如认为"信息是一个我们必须参与形成的存在物"，是"客观世界一切事物的存在和变化状况与人的认识能力的交换"。最后，还有体现信息主义世界观的信息观，认为信息是独立于物质和精神之外的第三范畴；是既非物质又非意识的"第三态"。

信息主义世界观对信息的看法，就像机械主义世界观对力的看法一样，无所不包，无所不能；在后者那里是有多少种现象，就有多少种力（于是就有"生命力"、"亲和力"、"权力"……）；而在前者那里是有多少种现象，就有多少种信息（于是就有"宇宙信息"、"自然信息"、"生命信息"……）。对信息的信息主义解释，最核心之处还在于对信息的本体论定位，即认为信息不依赖于物质，视信息为可以独立自存的东西，甚至本源性的东西，在此基础上走向视信息为世界的本源，由此成为哲学上彻底的世界观信息主义。

由于信息主义世界观在信息问题上的以上明确的哲学主张，它无疑是一种信息哲学；从其所主张的信息为世界的本源、基石、本体等等，也就理所当然被一些学者称之为"唯信息主义"或"唯信论"，在这一点上它与"物理主义"（以及"物质主义"、"能量主义"）形成对照：物理主义拒绝"信息"的概念，认为信息概念是多余的，没有它也可以说明一切现象；而唯信论则拒绝"物质"的基础地位。这样的哲学显然不同于先前的"传统哲学"，如唯物主义和唯心主义，甚至有人认为信息哲学的天职就是消灭唯物主义与唯心主义之间的对立，或认为信息哲学最终将把关于心、物、意义等现象统一在一个专门的理论当中。

虽然信息主义世界观是一种信息哲学，但又不能反过来说，一切信息哲学主张的都是信息主义世界观。例如国内的大多数信息哲学研究者，在本体论和世界观上并不主张信息主义，而是坚持唯物主义，认为物质是信息的载体，信息不能离开物质而存在，不可能存在不以任何物质为载体的"裸信息"。而主张唯信息主义的多为国外的一些信息哲学研究者。

也就是说，虽然同以信息为研究对象，但信息哲学中并不都主张将这一对象作为世界观的基石，并不一定都走向本体论上的唯信息主义，或许可以将并不持本体论信息主义主张的信息哲学称之为"非信息主义的信息哲学"，或严格地称之为"非本体论信息主义的信息哲学"，也就是在本章第二节中讲到的"第二层次"的哲学信息主义。

非本体论信息主义的信息哲学在一般的意义上加深了我们对信息现象的认识，但又力求避免在本体论和世界观上造成与唯物主义的冲突，即不对物质、能量等现象进行所谓的"信息还原"，而主要在方法论、认识论、价值论等范围内谈论信息的重要性，通常是和我们所习惯的世界图景相"对接"的，只不过是丰富了这幅图景的色彩，但并没有彻底改换这幅图景。

但非信息主义的信息哲学也包含一些内在矛盾，这种矛盾就在于既想极其强调信息视界的重要性，但又不能把这种重要性提高到本体论的高度，于是造成一些难以自圆其说的"论证"。例如在世界的起源上虽然不否定物质的本体论地位，所明确主张的仍然是唯物主义的世界观，但在解释世界上一切现象的机制、原因时，则"言必称信息"，信息甚至成为解释一切的终极原因，无论是宇宙的演化，还是生命的起源、进化以及本质，都归结为信息的"主导"。这样，信息虽然不是终极实体，却是终极原因，这样的信息哲学，似乎还是不自觉地走向了信息主义世界观。还有，这样的信息哲学虽然并不都自称为"第一哲学"，但通常会认为信息哲学的出现导致了"全新的哲学革命"，而全新的哲学革命如果不包含本体论上的革命，又何以名副其实？于是，我们不能不思考这样一个问题：信息哲学是否只有走向信息主义世界观，才能避免上述矛盾而成为一种"彻底的信息哲学"？而如果不是这样，仅想以信息为对象的话，则称之为"关于信息的哲学"，或"研究信息的哲学"更为恰当？这样或许就并不一定要以"信息崇拜"或"唯信论"的姿态与观念去谈论信息了。

于是，关于本体论信息主义就成为我们无法回避的一个问题了。

第 二 章

寻找新的"基石"

作为一种最彻底的信息主义，本体论信息主义的主要"追求"和"贡献"，就是在哲学本体论上实现的"革命"，将整个世界的基石从过去的物质或精神置换为信息。当然，在本体论上主张信息主义也有不同的表现，主要是基于对"本体论"含义的理解不同，有的在世界的本源论意义上，主张信息是万物的来源；有的在世界的本质上，主张一切皆信息；有的在实在论意义上，主张信息的实在性或信息比物质更实在；有的在目的因意义上，主张信息是一切变化的终极原因。

第一节　信息本体论

即使在哲学信息主义的层面上，如前所见，认识论信息主义、方法论信息主义、价值论信息主义等等不同的主张，可以说它们基本都是工具信息主义，而哲学信息主义最根本的论域，还是在本体论的深度形成所谓本体论信息主义，而这种信息主义所主张的就是一种"信息本体论"。

当然，信息本体论常常也不一定只是狭义地理解为以信息为基石而建立一种本体论，即激进信息主义的观点，而是还可以更广义地理解为对信息的本体论属性的探讨。这种探讨还应该分为两个层面：一是本质论层面的本体论问题，揭明信息是什么；再就是存在论层面的本体论问题，即信息是一种什么样的存在：物质性的、还是精神性的或是既非物质也非精神性的？

本体论从某种意义上说就是存在论（甚至不少人在中文里把ontology译为"存在论"或"是论"）。所以对于信息本体论来说，首先必须从存在论的角度加以分析，这就是福克斯所问的问题："'有信息这种东西吗'或'信息这个词真的在指示某种东西吗'？如果对第一个问题的回答是肯定的"，就可"称为信息唯实论观点，把那些作否定回答的各种观点称为信息唯名论观点。这两类观点之间的冲突同传统的唯实论和唯名论的争论有很多共同之处"。①

在承认有信息存在之后，信息的本质论解决信息是一种什么性质的存在，它是由存在论问题必然引发和过渡到的问题。因为在信息存在着的基础上我们还会继续追问，信息的从无到有、信息的产生、创造从而成为"此在"是由哪些因素决定的？亦即信息是如何获得"存在"身份而成为"存在者"的？或者信息成为存在者后有什么特质？这就涉及信息的内涵、功能、效应等方面，从而构成信息的本质论问题。信息的存在论和本质论两个维度的紧密关联，就是"是否存在信息"与"信息如何存在"之间的关联，它们合为一体、相互交织、共同表明了信息是如何走向"是其所是"的。而且，信息"如何是"也是从更基本的层次上回答了信息"是什么"，也就是说，信息在走向"是"的过程中，在成为一种存在的过程中，同时也展示了信息的本质；或者说信息的本质就是通过信息的存在显现出来的。

哲学信息主义在信息是否存在的问题上是意见一致的，但在

---

① Christopher John Fox, *Information and Misinformation*. Westport: Greenwood Press, 1983, p. 17.

如何存在、一种什么样的存在从而本质论上则是有差异的，所以形成了在"信息是什么"问题上的众说纷纭。于是，尽管信息已经成为当代哲学的一个核心概念，但却并没有形成对这个概念的哲学共识，还由此构成了哲学信息主义的内部分歧，甚至形成不同"流派"的哲学信息主义。目前至少有三种关于信息的本体论立场：信息是物质的属性；信息是精神、意识的属性；信息是世界3的现象，形成诸如"信息唯物主义"、"信息唯心主义"、"信息世界3主义"等等，分别承诺或暗示了不同的本体论立场。例如信息唯物主义认为：信息是客观存在的一种象征，是物质的属性，"没有无物质的信息，也没有无信息的物质"，在此基础上规定信息本体论就是"研究宇宙物质实体与过程的信息属性与内容的哲学理论"①。还有将唯物主义简单化，走向物理主义的还原主义信息观，认为信息可以完全归结为一种物质现象，尤其是归结为载体本身。

在什么是使信息"是其所是"的本体论承诺上，在回答"信息主义是一种本体论承诺吗"以及"信息主义可以进行本体论承诺吗"的问题时，无疑会产生出激烈的争论。当本体论信息主义将信息作为世界的基石来看待时，一方面确实是我们关于世界基石的看法得到了丰富，另一方面也必然引发起关于"信息基石"是否具有合理性、说服力的思考，而这些思考本身就构成了哲学信息主义的主干内容。

第二节　语言主义

在将信息视为世界基石的智力探询中，有一种早就表现出来

---

① 刘发中：《信息唯物论与科学本体论》，湖北人民出版社1987年版，第95、59页。

的形式，那就是将语言作为万有的根源。

由于语言是信息的最主要表现方式，是最典型的信息装置，也是人类最高级的信息活动形态，因此对语言的崇拜所形成的语言主义，也可以说是信息主义最主要的表现形式；进一步，由于语言是作为信息的一种"软媒介"而存在的，所以语言主义也可以隶属于我们前面所说的载体信息主义或媒介信息主义，而广义的媒介信息主义也可以过渡到语言主义，如同利奥塔在《后现代状况》中所说：语言是社会的纽带和基础，其中一部分功能是信息技术播撒的结果。这种相互间影响的一个重要现象，就是"我们可以确切地说，在过去的 40 年里，各种'尖端'的科技，都和语言有关：语音学、语言学理论、传播学和控制论（神经机械学）的问题、代数与资讯论（电子传讯学）的各种现代理论、电脑及其程序语言、翻译问题，还有诸多电脑语言之间交叉问题的探讨，资料储存和流通的问题、电传学、智能终端机的改进，悖论学（似非而是学）等"①。

将语言作为万有的本源，是人类文明早已有之的智力成果。中国的老子提出"道生万物"，后来的理解颇多分歧，但其中的一种理解是将"道"理解为"word"，即作为言语行为的"道"，如果这样去理解"道生万物"，显然就有语言派生万物的本体论思想。古希腊哲学中也有大量类似的思想，如毕达哥拉斯的"数生万物"，严格地说"数"也是一种语言，一种特殊的数学语言，或者用今天的话来说是携带数量信息的符号，如果这样关联，那么"数生万物"无非是一种特殊表达的语言派生世界的语言主义观点。古希腊哲学在本体论上的最高成就就是"是论"（或"存在论"）的形式，即关于"Being"的哲学理论的形成，这种理论将"是"动词作为所有存在现象之所以出现的根源，即所有作为

---

① ［法］让-弗朗索瓦·利奥塔：《后现代状况 关于知识的报告》，岛子译，湖南美术出版社 1996 年版，詹姆逊所作序言，第 34 页。

"是者"的存在现象都是"是"这个动词在"是其所是"的过程"是"出来的，从语言的角度，就是作为不定式的"是"获得自己的宾词、从而形成一个完整句子的过程。从这个意义上，万有即世界的形成过程，无非是能动的"是"动词的"造句"过程，即语言的一种展开过程，其中无疑体现了语言主义的本体论立场。

在西方文化的精髓《圣经》中，更是可见这种语言创世的思想。如《旧约》的《创世记》中这样说：

起初，神创造天地。地是空虚混沌。渊面黑暗。神的灵运行在水面上。神说："要有光"，就有了光。神看光是好的，就把光暗分开了。神称光为昼，称暗为夜。有晚上，有早晨，这是头一日。神说："诸水之间要有空气，将水分为上下。"神就造出空气，将空气以下的水、空气以上的水分开了。事就这样成了。神称空气为天。有晚上，有早晨，是第二日。神说："天下的水要聚在一处，使旱地露出来。"事就这样成了。神称旱地为地，称水的聚处为海。神看着是好的。神说："地要发生青草和结种子的菜蔬，并结果子的树木，各从其类，果子都包着核。"事就这样成了。于是地发生了青草和结种子的菜蔬，各从其类，并结果子的树木，各从其类，果子都包着核。神看着是好的。有晚上，有早晨，是第三日。神说："天上要有光体，可以分昼夜，作记号，定节令、日子、年岁。并要发光在天空，普照在地上。"事就这样成了。于是神造了两个大光，大的管昼，小的管夜。又造众星。就把这些光摆列在天空，普照在地上，管理昼夜，分别明暗。神看着是好的。有晚上，有早晨，是第四日。神说："水要多多滋生有生命的物。要有雀鸟飞在地面以上、天空之中。"神就造出大鱼和水中所滋生各样有生命的动物，各从其类。又造出各样飞鸟，各从其类。神看着是好的。神就赐福给这一切，说："滋生繁多，充满海中的水。雀鸟也要多生在地上。"有晚上，有早晨，是第五日。神说："地要生出活物来，各从其类；牲畜、昆虫、野兽，各从其类。"事就这样成了。于是神造出野兽，各从其类。牲畜，各从其类。地上一切昆虫，各从其类。神看着是好的。神说："我们要照着我们的形象，按着我们的样式造人，使他们管理海里的鱼、空中的鸟、地上的牲畜和全地，并地上所爬的一切昆虫。"神就照着自己的形象造人，乃是照着他的形象造男造女。神就赐福给他们，又对他们说："要生养众多，遍满地面，治理这地；也要管理海里的鱼、空中的鸟，和地上各样行动的活物。"神说："看哪，我将遍地上一切结种子的菜蔬，和一切树上所结有核的果子，全赐给你们作食物。至于地上的走兽和空中的飞鸟，并各样爬在地上有生命的物，我将青草赐给它们作食物。"事就这样成了。神看着一切所造的都甚好。有晚上，有早晨，是第六日。天地万物都造齐了。到第七日，神造物的工已经完毕，就在第七日歇了他一切的工，安息了。

从中可以看到，"神造万物"的直接体现，就是神的话语造出万物，以"神说：'……'事就成了"的方式而完成，即所谓"话一出，事就成"。"话"是思想的载体，信息是思想的显现，话中的信息成为世界万物的始源，信息的神圣性由此具备，这种神圣性就是对于万物的创造性。

在《新约》中，也是将 word 作为一切的开始。如果采用《约翰福音》的做法，把词（word）当做一切的开始，也就是说，词不是对事物的命名，而是借用肯尼斯·伯克的话，事物是词的符号。现实不是已知的，不是独立于语言的人类存在，语言也不是现实苍白的折射。相反，是传播——简言之，通过符号形态的建构、理解与利用创造了现实，并使现实成为一种存在。现实是由命名系统创造的。①

　　"话一出，事就成"还可在今天的语言哲学中"以言行事"那里找到呼应。语言哲学家奥斯汀在 1955 年《论言有所为》一书中提出了"言语行为"理论，他认为一直以来哲学家们认为陈述句或者"描述"某种状态，或者"陈述"某个事实，因此陈述句要么是正确的，要么是错误的。他认为这种真/伪陈述的假设是一种为时太久的二元对立，为了消除这种对立，奥斯汀引入了另一对概念来进行重新分类，即表述句和施为句：前者涉及的是"言有所述"，目的在于以言指事，即涉及句法和逻辑、语义的问题；而后者则以语境为转换，关注的是"言有所为"，即其语义功能（如承诺、道歉、打赌、威胁、挑战、命名等）的实现，其实际内容是以言行事，属于语用学问题。比如一个人手拿一瓶香槟酒说"我把这条船命名为伊丽莎白女王号"，在他说这句话的同时，他已经完成了一个命名行为，这就是以言行事。

　　奥斯汀接着又进一步看到所有表述句其实都是隐形施为句，因此所有的句子都可以被看作施为句；而每一个施为句又都包含了三种言语行为：以言指事、以言行事和以言成事。以言指事指语句的表述，即说出一个有意义的句子，所以也叫说话行为，比如"我想吃一块蛋糕"；以言行事指完成某种行为，在说出这句话时，我们头脑中希望它能起到作用，或是请求，或是下命令，因此也叫做施事行为；以言成事指给受话人带来的影响，即这句话最后实际产生的效果，你可能吃到了蛋糕，也可能没有，或者还可能因为对别人说这话时因语气生硬而得罪了人，这也叫做取效。语言如果具有以言行事的功能，就在某种意义上成为可以"创造"现实的力量。

　　如果将语言的这种以言行事功能静态地本体论化，就成为本

---

　　① ［美］詹姆斯·凯瑞：《作为文化的传播》，丁未译，华夏出版社 2005 年版，第 13 页。

体论上的语言主义，即在本体论上认为语言决定世间的所有一切，决定世界的存在。早在亚里士多德那里就持这种语言决定论的本体论立场，他认为在"是什么"的背后，不是我们所感知的世界，而是我们通过话语建构的世界。我们的措词以及我们的思想通过赋予我们（认为）的感觉所认识的世界以外在的形式，从而造就了事物本身。① 卡西尔认为"在这个人类世界中，言语的能力占据了中心的地位。因此，要理解宇宙的'意义'，我们就必须理解言语的意义"②。洪堡特的语言主义进一步认为："没有语言，就不会有任何概念；同样，没有语言，我们的心灵就不会有任何对象，因为对心灵来说，每一外在的对象只有通过概念才会获得真实的存在。"③ 按照洪堡特的理解，语言是在先的、基础的、独立的、能动的，语言"是一种创造活动"：语言首先创造概念，通过概念使外在事物成为"真实的存在"，因此语言是事物存在的基础。概而言之，语言不是产物，而是实体即本原。

美国语言学家萨丕尔说，"真实世界是不知不觉地建立在该族人的语言习惯之上的……使用不同语言的各社会成员所生活的世界是多种多样的许多世界，而不是具有不同标志的一个同样的世界"④。在这里，萨丕尔显然把语言符号看成了决定真实世界的东西，把语言符号的差异看成了造成真实世界之差异的根源。

语言学家索绪尔也认为，因为"概念"即"所指"是语言所创造，概念又赋予外物以意义，从这个意义上说，语言创造了事物，语言对事物来说是在先的、第一性的，语言的界限就是世界

---

① ［美］尼古拉斯·奥努弗：《建构主义的哲学渊源探析》，《世界经济与政治》2006 年第 9 期。

② ［德］恩斯特·卡西尔：《人论》，甘阳译，上海译文出版社 1992 年版，第 143 页。

③ 参见胡明杨《西方语言学名著选读》，中国人民大学出版社 1999 年版，第 33 页。

④ ［美］爱德华·萨丕尔：《原始语言中的概念范畴》，转引自伍平《思维与语言关系新探》，上海教育出版社 1986 年版，第 34 页。

的界限。伽达默尔则提出：世界只有进入语言才是"世界"，而奎因则认为实在依赖语言，对象依赖于人们所使用的词。还有像中国古代有关"事各顺于名"、"名"比"实"更根本的思想，也有语言主义的这种本体论意向。于是语言对于我们意味着，它所给予的对象不仅仅是这个事物与另一个事物，而是整个世界、整个存在；同时它给予人一种对世界特有的态度和世界观，然后在每一种世界观里都隐含了世界自身的存在。

社会建构主义在某种意义上也具有这种本体论倾向：信息建构实在、语言建构实在，即语言不是反映世界，而是建构世界；建构主义所特别强调的社会协商就是一种语言的交往，就是用语言建构理论、事实和对象的过程。海德格尔认为，与其说语言只有将公开的和隐蔽的事和事物作为人的意图才能化到语句中去，不如说语言自身是其所是。是语言使作为所是之物首先进入了敞开。这样，语言和它所"反映"的现实没有直接、必然的联系，它们之间永远存在解释的距离。人只能通过语言理解世界，语言因此"构成了能够被理解的存在"，成为"意义之寓所"①。由此，在现代语境中被作为反映工具而使用的语言，被当代哲学赋予了"先在于人"的地位。与此类似，维特根斯坦用语言的"游戏隐喻"取代了语言的"图画隐喻"，指出语词的意义取决于它出之而来的语言游戏，认为语言的界限就意味着是我的世界的界限：由于我的经验的实在性总是受到所有一切客体的总和的限制，所以"这种界限也在所有一切基本命题的总和中出现"②。也就是说，在他看来，现实的世界和空间就是由基本命题所构造的语言体系的映射，从而我的语言就是我的世界。这些看法中所显示的无疑是"建构性"湮没了"客观性"，语言在这样的背景下具有越来越强大的决定作用，于是不能不用"语言主义"来概括

---

① 张世英：《哲学导论》，北京大学出版社 2002 年版，第 194—195 页。

② ［英］L. 维特根斯坦：《逻辑哲学论》，商务印书馆 1964 年版，第 84 页。

这样的理论倾向。海德格尔、维特根斯坦、索绪尔、萨丕尔、列维-施特劳斯、伽达默尔等人所代表的就是语言主义的不同流派。当代英、美的分析哲学和符号学，法国的结构主义和后结构主义，德国的解释学，都可视为其的表现。

此外，还有科学哲学意义上的语言主义，例如玻尔总是表示对实在性不感兴趣，而把他的重点放在语言上。他问道：我们人类从根本上依赖于什么？我们依赖于我们的语词……我们的任务是与别人交流经验和观点。我们必须不断为扩展我们描述的范围而奋斗，但这样我们的信息并没有就因此失掉了它们的客观的、不含糊的特点……我们以不能说出什么是上和什么是下的方式而延留于语言中。"实在性"也是一个词，一个我们必须学会正确使用的词。因此，"不存在什么量子世界。只存在一种抽象的量子力学描述。认为物理学的任务是去探求大自然是怎样的想法是错误的。物理学讨论的是我们对于大自然可能说些什么"。海森堡也表达了类似的看法："每一种现象实验及其结果的描述，都依赖于作为唯一的交流手段的语言。"①

传播学领域中也存在语言主义，著名的媒体学者波斯曼说："我们并非如其所然地观察现实，而是见到现实在我们语言里的样态。我们的语言便是我们的媒介。我们的媒介是我们的隐喻，我们的隐喻创造了我们的文化内容。"②

后现代主义的语言主义则认为，世界并不是客观实在的，世界只是我们言语到的世界，而每个人所言语的又是不一样的。因此世界没有本源，也没有本质和规律。

总之，语言主义本体论的核心观点，就是认为语言决定世间的所有一切，决定世界的存在。语言首先创造概念，通过概念使

① 参见罗杰·G. 牛顿《何为科学真理》，武际可译，上海科学教育出版社 2001年版，第 179 页。

② 转引自［美］曼纽尔·卡斯特：《网络社会的崛起》，夏铸九等译，社会科学文献出版社 2001 年版，第 407 页。

外在事物成为"真实的存在";语言"不是事物本身的模印",而是事物存在的基础。

第三节　信息"变"物质

承接前面所分析的"以言行事",作为信息载体的语言如果能行使"改变实在"的功能,那么在当代信息技术的介入和装备下,还可以进一步实现"以思行事",将"话一出,事便成"变为"念一动,事便成",使得王阳明的"一念发动处便是行"不仅具有道德伦理的意义,还可进行本体论的引申,那就是真正实现了信息(活动)造就事物的境界,从而改变了作为信息活动的"思"与作为物质世界的现实(行为)之间的关系。

这种意义上的本体论信息主义实际上是和认识论、实践、行动等联系在一起的,只不过此时的实践、行动都已"深度信息化",成为"信息化实践"、"信息化行动",或是信息有所外在表达的"言说",智能机器接受这种言说并作为指令去物质性地加以执行,造成物质性的后果,即物象化的"事"。而对于更内在的没有外在表达的"运思",如果这种运思是实践观念,还可以通过"读思维机"加以进行阅读从而接受其作为指令去物象化地执行。

关于"读思维机",还在脑电图机出现的时候,就展现了这种能性。而近些年更是不断有所进展:

报道之一:美军研发"人脑阅读器"被疑可能用于审问敌人①

美国军方最近出资四百万美元,资助科学家研究"阅

---

① 参见中国新闻网 2008 年 8 月 19 日。

读"人类思想的方法，以便研发一种可以翻译脑部受伤士兵，甚至中风病人思想的仪器。不过，也有人担心该技术会被滥用在审问敌人身上。

据香港《大公报》援引美国媒体十七日的报道，按照加利福尼亚大学欧文分校一个研究小组的设计，一些脑部有损伤、难以口头表达的患者戴上一种特制的帽子，帽子上的电极接触人的头皮并监测脑电波活动，所获得的监测信息会传输到计算机里，供科学家解读。

患者最初被要求从科学家列出的一些单词中暗自选择一个，心中默想，科学家则借助脑电图同步分析康复者的大脑活动，"读出"他们所想的单词。如此解读成功后，科学家打算让康复者扩展思考范围，针对更复杂的内容随便想些什么，然后由科学家进一步解读，但要达到解读复杂思考内容的程度可能需要数年时间。

参与这项研究的科学家约翰-派克说，目前的研究还处于最初阶段，他们希望这项工作有助于研制出"心思认知"软件，让脑部受伤、难以口头表达的患者不用说话就能与他人交流思想。

报道之二：一项新的发明装置表明用思维控制物体将成现实①

英国《每日电讯报》网站 7 月 20 日报道，英国科学家正在发明的一个装置能够让人的脑电波控制物体。

在埃塞克斯大学研制出来的这个模型已经能够用来玩简单的计算机游戏。人们通过想象动作，头戴这一帽子形状的装置能够指示计算机在计算机上搬动一个物体，或是指示一个机器人在房间里活动。

---

① 参见《参考消息》2008 年 7 月 21 日第 5 版同名文章。

研究人员希望这一技术最终能让人用思维指示轮椅行动，用思维开车。

为了获取大脑信号，科学家用一个安装了电极的帽子来侦察神经元产生的电波活动变化。

当头戴这一帽子的人想象某一特定动作，如手动时，帽子便会产生一个计算机能够识别的特定信号。负责埃塞克斯大学电子工程系这一研究的约翰·加恩说："我们开发这一装置的目的是帮助完全失去行动能力或行动能力有限的病人，这样他们就能用思维来控制计算机和轮椅。不过这一技术的应用领域十分广泛，从控制计算机游戏到用思维控制现实环境中的物体，如开灯和关灯，拉开和拉上窗帘，调换电视机频道等。"

科学家希望彻底改变电脑和技术装置的互动方式。

而这些之所以可能，又是基于人机之间的"心电感应"的可能，目前，科学家也正在致力实现人与计算机之间"心电感应"，这种感应如果实现，那么你刚刚觉得口渴，机器人已经自动把水送到你的手边，你一动意念，智能大楼内的路灯已自动熄灭……实现人与计算机之间的"心电感应"，并用思维来控制机器一直是科幻故事经典主题，也是科学家们致力实现的梦想。技术上要解决的根本问题，就是所谓的"脑—机接口"，而这一技术目前也不断取得进展，一定程度上人类大脑在实验室已经实现了与计算机的直接连接。

报道之三：清华研制成功脑—机接口系统：用思维就可以踢足球①

---

① http：//tech.163.com/06/0615/08/2JL657FC00091537.html 2006 - 06 - 15 〔2010 - 07 - 06〕.

清华大学医学院神经工程研究所的专家们成功地研制出了"脑—机接口"系统（意思是大脑和外界之间建立起一种直接的交流通道）。他们展示了用这个系统实现思维控制机器狗踢足球的过程。

一块约 2 米长的绿色地毯上，一只红色的机器狗守着球门，另一侧一只白色的机器狗越过阻挡它的纸杯，渐渐地接近球门。只见白色机器狗灵巧地躲过"守门员"红色机器狗，将球"踢"进了球门。

令人惊奇的是，机器狗踢足球的行为是由两名戴着特殊电极帽的学生用"思维"控制的。这是清华大学医学院神经工程研究所的专家们昨天用他们研制成功的"脑—机接口"系统做的一项有趣的演示。

据了解，学生们之所以能够实现用"思维"让机器狗踢足球完全是因为有了脑—机接口，它由电极帽、脑电波放大器和一台计算机信息处理器三部分组成。

据负责该项目的洪波博士告诉记者，人在思维时大脑皮层会出现特定的电活动，在头皮记录到的这种电活动通常叫做脑电波。这些电波可以借助高性能的生物电信号采集系统以及专门设计的计算机算法（比如电极帽），把这些特征实时地提取出来，并进行自动分类，从而实时判断出当前人所处的思维状态。然后再通过计算机将判断出来的思维状态可以翻译成预先设定的控制命令，通过无线网络发送出去，从而实现人脑对计算机等外部设备的直接控制。

通俗地说，你只要戴上特殊的电极帽，经过较短时间的训练，就可以通过大脑想象自己的肢体活动来直接控制机器狗的运动。

据了解，解读脑电波信号的最大挑战在于脑电波十分微弱，通常在头皮检测到的电压大约只相当于普通干电池的十万分之一，而且其中有用的信号常常淹没在杂乱的背景噪声中。

最近几年来，清华大学的这个研究小组发展了一套国际领先的信号处理和模式分类方法。今年年初，他们采用这套方法成功实现了实时解读大脑运动皮层信号的脑—机接口。这个新系统不再需要任何外界的视觉刺激，只需想象自己的肢体运动，计算机就可以通过脑电波判断出你在想的是什么运动，并翻译成相应的控制命令，来控制家电的开关或者机器人的运动。本文开头提到的机器狗就是通过这样的系统，由人的思维控制其在"绿茵场"上左攻右突，命中目标的。

这种技术还可以在将来人不用敲字，直接使用思维把想写的文章反映在电脑上。

这种读取人的思想或直接受人的意念控制而执行外部的现实活动（如机器人踢足球、下棋等）的实验不断取得新的成就。显示出新的信息技术正在不断消融"理念"与"现实"、思想与行动从而精神世界与物质世界之间的僵硬关系。于是，至少在"技术实践"的意义上，一种新的信息本体论或许可以成立：信息世界可以引领甚至人工性地"自动"创造物质世界，从而是一种限定意义上的"信息派生物质"，是一种奠立在发达信息技术基础上的"话一出，事就成"，或"一念发动处便是行"（"人心中一点灵明"），从而使"心想事成"的技术状态成为现实。

这样，一定意义上可以认为当代信息技术改写了一些传统的本体论关系，如消除"心"与"物"之间的二元分离，消除"知"与"行"之间的机械区隔，消除第二世界与第三世界、内部世界与外部世界的差别；实现所谓内部世界外部化；过去"精神变物质"只能靠实践，今天借助现代信息技术，"精神变物质"可以在直接性上不靠实践，而靠技术。当然，说到底，"技术"不过是凝聚状态的人的实践，是由"活劳动"转化而来的"死劳动"，所以当精神依赖技术变成物质时，从间接性或归根结底的意义上，还是依靠了人的实践、劳动。但这种依赖的"时滞效应"，至少使得精神变物质的本体论形式发生了极为重大的变化；而且通过技术的传递和复制效应，通过信息技术所主导的自动化链条的不断扩展，使得人的物质性实践的成分即使从间接意义上也可以在精神变物质的过程中趋于无限小，这也是随着自动化程度越来越高，人就可以越来越多地从物质生产的第一线中"解放出来"所表明的道理，或许也印证了海姆关于"计算机是形而上学的实验室"的道理。

凡此种种，在这个意义上所承认的本体论信息主义，是一种"有限的本体论信息主义"。

当然还有走得更远的，不要信息技术中介，也认为信息可以导致物象化的世界，即信息可以直接产生、创造出万物。这就是极端的本体论信息主义，如下面所要介绍的林林总总，目前还难以有充足的说服力。

第四节　万物源于比特

本体论的一个侧面就是"本源论"，通常是要对世界的构成做出终极解释，找出万物的根源，作为这个意义上的信息主义本体论，就是视信息为万物的本源，将万事万物的本质都归结为信息："一切皆信息"，这就是所谓本源论意义上的信息主义，它以物理学家惠勒所提出的"万物源于比特"为典型代表。

约翰·惠勒（John Archibald Wheeler）曾经与著名物理学家玻尔共事，提出了核分裂理论，后来又与自己的学生理查·费曼（1965 年诺贝尔物理奖得主）改写了电磁理论，并提出时光回溯移动的构想，他的研究为 20 世纪下半叶物理学的发展作出了重要贡献。作为一个物理学家，惠勒也颇有哲学旨趣，他对物理学中的终极问题、具有哲学性质的"存在之谜"很感兴趣，并形成了三个不同时期的思想进程：第一个时期是认为一切皆粒子，第二个时期认为一切皆场，第三个时期认为一切皆信息（Everything is Information）。第三个时期对他可以说是开创了一种物理学哲学意义上的从"物质本体论"向"信息本体论"的转向，某种意义上开启了物理学的新方向。他对此论述道，"宇宙及其包含的一切（its）可能来自无数的'是—否'选择实验中……我们可能永远也不能理解量子这个奇怪的事情，直到我们理解了信息是如何成为实在的基础。信息可能就是我们所知道的世界。可能正是它构成了世界"。或者也可表述为"万物源于比特"（it from bit）。Bit是信息论的创始人申农为信息命名的度量单位，后来在英语世界中比特就与信息同义。"万物源于比特"象征着这样一种观念，物理世界的所有单元（item），在根本抑或最基础的意义上具有非物质的来源和解释；也就是说，我们所说的实在，包括所有粒子、所有力场，甚至空时连续体本身，归根结底产生于"是—否问题"（yes-no questions）的提出及其所激起的仪器反应的记录，或归因于通过仪器作出的对"是—否问题"的回答，一个个二值选择，即比特（bits），简而言之，所有的物质性事物，究其根源都是信息—理论性的（information-theoretic）。① 所以这是一个参与的宇宙。

"万物源于比特"的直观意义，就是指物质、实体等万事万物来源于以比特度量的信息。当然其中的"微言大义"也许还更丰富，如该文的翻译者田松就认为，It from bit 的翻译有许多种，如被译为"有生于微"。此译得到北大朱照宣先生赞许，并提醒译者，"微"不仅有"微小"之意，亦有"无"意，如范仲淹名篇之"微斯人，吾谁与归？"当然从哲学关联性上，"万物源于比特"或许更为传神。故田松采取了这个译法。②

---

① ［美］约翰·惠勒：《宇宙逍遥》，田松等译，北京理工大学出版社 2006 年版，第33页。

② 同上。

苗东升教授汇总了各种有关"it from bit"的译法，如除了"万物源于比特"外，还有译为"有生于比特"、"大千源于位"等等，他认为田松的译法"有生于微"更能使人理解其精妙之义，并且是一种生成论的科学表述，因为英文 bit 的原有含义是"一点点"或"少量"。事要一点一点干，饭要一口一口吃。用英文表述这类命题都得使用短语"bit by bit"。把 bit 译成"微"，把惠勒命题译成"有生于微"，可以涵盖英文的这两种意义，既跟惠勒的另一命题"万物都是信息"（Everything is information）①接轨，又可以跟中国传统文化衔接，体现了我们今天的认识既是对惠勒命题的继承和超越，也是对老子命题的继承和超越。他还认为，有生于微与万物生于信息是一致的，因为体现"微"这种存在状态之本质的是它的信息形态，其物质能量方面的属性可以忽略不计，事实上也无法计量。"微"就是头脑中一刹那闪过的某个念头（"灵机一动"），一种极易消失的信息，一种非零的无穷小存在；在那个念头闪现之前，新事物是完全的无，作为一种信息的那个念头就是作为新事物之起点的"微"（微妙/灵感）。它只是一种寄存于大脑这种特殊物质载体上的信息形态的存在，一种"幽灵"般的"微妙"存在，但它原则上不同于无，只要条件具备，就可能最终转化为一场重大的社会运动，或一项巧夺天工的新发明，或一个震惊世界的新理论，或一首流传千古的诗篇。因此"微"的存在价值或意义是代表某个未来系统的信息核，有了它，就有了生成该系统的内在根据。② 总之，通过对其含义的曲折递进，最终可以达到本体论信息主义这样一个结论。

就万物源于"是—否"的比特来说，可以拿我们通常视为

---

① J. A. Wheeler, Information, Physics, Quantum: The Search for Links. Zurek, W. H. (ed.), *Complexity*, *Entropy*, *and the Physics of Information*, Addision-Wesley Reading, Mass, 1990, p. 5.

② 苗东升：《有生于微：系统生成论的基本原理》，载《系统科学学报》2007年第1期。

"物"的光子为例：令远距离光源装有起偏器，用以观测的光电探测器装有极化检偏器，现在我们来问这个"是—否问题"：是否计数器在特定的时刻记录到一声滴答？如果是，我们常常会说："这是光子干的。"我们清清楚楚地知道，这个光子在发射之前和接受之后都不存在，我们对光子"存在"的任何说法都不过是对一个原事实（raw fact），一个计数的夸大。所以，"被记录的是或否构成了一个不可分的信息比特"①。通过给予"万物"以比特，量子将作为信息的物理学呈现在我们面前。所以，对于"量子何如？"这个问题，我们可以这样回答："因为我们所说的存在是一个信息—理论性的实体。""但是存在何如？万物即比特，是的；物理即信息，是的。"②

　　于是，信息以比特的形式表述，这个信息由观察—参与者——通过交流——建立意义，从过去一直到数十亿年（billenium）后的未来，如此多的观察—参与者，如此多的比特，如此多的信息交流，得以建立起我们所说的存在，这种万物生于比特的存在观，有可能从这个我们略有所知的物理世界，推广到解释我们几乎一无所知的实体（entity），也就是说，物质不是世界的本质，信息才是世界的本原，信息是世界的原初存在形式，信息不需要以物质为载体；相反，物质是信息的派生物，世界先有信息，后有物质。

　　那么，作为信息的比特是万物的唯一来源吗？惠勒认为虽然不能这么说，但也否认不了万物源于比特的说法。"万物源于比特，不错；但是这个世界的其余部分也有贡献，这个贡献通过适当的实验设计可以减少，但是不能消除。无关紧要的累赘（nuisance）吗？不。整体所显现的证据是相互关联的吗？是。对'有

---

　　① ［美］约翰·惠勒：《宇宙逍遥》，田松等译，北京理工大学出版社 2006 年版，第 33 页。

　　② 同上书，第 334 页。

物源于比特'这个概念构成反驳吗？不。"① 于是归根到底，"所有的物理实体，所有的物，都来自比特"②，比特是意义建立中的基本单元（原话为"在意义的建立中，作为基本单元的比特……"），"把不可思议的巨大比特数结合起来得到我们所说的存在"③。在万物源于比特的观念还没有被广为接受的今天，他不无殷切地将期望寄予未来："是否会有一天，我们把时间和空间以及所有其他在物理学上得以区分的物理性质——乃至存在本身——理解为类似于一个自成信息系统（self-synthesized information system）的自生成器官？"④ 甚至还有这样的断言：信息，作为物质世界三要素"物质、能量和信息"之最活跃的一员，将以其不完全附属于物质、能量的特殊面目展现在人们面前。⑤

以上这些看法使惠勒成为最早宣称"现实的世界并非完全是物质的世界"的著名物理学家之一。他认为人们对宇宙的把握取决于观察行为，因而也取决于人的意识本身。其观点实际就是：有生于信息，信息是万物的本源；信息是有和无之间的中介。这种观点是典型的信息一元论的本体论，或"唯信论"。

唯信论是另一种一元论："就起源问题讲，机械唯物论是先有物质，后有信息；唯信论是先有信息，后有物质；唯心论是先有意识，后有物质。"⑥ 由于其主张的是一种"信息—物质—意识"的生成顺序，所以既不同于传统的唯物论，也不同于唯心论，并受到了这样的质疑："针对惠勒的物质起源问题，我们要问：没有物质载体的'裸'信息的存在形式是什么？信息如何产

---

① ［美］约翰·惠勒：《宇宙逍遥》，田松等译，北京理工大学出版社 2006 年版，第 340 页。
② 同上书，第 334 页。
③ 同上书，第 348 页。
④ 同上书，第 346 页。
⑤ 高剑平：《信息哲学研究述评》，《广东社会科学》2007 年第 6 期。
⑥ 苗东升：《评惠勒的信息观》，《华中科技大学学报》（社会科学版）2008 年第 2 期。

生出物质？在尚无物质存在的条件下，信息如何存在和运动？进一步要问：惠勒讲的信息是否也有起源？信息又是怎么产生的？估计惠勒也无法回答这些问题。"①

如果从"认识论"的意义上理解"万物皆为信息"，尤其是量子力学联系起来，或许更能被接受些，这就是：物理学引起观察者的参与；观察者的参与引起信息；信息引起物理学；这种思想和玻尔的"在量子物理的实在境界中，一种现象只有当它成为已被记录到的现象时，才是一种基本的现象"②；也就是仪器与微观粒子的相互作用使得我们所观察的对象"显现"出来，这种显现的信息同时标志了该对象作为认识中的存在产生出来，而没有该信息的显现就没有我们观察中的该对象，这个意义上，万物皆信息或万物源于比特似乎才是可理解的。

这样的观察过程，也是将对象"信息化"的过程，即把不可直接观察的对象通过技术装置转变为某种信息呈现，通过信息化的呈现我们可以推知其背后某种实在对象的存在，但信息呈现本身不等同于该对象。如果视万物皆信息或万物源于比特，某种意义上也是将对象与对象的信息化呈现相等同，并把这种信息呈现视为唯一的、本源性的存在。此时，"信息化"的人工观察过程被终极化，它把一切都"化为"信息，意味着世界的一切最终都变成信息，而不再有任何其他的东西，包括物质、能量等等。这就类似于当初热寂说所犯过的错误一样。

第五节 信息比物质更实在

信息是否具有实在性是一个复杂的问题，如果简单地一概而

---

① 苗东升：《评惠勒的信息观》，《华中科技大学学报》（社会科学版）2008 年第 2 期。

② 《惠勒演讲集：物理学与质朴性》，安徽科学技术出版社 1982 年版，第 9 页。

论地主张信息具有实在性或直接断言信息就是一种物理实在，就有可能成为一种实在论意义上的信息主义。

如果细分，其实认为信息是实在的观点也分为不同的情况，有的是在定义信息时将信息与信息的载体视为同一的东西，于是因为载体的物质性和实在性而断定信息的实在性，有的则是侧重于认为信息的内容具有实在性，亦即关于实在的信息也是实在的，不仅如此，这样的信息还是比物质实在更加实在的东西。

前者的典型代表是物理学家兰道尔（Rolf Landauer）的"信息是一种物理实在"。他说："信息（数字或其他的）不是抽象物，它必定和某种物理表达相联系。"① 他从这种联系进而将信息最后归结为某种物理表达，信息于是就成为与载体相等同的物理实在。尤其是出现电信技术后人们以为信息就是信号，也是把信息当成了载体。苗东升认为，兰道尔把信息载体（如数字）当成信息本身，故走向了认为信息是一种物理实在的看法。②

但是，即使将信息与载体区分了，也会因为有的载体的物质性特征较弱，或者由于某些信息就被视为可以充当载体（例如小说的故事情节可以看作主题、文采、作者风格等信息的载体），而使信息具有较弱意义上的实在性。如苗东升否定兰道的上述观点时指出：信息载体是物理的，信息本身不是物理的。不过，他又认为兰道尔的看法提供了这样的启示：符号载体对物质依赖性的减少可能没有正的下限，随着科技的进步，信息载体的物质性或许可以减少到可以忽略不计的程度。当信息载体的物质性可以减少到这样的程度时，信息或许就具有了"接近"独立存在的特性？既然能够独立存在，当然也就是一种相对独立的实在了。由此苗先生的观点也变相走向了信息可以或可能是一种"实在"的立场。他的"信息进化和信息载体进化原本是一回事"、"载体的

---

① Jhan Wiley and Sons. Tom Seigfried, The Bit and the Pendulum: From Quantum to M Theory, *The New Physics of Information*, Inc. New York, 2000, pp. 59, 67.

② 苗东升：《论信息载体》，《重庆教育学院学报》2006 年第 1 期。

层次划分同时意味着信息的层次划分，信息的层次区别可以归结
为载体的层次区别，二者实质是一回事"等看法更印证了这一
点。① 也就是说，信息与载体在细节或侧面上的不区分可能导致
整体上的不区分。这种不区分甚至可以简要地表述为"载体就是
信息"（例如麦克卢汉的"媒介即讯息"就与此同义），于是载
体的实在性就是信息的实在性。而当载体本身也被视为信息时，
就潜含"信息是信息的载体"的主张，于是信息也就可以是实在
的了。为了获得"实在性"的属性而把作为载体的物质说成是信
息，等价于把信息说成是物质，实质是对信息的泛化，和"一切
皆信息"的本体论信息主义达成了实质上的一致。

　　从载体的意义上理解信息的实在性，还可能因载体与信息之
间区分的模糊性而过渡到认为信息本身具有实在性，例如当持解
释学立场的德理达说"文本之外，别无他物"时，这里的"文
本"虽然从字面意义上是载体，但德理达的实际所指则是其中的
信息内容；又如当海德格尔说"语言是存在的家"、"哪里有语
言，哪里才有世界"、世界只有进入语言之中才成为"世界"、语
言就是存在本身、语言具有它的真实的存在……从而表现出一种
本体论上语言主义时，这里的"语言"虽然也是严格意义上的语
义载体，但实质所指仍然是语言的信息内容，因为作为物质载体
的文本和语言符号在他们那里绝不可能有那么"重要"而"特
殊"的本体论地位，否则他们就不过是在强调某种物质现象的重
要性，就和一般的唯物主义没有什么区别了。只有当他们强调的
是这些载体所表达的信息内容时，才显示出了某种可归类为信息
主义的主张，至少是在主张信息的某种形态才是唯一真实的、可
靠的实在。

　　在这样的视野中，就会认为信息不仅是实在的，而且是唯一
的实在，比物质更实在：物质是信息的派生物，世界先有信息，

　　① 苗东升：《论信息载体》，《重庆教育学院学报》2006 年第 1 期。

后有物质。无论物理性的还是心理性的现象都不如信息更实在，例如塞耶尔的"信息实在论"就表现出这样的倾向，他认为，信息是比心理、物理更基本的一种实在，具有物理器官和心理功能的人是信息过程的产物，而且决定心理物理过程的根本因素是信息，因此控制论中的信息、反馈等概念适宜于描述心理事件和生理事件，它们是把心理学与物理学、认知心理学与神经科学统一起来从而建立科学的心身学说的基础。① 又如弗洛里迪分析了在泛计算主义者的眼中，信息世界是一个真实的、实在的世界，而物理的、有形的世界倒是应当由信息得到说明的东西。

这种主张的古代表达形式是柏拉图的理念论（现实只是理念的摹本），另一种现代形式则是鲍德里亚的"仿真比真实的更真实"。由此来看某些虚拟实在，它们"没有本源、没有所指"、不模拟任何"原型"，自足地构成了一种自我本体，它自己就是自己的原型，比真实还要真实。对作为一种特殊信息态的虚拟实在的类似分析也包含了这样的旨趣，例如认为它是"一种反过来改变普通实在的实在"②，从而具有了更重要的价值。日常生活中我们有时也会问：实在的东西是以实体的形式保存下来更实在，还是以信息的形式保存下来更实在？例如当一个人的肉体消亡后却能"万世流芳"的话，也是以某种方式显示了"信息比实体更实在"或"信息比物质更实在"的意味。

一旦持这样的主张，则世界的实在性就需要用信息的实在性来说明，或认为信息是统一世界的基础，物理的、有形的世界倒是应当由信息得到说明的东西；实在的本质是信息，信息可以先于实体而存在："我们不可能在实在与信息之间作出任何有意义的区别，也就是说信息与实在是相同的：如果我们探究了信息的

---

① Kenneth M. Sayre, *Cybernetics and the philosophy of mind*, London & Henley, Humanities Press, 1976, p. XⅢ.

② ［美］迈克尔·海姆：《从界面到网络空间——虚拟实在的形而上学》，金吾伦等译，上海译文出版社 2000 年版，第 128 页。

基本单元,也就自动地探究了实在世界的基本单元。"① 我们甚至还可以从生成论的统一性上来看这个问题:质量、能量、信息都是生成的,它们之间是可以相互转换的。② 如果要解决生成的机制,就要从信息的"启动"入手。

又如,还是在惠勒那里,正是实在对于观察者的提问给出的"是—否"回答才使得实在成为实在:"当一个光子在吸收之前,它并不是真的实在;而当它被吸收,从而被'测量'时,就有一个比特的不可分割的信息加在我们已知的世界上,并且,同时,那一个比特的信息决定了这个世界的一小部分的结构。它创造了那个光子之所与相互作用的时间和空间的实在性。"③ 所以现实性的基础并不是量子,而是信息。当一些学者认为电子并没有那种在运动变化中保持自身同一性的"实体性"和"实在性",而仅仅是组成可观察现象的一种方式时,这也是在将对象的实在性加以"信息化"的主张上靠近,它类似于一些科学实在论者的主张:"科学实在"只能被理解为仪器的一种显现,一种只有在测量这类信息的摄取活动中才具有实在性。这类主张也可表达为"信息建构了实在",即只是某种特殊的信息形式(通常是语言)才使对象得以显现和存在。这样,"实在"从头到尾都是被各种信息手段进而信息本身所"纠缠"乃至建构和决定的。当科学知识社会学中"强纲领"主张不仅科学理论是被建构起来的,而且科学事实和科学对象也是被建构起来的时,所建构的工具无非也是仪器、语言、观念等信息"装置"或内容,从而也是和上述实在论意义上的信息主义异曲同工的。

这样,信息不仅自身是一种实在,而且其他一切实在都是由

① 郦全民:《计算与实在——当代计算主义思潮剖析》,《哲学研究》2006 年第 3 期。

② 董光璧:《科学思想的转向与理论统一的探索》,《科学中国人》2003 年第 11 期。

③ John A. Wheeler and Kenneth Ford. *Geons*, *Black Holes and Quantum Foam*: *a lie in physics.* New York: W. W. Norton & Company, 1998, p. 340.

信息所建构起来的——没有信息活动的时候就没有实在，相当于月亮在无人看它的时候是不存在的。弗洛理迪进一步把它归结为：我们操作对象实际就是操作信息，在操作信息中产生了对象；这就是说，我们以往把程序看作是某种对象的摹本或者副产品，而现在应当反过来，把所有对象本身看作是被操作的信息。他认为这是一个十分重要的视阈转变，因为信息社会中现实究竟是什么越来越取决于我们对信息的操作。比如克隆生物体或探索水星，实际上都是信息的操作行为。因此，"信息客体"不仅意味着被我们承诺的本体论，而且意味着我们操作或生产的对象。①

还有这样的看法，认为实在产生于人所赋予的信息："在现实主义看来，存在具有某种秩序，人类的大脑通过一些本领可以发现并描述这些秩序。我认为，现实的任何重要细节并不是等着我们去发现，世界是一种熵（entropic），也就是说，它并不是严格按秩序排列的——然而世界的多样性是有限的，人的大脑能够抓住基本的东西并把某种秩序加诸于广博而灵动的有限自然。用通俗的话来说，自然界并不存在经度和纬度，但是，如果把这种特定的、虽然不一定是惟一精确的符号结构加诸于地球之上，那么空间结构就被赋予了一种秩序，并被确定下来，这就在一定范围内达到了人类的目的。"② 无论这世界有着什么样的秩序，它既不是我们基因中本来就有的也不是完全由自然提供给我们的。正如生物学家 J. Z. 杨（J. Z. Young）所说的，"我们每个人的大脑确实创造了他自己的世界"；艾略克·伏格林（Eric Vogelin）认为历史的秩序是"秩序的历史"——人们赋予这世界重要性、秩

———————

① Luciano Floridi, On the Intrinsic Value of Information Objects and the Infosphere, *Ethics and Information Technology*, Printed in the Nethelander Kluwer Academic Publishers, 2002（4·4）, pp. 287 - 304. http：//www. kluweronline. com/issn/1388 - 1957/current. 参见孙和平、盛晓明《弗洛里迪信息伦理学的主体间性本质评析》，《自然辩证法研究》2004 年第11 期。

② ［美］詹姆斯·凯瑞：《作为文化的传播》，丁未译，华夏出版社 2005 年版，第 14 页。

序和意义等种种形式，都来自人类自己的智力加工机制。这也类似于恩斯特·卡西尔的符号主义本体论：人类生活在一个新的现实维度中，这是一种符号的现实，通过这种能力机制，存在得以产生。

如果再对信息的理解附上"时代气息"，看到由于信息的"数字化"在当代所具有的特殊意义，则还可能有如瑞菲尔·凯普偌提出"数字本体论"一类的本体论信息主义："在当今数字技术构成的框架内，数点和数据可以说是电磁媒体中的'知识、信息载体'。这就意味着不仅创造了数字存在物，而且更重要的是所有存在物被解释为数字存在物"，"信息革命不仅涉及电脑运算和数字信息给哲学带来的影响，而且还关注这样一个普遍性的观点——根据这个观点我们认为，我们具体理解事物的存在，直到我们能够使事物数字化"。"呈现于数字形而上学形态的数字本体论充溢于我们整个社会，渗透到社会的各个方面，包括我们的科学方法和哲学思考。这就是我们的'时代精神'。"我"赞成从本体论（而不是从形而上学）的角度阐释对存在的数字构建，数字构建允许我们使存在相对化。根据这样一种理论——一种避免形而上学盲点、把存在作为人类存在的'无标记空间'加以关注的理论，存在的数字构建可理解为一种可能的世界构建，不可理解为一种数字的毕达哥拉斯哲学"①。也就是说，当事物被技术化为数字信息时，同时也就包含着逆向地走向数字信息建构事物的本体论主张的可能。

这一点在现代信息技术的作用下也凸显出来："随着作为信号的客体的无所不在，如今已经没有时间的延宕可言了，只有即时，所以当然也就不再需要再现什么东西，相反的，此刻我们有的是电视机、'电子的在场'，也就是'远距离的在场'。就算现

---

① ［德］瑞菲尔·凯普偌：《信息伦理学的本体论基础》，《上海师范大学学报》（哲学社会科学版）2006 年第 5 期。

代性的客体已经失去了实质性，某种再现与恒定性、某种物质性也还是有可能存在的，但如今的客体不仅失去了实质性也失去了物质性：失去了再现或任何恒定性存在的可能，物质性被毁了。随着即时而非延时的新霸权，客体被化约到了仅只是信息的地位。我们从最初的'图示'时代通过一个'电影时代'和'摄影时代'而走到了此刻的'信息影像'（inforgraphic）时代（Virilio，1987），即时影像至此不再是再现而是信息。"[1] 这或许是信息技术所导致的具有认识论意义的实在性被信息性所取代。

然而，信息本是表达对象和事件的形式，虽然可以（通过影响人的认识和行为）反过来影响对象的存在状况和事件的进行状况，但毕竟是派生出来的，而不是本体论上先于实在的。如果把信息及其某种衍生形式（符号、语言）看作是比实在更实在的东西，使得本来作为实在的表征的信息反过来成为实在存在的根据，实在则成为依附于某种信息而存在的东西，在信息与实在之间进行了"本末倒置"。

其实，信息性在一定意义上恰好是与"实在性"相反的范畴。因为"实在"在被人认识的过程中，就是一个"去实在性"的过程，成为"被信息化"后的实在。所谓"被信息化"，实际上是人对物、对象的一种操作和把握；实在只有"被"人加以信息化后，才能信息地展现自己；而作为无信息能力的对象及物，只能"被"人信息化，物不能自主地能动地将自己信息化地表现。所以"被信息化"实际上是对象被人的信息化加工；对象也只有通过这种被信息化，才能被人把握。如果从量上看，实在性在"程度"上可能存在差异。某种意义上，观察时附加的人工条件越多，其实在性就可能越弱。或者说，在不同的对象之间，当一个比另一个在更少需要附加人工条件的情况下就能产生实在感

---

① ［美］斯各特·拉什：《信息批判》，杨德睿译，北京大学出版社 2009 年版，第 99 页。

时，就具有更大程度的实在性，抑或者说一个对象就比另一个更实在。举一个通俗的事例：风景照片不再是风景本身的实在，而是关于某一处风景的信息实在，对这张风景照片的绘画则是风景照片的信息实在，再在电脑中将风景画数字化后呈现出来则成为风景画的虚拟实在，从而是某一处风景的被多次信息化后的信息实在。在这个意义上，"信息实在"如果被信息化的环节、中介或次数越多，离物理实在的距离就越远，其实在性的程度就越低，于是"信息性"与"实在性"在此就形成一种反比关系。对实在的过度信息化所形成的信息实在，最后可能就是只有"信息性"而毫无"实在性"，成为完全虚假的信息。于是多级信息化就起到了弱化实在性乃至消解实在性的作用。

第六节 虚拟实在与自然实在之间

作为当代信息技术的产物，"虚拟实在"也在被一些信息哲学研究视为构造世界的新的基石。

当代信息革命和信息技术的发展导致了虚拟实在现象的出现，作为一种新的信息存在形式，其强大的功效也引起了人们的本体论思考，那就是它对于我们传统中视为世界基石的现实实在，具有一种什么新的本体论地位或属性？是否可以将它作为世界构造的新的基石？

有人将虚拟实在认同或等同为物质或客观实在，如认为是一种实实在在的现实[1]，或者说虚拟实在就是物质存在的特殊形式，一种特殊的现实世界，由于它与自然实在（在这里以及下文中，我们规定"客观实在"、"现实实在"、"自然实在"、"原型实在"、"物理实在"、"普通实在"的含义是一样的，只是由语境

---

[1] 参见蔡曙山《论数字化》，《中国社会科学》2001年第4期。

的不同需要而使用的不同说法）一样能造成真实的感觉和经验，因此两者是本体论对等的①：当我们浸蕴于虚拟世界时，我们也能够称自然世界是虚幻的而虚拟世界是真实的。认为自然实在和虚拟实在之间不存在本体论的差别，两者是同等地真实或虚幻②，或者说，既然人们可以模拟出一个与我们的日常经验完全一致的虚拟世界，那么我们就没有理由认为我们所生活于其中的世界才是一个真正具有实在性的世界。③虚拟实在作为一种信息性的存在，如果认为它消解了与物理实在的区别，就是取消了信息与物质的区别，就是走向一种新的"信息本体论"，信息与物质等同的本体论，或称"物信论"。

问题是，信息世界与物质世界是否能够等同？从功能性的结果相同是否能够推出原因相同？正如多因同果一样，不能因为同果，就在本体论上认为多因是同因，太阳晒石头热和摩擦后石头热，不能根据同果就认为太阳和石头在本体论上对等。

可以说，虚拟实在从本体论属性上既不是自然性的物质、也不是精神，甚至也不能用既有的某些"中介现象"、"第三世界现象"去说明它的特征，如它类似于符号存在，也是有形而无物，但又与符号不一样，因为符号是意义的承载，是思维把握的对象，其"形"不具有作为对象的实质意义，它无须和对象有"形似"的联系，是人得到其"义"之后需要忘掉的"形"，而虚拟实在的"形"直接就是感知的对象，在感知过程具有实质的意义，即必须与现实实在有着逼真性的相像，使人在感受到虚拟实在时就像感受到现实实在一样，符号的意义需要人和人之间的约定，而虚拟实在的含义则可以不需要这样的约定。所以，这是一

---

① 参见翟振明《虚拟实在与自然实在的本体论对等性》，《哲学研究》2001 年第 6 期。

② 翟振明：《有无之间　虚拟实在的哲学探险》，北京大学出版社 2007 年版，序言第 2 页。

③ 翟振明：《实在论的最后崩溃——从虚拟实在谈起》，《求是学刊》2005 年第 1 期。

种新型的存在。是人工信息的新组合的载体。

显然，虚拟实在不是现实实在，例如它不能和现实实在一样和"有"完全等同，虚拟化本身就意味着非实在化、非现实化、非真实性，表明虚拟实在和现实实在是不同的存在，正是这种不同，使得它们所针对的"实在"的含义也不同，并且在本体论上的地位也不同。另外，从它被主张汉译为"电象"、"临境"、"虚实"、"虚拟境像"以及"灵境"等中也可以见到人们对其不可能与真实实在对等之本质的朴素把握；甚至从柏拉图用的"洞穴比喻"来说明理念与现实之间的关系时，也能反过来启示我们看到不同的"世界"之间，尤其是影子世界和真实世界之间，是不可能本体论对等的。

虚拟实在是与数字技术相关的一种现象，因此我们可以称为"数字实在"或"数字化实在"。然而，在信息科学中，数字与数字化是不同的，例如，作品的数字化属于复制品，不同于数字作品，数字作品是直接用软件的方式创作的产物，是不同于复制物的原创物。

虚拟实在显然不仅是对现实实在的数字化复制，而且是一种数字创作活动，所创作的虚拟实在"源于"现实实在，又"高于"现实实在，如在赛博空间里就可以做物理空间里完不成的事情，所形成的虚拟客体就并不和现实客体一一对应。因此，即使我们可以在有限的意义上说虚拟实在是客观实在的数字化，也不能反过来说它们都是"数字化客观实在"。

因此，如果把虚拟实在作为人的一种作品来看待，那么当我们说它是一种数字化作品时，就是针对意识和感觉（对实在的反映）而言的，而不是直接针对实在本身而言的；而当我们视其为数字作品时，就摆脱了复制的含义，就可以和现实实在这种"非数字"的"非作品"形成对照，就可以看到虚拟实在和现实实在属于两个显然不同的世界：现实世界和数字世界。

虚拟实在的生成过程包括对真实世界的事物进行观测并将观

测量转换成数学世界中的数据流，然后利用数据流确定的参数生成能够被感知的光影和声音等信息形式，这就是一个数字化和数字制作的过程，它既是针对真实事物的，也是针对人的意识对真实事物的把握，前者使事物过渡到非实在化，后者则使意识非主观化、意识内容数字化或客观化。现实实在的虚拟化与主观印象和观测结果的客观化就共同构成了虚拟实在。

虚拟实在的产生表现出一个从客观实在出发的否定之否定过程：一方面它是直接否定意识现象之后的产物，已经不再是能够与意识现象等同的东西，并呈现出较纯粹的意识而言所不具有的客观性和某种意义上的"实在性"；另一方面由于它处于否定之否定的阶段，所以又呈现出仿佛是对第一阶段的重复：对现实实在的回复，表现出与现实实在的某些相似特征，从而可以再次构成意识的反映对象，并且使意识主体产生类似于面对现实实在进行反映的那种真实感。但由于是一种否定之否定，所以虚拟实在不可能是对客观实在完全的绝对的回复，其中的差异性，就是本体论上的差异性，如现实实在先于人而虚拟实在后于人，现实实在可以从科学的意义上离开人而存在，虚拟实在则不能脱离人而存在。而且，就目前的虚拟实在技术水平来说，虚拟实在是否"实在"，很大程度上是一个"感觉问题"，取决于面对虚拟实在的主体能否"忘掉"真实的自己，同时也取决于主体是否面对虚拟对象"得意忘像"。因此，主体的"实在"或"虚在"是决定虚拟实在是否"被认作"传统意义上实在的根据；主体的状态在很大程度上决定虚拟实在的属性。主体将自己"虚拟"得越强，虚拟实在的实在性就越强。

由此看来，虚拟实在从某种意义上可视为"实在"的一种新形式，其本质上是不同于现实实在的信息实在、数字实在和数字化实在，是现实实在的数字重塑，是主观对现实实在感性把握的数字化外显，它与原型相似又受主体感觉的创造，受人的认知和表达能力（包括技术手段）的制约；既是原型的信息化，又是主体对这种信息把握后的数字化；或是主观化的客观实在（是人工事物的被感觉），也是客观化的主观实在（是感觉和意识理解出来的一种实在）；它既同主观世界保持距离，也同客观世界保持差别；是客观实在和意识存在的交集。从信息的角度，虚拟实在是人工信息发展进程的一个新阶段。由于信息（尤其是自然信息）既具有客观的不以人的意志为转移而存在的属性，也具有（尤其是人工信息）必须依赖于人的理解和解释才具有意义和存在价值的属性，它可以作为某种"实在"（人工实在）存在着，但又不能像现实实在那样可以离开人的意识而存在；它不是意识本身，但离开人的意识和感觉又毫无意义。因此，它本身在本体论归属上带有双重性。或者说，物质和（人的）意识是虚拟实在的共同本体论承托。

从以上所述虚拟实在的特性及产生的过程，可以看到虚拟实在是人工实在、信息实在、社会实在、制度实在、主体性实在的汇集，是现实实在的一种人工衍生，是人工实在的信息转换，是信息实在的社会建构。如果说现实实在是被"发现"出来的，那么虚拟实在就是被"发明"出来的。

只要人（面对虚拟世界的主体或操作者）不被虚拟化，那么人和虚拟实在就是"两个世界"之间的对话，实在的和虚拟的之间就是有差别的，一个世界就不可能完全解决另一个世界的问题，或者说虚拟的就不可能等同于实在的。虚拟实在给人的"真实"刺激终究不过是一种"刺激"，而刺激上的以假乱真并不是虚拟实在出现后才有的。也就是说，不能够靠刺激的"真实性"来断定刺激物的实在性，就如同不能够以感觉为尺度去复合实在的对象一样。虚拟实在的实在性是感觉到的实在性，是以主体的景况为转移的；没有人的感觉，就没有这种"似乎"的实在性。所以，即使承认虚拟实在的"好像"意义上的实在性，也是与不以人的意志为转移的客观实在性全然不同的。其"真实性"也只是与"原型"的相似，实质上也只是感觉或经验效果上的相似，是"实在感"上的相似而非实在本身的相同。虚拟实在至多能造成一种经验上的实在感,即使这种经验上的实在感和别的原因造成的经验上的实在感是类似的,也不能推知造成这些实在感的原因是同一的。我们在某种情况下无法判断刺激源是来自虚拟实在还是客观实在,不等于不同的刺激源在实际上没有区别。何况,要获得这种类似的感觉和经验,还必须附加一系列人工条件,如要戴上视频头盔、数据手套,甚至穿上触元紧身衣等等,实际上已经把经验主体与真实对象隔离了开来,因此简单到只要"检查"一下我们是否被这些人工的装置所"装备",就可以搞清楚我们是在与物理对象打交道,还是在与虚拟实在打交道,我们所获得的是直接经验,还是人工经验。

也就是说,虚拟实在对人产生的认识效果,实际是用某种"替代性"的物理实在刺激人产生出受有关的物理实在刺激时产生的那种信息性的感受,虚拟实在是为了从感觉功能上引起一种类似物理实在刺激时的反映。如果说,虚拟实在对人的感官的刺激也是一种物理性的声、光、电的刺激(故虚拟实在说到底是一种新的载体现象,不同于过去的符号语言图画等所导致的感受信息,虚拟实在是一种"电态信息",或"数字化信息"),那么不同的物理实在导致相似(乃至相同)的信息现象,所以最多可以说两者是"认识论对等",而难以说是本体论对等。其关系也类似于实物和符号给人的刺激效果,如果两者都能引起人的相同感受效果①,如像"望梅止渴"和"说梅止渴"之间的关系那样,虽然都导致了口中唾液的分泌,但真正的梅和作为语词的"梅"毕竟还是不同的,在本体论上它们并不是一回事,虽然在认识论

---

① 认知心理学家梅耶提出的信息加工模型也表明了这一点:信息被各种感觉接收器接收并且用感觉记忆储存的方式保留下来。此处的感觉记忆梅耶把它分为了视觉记忆与听觉记忆两个通道,在视觉通道主要是接受文字图片等可视化的信息,在听觉通道则主要是接受音乐、语词等声音信息,两个通道的信息还会出现彼此转换的情形,也就是说在一定的情况下人在大脑中会把听觉信息转化为图形信息,如当人听到"牛"叫的声音时可能会在大脑中出现一头"牛"的形象。

上有相似性。因此我们大概也只能说两者在认识论上对等，而并不能说它们在本体论上对等。因为从本体论上，从其各自的本来存在形态上，一个是虚的，一个是实的，不可能对等。

对于符号的这种功能，如同罗素所说："如果 A 能引起关于 B 的'观念'，A 就是 B 的符号。"这里的 B 就是符号 A 所指称的对象。① 在这里，符号 A 是一种能够代替对象 B 而引起在 B 的作用下造成一定的观念，符号是能够引起关于对象的观念的东西。

如果认为虚拟实在和物理实在对等，就类似于认为符号与它所指称的实在对等，就会回到"原始思维"那里去：在原始人那里，就往往不能把持号和按号所指称的对象区分开来，看不到它们在实质上的不同，因而常常把二者等同起来，混为一谈，例如"原始人把自己的名字看成是菜种具体的、实在的和常常是神圣的东西"②，他们"害怕把自己的真名泄露给敌人，唯恐敌人借以施展邪术"③。于是，"涉及到谁的名字，就意味着涉及到他本人或涉及到这个名字的存在物。就意味着对他这个人施加暴力，强迫他现身，这可能成为一种巨大的危险"④。对原始人来说，占有词就是占有词所代表的事物。词就像人的灵气那样，无论是谁只要他能流利地操纵词，那么他就能控制住由词代表的事物；这就错误地把符号的实在性当成了对象的实在性。

还有，我们对实在的感受和实在之间的关系也不是先行的：实在不一定都能引起实在感，能引起实在感的不一定都是实在；即使我们可以以感觉为标准判断虚拟是否逼真，也不能以感觉为根据认为逼真的就是实在的。如果我们所感觉的对象的实在性是

① ［英］B. 罗素：《人类的知识》，张金言译，商务印书馆 1983 年版，第 228 页。

② ［法］列维-布留尔：《原始思维》，丁由译，商务印书馆 1986 年版，第 42 页。

③ ［英］B. 罗素：《人类的知识》，张金言译，商务印书馆 1983 年版，第 68 页。

④ ［法］列维-布留尔：《原始思维》，丁由译，商务印书馆 1986 年版，第 42 页。

靠它们构成了不以我们的意志为转移的刺激源来证明的，那么虚拟实在虽然是外在于我们的刺激源，但由于与它的交互作用又是可以以我们的意志为转移的，这一点也是与客观实在不同的，所以虚拟实在并非本来意义上的实在，而只不过是能引起实在感的人工现象。只有或主要靠现实实在（的物理性质）才能解决问题的时候，虚拟实在的刺激就更多地显露其虚拟性而非实在性。这同时也意味着，不能因为虚拟实在能引起实在感，从而认为凡是能引起实在感的刺激都像虚拟实在那样不真实、不可靠，从而认为一切实在都是不存在的，都只是人的感觉而已。

进一步，我们"白日做梦"时的幻觉也能产生实在感，所以幻觉按此道理也是与现实实在对等的。这样，虚拟实在作为虚拟经验的来源，也与幻觉具有对等的本体论地位，如可以随意操作、改变无论是虚拟还是幻觉空间的对象。而实际上，我们知道上面的情况都是人在不"清醒"的状态下做出的判断，而一旦将理性加入其间，我们都可以知道无论是梦幻还是虚拟的"真实"都只不过"以为是、其实不是"。所以，不能将面对虚拟实在"全身沉浸"时的"不清醒"判断作为一种理性结论。只要不将人仅仅看作是感觉支配的人（而对虚拟实在的体验就几乎完全是依赖于感性的，某种意义上是感官的一种自我欺骗和蒙蔽），而且也是理性的人，那么在其全面的认识活动中，他所面对的虚拟对象和现实对象之间就不能在本体论上是真正地对等的。

可见，虚拟实在的出现不可能否认现实实在的优先性。在通常情况下由不同的实在所导致的实在感是有区别的，我们是可以由这种区别来区分不同的刺激源的，因此也是可以区分现实实在与虚拟实在的。虚拟实在和现实归根结底是不同的，它们作为刺激源对人有某些感觉功能上的类似，而这种类似恰恰是建立在虚拟实在对现实实在仿真的基础之上，说明前者的产生和存在是依托于后者的，也说明存在着现实实在，它至少是虚拟实在的终极基础，是维持虚拟实在能够使人产生类似于对现实实在那种感觉的根基，是被摹写的原本。所以虚拟实在如果理解为一种信息存在，那么它本身就是依赖于现实实在的，它本身是不可能成为世界存在的单独基石或本源的。

第 三 章

以比特为基础的思考

信息时代被刻画为实现了一场"从 A 到 B 的革命","A"为原子 Atom 的简称,"B"为比特 Bit 的简称,其意思是说,信息时代以前的世界是以物质性的原子为基础的,而信息时代来临后世界的基础则转移到信息性的比特。既然如此,对世界的认识也随之发生革命,表现为认识的状态和面貌被信息量的剧增所改变,同时,虚拟实践和认识也作为新的认识方式被信息时代推入社会,此外,认识的深层机制也被引入到信息视角加以说明和解释……所有这些,形成了"以比特为基础的思考"的认识论特征,也被称为"全新的信息思维",形成了一种"信息认识论",信息成为对整个认识系统和认识过程加以解释的最有效工具,由此走向所谓的"认识论信息主义"。由于"比特技术"的空前发展,也使人的认识与当代信息技术产生了更多的"纠缠",呈现出一幅带有浓厚的"比特色彩"的认识图景,这也构成认识论信息主义的一个重要方面。

第一节　信息认识论的兴起

信息时代人的认识活动具有了许多新的特征,如信源的极大丰富,信道的极其多样,计算机和网络辅助于人的认识或思考过程,信息交流的及时便捷……一定程度上可以称之为"认识的信息化"，它呼应了信息主义关于"世界的信息化"的总体趋向。或者逆向来说，对世界的信息化解释也包括对思维认识过程的信息化解释，由此形成关于认识的本质、过程和机制的信息论说明。较之以前的那些说明方式，如心脑同一的说明、心灵论的说明等等，在信息论的说明方式出现后，又给认识论图景增加了新的色彩。

一般地说，没有信息就没有认识，认识可视为一种信息的摄取、加工和表达活动，以信息为核心概念几乎可以说明认识的全部过程乃至全部机制，由此而形成了所谓的"信息认识论"。信息认识论的思路还可以继续延伸，在视人的思想就是一种信息形态、人的思维活动就是一种信息加工活动的基础上，进一步认为认识的全部因素和机制都只能用信息的术语加以解释和说明，都只能归结为一种信息运动，此时就从信息认识论过渡到了认识论信息主义。

认知主义的信息加工理论就是一种典型的认识论信息主义。

从历史根源来看，认知主义和信息论、计算机科学的发展有很大的关系，它认为人的信息加工过程，类似于计算机的处理方式。认为认知理论必须是符号水平上的分析，它将人脑与计算机进行类比，把人脑看成是类似于计算机的信息加工系统，把人的认知过程看成是系列的物理符号的运算过程，用符号表征对象世界，在认知活动中，符号依据一定的规则得到储存、提取和变换。这一研究范式建立起了完善的研究手段、概念体系和应用技术。在 20 世纪 70 年代，这一研究范式被当成了认知科学本身。从认知加工的结构来看，认知主义认为整个系统是由若干个模块组成，各模块之间有一定的层次结构，信息是在一个类似于计算机中的中央控制器的子系统的控制下，在各模块之间流动，并被系列加工。[①]

---

① 参见高华《认知主义与联结主义之比较》，《心理学探索》2004 年第 3 期。

　　美国教育心理学家加涅（R. M. Gagne）的信息加工模式是认知主义的典范，在此模式中，他认为认识和学习是一个信息加工的过程，即学习者对来自环境的刺激进行内在认知加工的过程；在这个过程中，学习者从外部环境中接受刺激激活感受器，感受器再将刺激转换成神经信息，这一信息进入感觉登记器，之后进入短时记忆，短时记忆中的信息通过经过复述、精细加工、组织编码等，转化为有意义长时记忆，长时记忆的信息要转变为人能清晰意识到的信息就需要将它们提取进入短时记忆。因此短时记忆是信息加工的主要场所，因此也称为工作记忆。它将来自感觉记录器和长时记忆中提取出来的信息进行处理加工，加工的结果，一方面送至长时记忆，另一方面送至反应发生器。反应发生器将信息转化成行动，也就是激起效应器的活动，作用于环境，这就产生了人们可以观察的活动模式。此外，信息加工过程还有一个环节即"执行控制"和"预期"：前者主要起调节和控制信息流的作用，后者主要起定向作用，至此一次完整的信息流加工完成。由此所导致的教育理念是：教师的教学是为了给学生的学习提供外部条件，使学生在相应外部条件下能够更好地促进信息在学习者内部的加工，并最终导致信息能够更多更好地进入长时记忆。信息加工论者把人看作是一架非常复杂的机器，并试图发现这个"暗箱"内部所发生的情况。因此，他们常常把人类认知系统表述为代表信息加工和储存的一系列方框（或称箱子），是它们在来回传送信息。每一个方框都代表一种人头脑中发生的信息转换。① 而总的来说，在认知主义的信息加工理论看来，人的认识是规范的，计算机可以模拟人的认识活动，人的认识可以自

---

① Patricia L. Smith, and Tillman J. Ragan. （2000）. The Impact of R. M. Gagne's Work on Instructional Theory.；Richey （ed.）, The Legacy of Robert M. Gagne （pp. 147 – 181）. Syracuse, NY：ERIC Clearinghouse on Information and Technology. 以及百度百科：认知主义，http：//baike. baidu. com/view/588160. htm？fr = ala0 _ 1 2010 – 03 – 23 ［2010 – 07010］.

然化，认识的过程可以被高度简约化为信息的输入、加工和输出的过程。

如果用这种理论哲学性地描述人的认识从感性到理性的提升，就是人所进行的一系列信息加工活动；而信息的加工，无非是人们利用业已形成的知识经验系统及思维概念模式对摄入的信息加以选择、整理、浓缩等等，正是在这样的过程中，主体原有的信息结构和新输入的信息（感性材料）之间相互进行了调整和顺应，最后，实现了对输入信息的同化，造成了新的信息结构即信息产品，这就是被加工和提升了的认识。人脑在思维运用概念，作出判断，进行推理，或者联想，无非是对语词所携带的意义信息进行着组合、再组合的活动；其中还进行着信息的浓缩与稀释，形成概念、范畴、公式与原理的过程是信息的浓缩过程，而理解、运用和发挥它们的过程，则伴随着信息的"稀释"活动，即结合情景、具体事例使其中的信息充分地展开，这便是由抽象走向具体的过程。

信息认识论可以说是对认知主义的信息加工理论的一种扩展，即认为信息的视角（机制和原理等）不仅可用来说明认识的过程，还可以用来解释认识的对象、本质和主体等等。

如认识的对象和人的认识器官都可以围绕其行使的不同的信息功能来"定义"，其中外部世界是"产生信息"的功能，感觉器官具有的是"获取信息"的功能，神经网络具有的是"传递信息"的功能、思维器官则是"处理信息和再生信息"的功能、效应器官是"执行信息"的功能。它们也构成了人类认识世界和改造世界全部活动的完整信息模型，其中包括产生信息的外部世界、获取信息的感觉系统、处理信息和再生信息的思维系统，以及执行信息的效应系统，这些都是复杂的信息功能系统，它们扮演"信息节点"的角色，而传递信息的神经系统则扮演"联线"的角色；这种"节点与联线的集合"就是"网络"：一个具备全部信息功能的"信息网络"。① 或者说,这些信息的器官一起工作,就可以形成一个完整的信息流程。维纳从信息角度对人的认识过程加以如此论述:"人通过感觉器官感知周围世界。在脑和神经系统中调整获得的信息,经过适当的储存、校正和选择等过程后进入效应器官,一般说来,也就是进入人的肌肉。这些效应器官反作用于外部世界,再作用于中枢神经系统。运动感觉器官所收到的信息又同已经储存的信息结合在一起影响将来的动作。"② 在这里的分析中,从认识走向实践的过程也纳入了信息的解释之中。

信息认识论还必然涉及对认识本质信息化说明:认识活动是一个建立在脑神经生理网络结构基础之上的信息运动过程。从哲学高度上来认识,人就是以自身特殊人脑为物质载体而与外部客观世界建立了思维认识的信息活动关系;人脑就成为接受外部世界客观信息的信宿,而外部世界就成为让人脑接受信息的信源;而以实践为基础的人的思维认识活动本质上也就是一种以人脑活动为基础的与外部环境发生的思维信息运动关系。

智能是解释认识机制的一个重要概念,在信息认识论中,对智能的解释也转移到以信息为中心,因为关于智能生成的各种模型都和信息相关。例如,在钟义信看来,基于连接主义(人工神经网络)的智能生成模型是"信息—经验—智能";基于符号主义(人工智能专家系统)的智能生成模型是"信息—知识—智能",基于行为主义(感知控制直接系统)的智能生成模型是"信息—常识—智能",从而统一了原来一直争论不休的各种智能理论。如果把这样的知识理论和由此统一起来的智能理论称为"全知识理论"和"全智能理论",那么由于"全信息理论"、"全知识理论"、"全智能理论"三者都是在统一的方法论基础上

---

① 钟义信:《探索信息——生命交叉科学的奥秘》,《科学中国人》2003 年第 7 期。

② [美] 维纳:《维纳著作选》,钟韧译,上海译文出版社 1978 年版,第 3 页。

建立的，它们的综合自然就形成了一个以信息为基础、以知识为中介、以智能为目标的信息—知识—智能的统一理论的初步框架。① 他还说：信息是智能的源头，一切智能都是通过对信息进行适当的加工形成的。没有信息，智能便是无源之水。

至于认识的内容，则全部为信息。认识的时候在人脑中显现出来的关于客体的信息，是观念形态的信息，或者简单地说就是观念或意识。因此，人的意识、认识无非是一种信息，只不过是人所特有的一种最高级的信息形式罢了。从信息与语言的关联来看，认识过程所形成的信息还可以视为"主体所感知的事物运动状态及其变化方式，包括这种状态方式的形式（称为语法信息）、含义（称为语义信息）和价值（称为语用信息）"，而语法信息、语义信息、语用信息三者的全体，称为"全信息"。② 对事物的认识，就是对事物的各方面信息的理解：当面对某个事物，如果通过分析它的语法信息了解了它的形式结构，通过分析它的语义信息了解了它的逻辑内容，通过分析它的语用信息了解了它的效用价值，就可以说"理解了这个事物"。或者更明确地说，如果了解了一个事物的语法信息，可以认为对这个事物有了浅层的理解；如果了解了这个事物的语法信息和语义信息，就可以认为对这个事物有了中等层次的理解；只有了解了这个事物的语法信息、语义信息、语用信息（即全信息），才可以认为对这个事物有了深层的理解。③

而全方位地看：认识对象是信息源，主体是信息加工器，认识的结果是新信息产品的形成，认识系统可视为"信源（对象）——信道（中介）——信宿（主体）"的集合，而认识过程

---

① 钟义信：《探索信息——生命交叉科学的奥秘》，《科学中国人》2003 年第 7 期。

② 钟义信：《关于"信息—知识—智能转换规律"的研究》，《电子学报》2004 年第 4 期。

③ 钟义信：《自然语言理解的全信息方法论》，《北京邮电大学学报》2004 年第 4 期。

可视为"摄取信息——加工处理信息——输出信息"的流动，于是，认识论在这种视阈下就成为"信息认识论"。

利用信息论的成果，还可视认识就是"通信"。信息认识无非是人与人、或人与机器、或人与物之间的通信。于是，"认识的通信状态"与"非通信状态"可以用来表明正在进行中的认识和处于储存状态中的认识；还有"可通信的认识成果"与"不可通信的认识成果"，前者是可言传的知识，后者是不可明言的意会知识。于是，认识的可通信特征成为认识是否能社会化的一个判据。也是信息的可扩散、可传递、可共享的属性。但某种意义上，知识无非是一种"脑电波"，而从技术可能性上，任何脑电波都是可以被识别的，也是可以被传递的，于是，那些意会知识是否也可以被识别和传递？或许可传递而不可识别？或许能为机器所识别（即使识别成"乱码"）而不能为人所识别？这些都使人的认识越来越具有了很大的技术成分，或至少开辟了一种表达"意会知识"的技术途径。这是信息技术给认识带来的新图景，在后面还要具体论及。

一旦涉及到信息技术对认识过程的介入，就会面临一系列新的认识论问题。例如，此时人的认识是否从技术辅助性思考走向技术主导性思考？于是，思考或认识的限度和可能不是取决于人脑而是取决于机器？计算机尤其是高智能计算机是否可视为一种"信息化大脑"或"数字化大脑"？

信息技术对于人的认知还在从外置性技术辅助走向内融性技术渗透，使得人的认知不仅是涉身（具身、容身）的，而且是涉机（具机、容机）的，也有人称这种认知主体为人—机主体，如果认知的对象是世界的话，那么传统的认知模式"人——技术——世界"就变成"（人—技术）——世界"，也是伊德所概括的模型之一。这也就是认知技术在认识过程中的工具性和中介性角色演变为主体性角色。

这样，认知的"反映性"由于技术的介入，其反映成果就增加了技术的成分，这些技术性成分一方面对对象可以有更多的"解蔽"，使以前不能在人面前显现的对象显现出来；另一方面也造成了新的遮蔽，使"对象"日益成为多重技术作用和转化后的产物，从而离开"对象的本来面目"可能更加遥远。

同时，认知的"选择性"也更多地取决于技术性选择，对同一对象的认识，不仅取决于观察前所"渗透的理论"，而且取决于观察中所使用的技术手段，用不同的工具我们就得到不同的对象，这是认识的结果甚至认识的对象之社会建构的重要侧面之一。

或许可以用"认识论信息主义＝认知主义的信息加工理论＋信息认识论"来表达这几个概念之间的关系，或者说，认识论信息主义就是被强化了的认知主义和信息认识论。这种视野所面临的认识论问题还有：认识论是否可以完全被认知科学所取代？认识中的一切现象是否可以"还原"为可计算的信息现象？科学化的信息运作机制是否可说明人的认识的一切奥妙？

显然，这种视野面对这些问题的回答是单向性或片面性的，因为在这样的视野中，大脑就被看作如计算机一般是信息处理的机器，感觉器官是各种信息传感器。认知和智能的任何活动都是信息的收集、存储和处理的过程，作为信息处理系统，描述认知和智能活动的基本单元是符号，无论是人脑还是计算机，都是操作、处理符号的形式系统；于是这种视野深怀这样一个信念，只要对人类收集、存储、加工和使用信息的过程有深入的了解，就能够把握从知觉到记忆到思维范围内的人的智力活动，而且可计算的心脑活动在原则上能够被计算机模拟。当思维只被归结为信息处理过程时，就会简单地"认为思维只是处理数据的过程，掌握的数据越多，思维的效果就越好"[1]。而实际上思维的效果还要

---

① ［美］西奥多·罗斯扎克：《信息崇拜》，苗华健等译，中国对外翻译出版公司 1994 年版，第 153 页。

取决于比狭义的信息多得多的复杂因素，甚至生理的因素也不能排除在外，这就是前面提到的"涉身"或"具身"的认识，每一个体所进行的认识活动与具体的身体密切相关，或者说，身体的物理方面（而不仅仅是信息方面）对认识活动是十分重要的，它既是认识活动得以进行的物质基础，也构成影响认识结果的重要"情景"之一。如同西伦所指出："认知依赖于经验的种类，这些经验出自于具有特殊的知觉和肌动能力的身体，而这些能力不可分割地相连在一起，形成一个编织在一起的肌体。这样的观点无疑反对认知主义（亦即本书所讲的认识论信息主义）的立场，这个立场视心智为一个操作符号的装置，因此这个立场专注于形式和规则"①，而忽视了认知的其他方面，使得认识成为一个抽象的信息过程。

而且信息越多，认识也不一定必然发展，正如资本的增值不一定是财富的增值，信息的增值也不一定是思想的丰富，从而不一定是认识的发展，而是形成类似于过度的虚拟经济导致经济泡沫一样，过度的虚拟认识导致的是认识泡沫。

第二节 "信息思维"：用信息"看"世界

在信息认识论中，还有一个重要的概念："信息思维"。信息思维并不仅仅是指思维的手段需要信息，或思维的过程是信息过程，思维的结果是信息产品……如果仅限于这样的规定，那么人类的思维从来都是信息思维。这里的信息思维，除了指思维过程的被完全信息化解释，或用信息的机制对思维的本质加以说明外，还有一层意思：对世界的信息化解释。这样的信息思维对应于"实体思维"，后者是对世界的实体化解释（实体论唯物主

---

① 参见李恒威、盛小明《认知的具身化》，《科学学研究》2006年第2期。

义）；它也对应于"能量思维"，后者是对世界的能量化解释（唯能论）。这是三种不同的思维，形成于不断发生的科学技术革命："人类科学史上经历了三次大的科学革命，相应实现了三次科学世界图景和科学思维方式的大变革。第一次科学革命迎来了实体实在论世界图景的科学实现，培植起实体思维方式；第二次科学革命迎来了场能实在论世界图景的科学实现，培植起能量思维方式；第三次科学革命迎来了信息系统复杂综合的世界图景的科学实现，最终导致人类的科学观念和科学思维方式从实体观念和实体思维、能量观念和能量思维转向信息观念和信息思维。"[①]

如果比较实体思维和信息思维，就会发现：所谓纯粹实体思维方式是近代以来影响深远的哲学思维方式，它以追求终极存在、永恒本质和绝对真理为目标，力图由预设的本质去解释现存世界，从初始本原去推论现存事物，从两极观点追求单一本性。信息技术的出现，使人们通过人机互动的交互性、动态性和网络化的活动根本否定了传统流行的纯粹实体思维[②]，如果说实体思维强调质料因、能量思维强调动力因，那么信息思维似乎强调的是形式因和目的因[③]。信息思维确实使得以前被忽视的信息视角和信息现象得到了重视，取得了一些新的认识成果。信息论的局部成功，可以在一定程度上视为信息思维的成功，即信息认识论意义上的成功。

当然，如果视信息思维方式是一种"全新的"科学思维方式，也有些夸大其词，因为实际上，如果说信息思维是一种重结构、重关系的思维，那么"关系实在论"其实早已提出了这种看法。

[①] 邬焜：《信息哲学对哲学的全新突破》，载姜璐编《信息科学交叉研究》，浙江教育出版社 2007 年版，第 291 页。

[②] 张明仓：《虚拟实践论》，云南人民出版社 2005 年版，第 293 页。

[③] 参见王哲《信息思维与后现代思维的歧异与会通》，《西安交大学报》（社会科学版）2006 年第 4 期。

每个思想家都在思考这个世界，但是每个人的思考角度不同，这好比大家透过不同的窗户看同样的风景一样。"信息思维"无疑是透过信息这个"窗格子"看世界。"看世界"后形成的就是世界观，透过什么"窗格子"看世界，通常就会决定不同的世界观的形成，而上面不同的"窗格子"，反映了从语言决定世界观到比特决定世界观。

关于语言决定世界观，仍以洪堡特为典型代表，他说："每一个人，不管使用什么语言，都可以看作是一种特殊世界观的承担者。世界观本身的形成要通过语言这一手段才能实现……每种语言都有各自的世界观。"[1] 洪堡特派在美国的继承者、美国语言学家沃尔夫则认为操不同语言的人对世界的认识是不同的，例如，"牛顿如果不是说英语，就会得出迥然不同的逻辑"；"任何个人都没有自由来完全不偏不倚地描述自然，即使在他认为自己是最自由的时候，他也是被迫采取了某些方式的解释。在这些方面，最接近自由的人，就是那些熟悉许多种差别很大的语言体系的语言学家。到目前为止，还没有一个语言学家具有这样的能力。这样，我们就被导致一个新的相对论原理，这个原理认为：同一个物理论据，并不能使所有的观察者都得到相同的宇宙图景，除非他的语言背景是类似的或者能够以某种方式互相校定。"[2] 伽达默尔认为，语言给予人一种对于世界的特有态度或世界观。也就是说，用不同语言讲话的人对世界的看法是不同的，正是我们各自语言的基本结构，规定了我们的世界理解；理解以语言为界限，语言就是世界观；并且，即使我们能够观察到，这种语言是怎样变化的，我们原则上仍然不可能从一个处在我们语言的传统之外的立场出发去评判它与"客观实际性"的关系。

---

[1] ［德］洪堡特：《论人类语言的派别及其对人类精神发展的影响》，转引自伍铁平《思维与语言关系新探》，上海教育出版社 1986 年版，第 32 页。

[2] ［美］本杰明·沃尔夫：《语言、思想和现实》，转引自伍铁平《思维与语言关系新探》，上海教育出版社 1986 年版，第 34 页。

而一旦认为世界就是对世界的认识时，世界观就与客观的世界相等同，语言决定世界观就实质上等价于语言决定世界，作为认识论的"语言思维"就走向了作为本体论的"语言主义"。

类似的演变过程也可能发生在"信息世界观"的领域。"信息思维"使我们"看"到世界与先前必然有所不同，信息成为我们认识一切的基点，成为解释一切的根据。物质的一切变化的本质都是信息的"展开"，物质本身不起什么实质作用。于是生命的本质是信息展开的过程，宇宙的本质也是火球中信息的展开过程，天体的形成与演化过程也是一个信息过程或信息支配的过程：是"恒星系演化的程序信息"的"依次表达构成了恒星系演化的实在过程"①，至于这些主导火球和星系演化的信息是从何而来的，则只能用"与生俱来"来说明，因为它们至少不能晚于火球和星系的出现，否则火球和星系演化就会失去信息的主导。这样，表面上可能是信息依存于火球这样的宇宙最初的物质，但实际上火球的一切又是必须用信息来说明的，于是信息成为说明这一切的终极原因，成为解释一切的"阿基米德点"。

在这样的视野中，宇宙是一个计算或信息流动的过程，其隐含的看法就是，不再认为构成物质世界的基本要素是实体性的粒子。正如著名的理论物理学家斯莫林（L. Smolin）所说："这个世界不是由实体组成，而是由发生事情的过程所组成的。基本粒子不是仅仅停在那里的静态物体，而是在它们相互作用的事件之间携带少量信息，并引发新过程的过程。这更像是一个基本的计算机操作，而不是传统的永恒原子的图像。"②

又如，在基本粒子的变化中插入信息的解释如像"核生成的链式反应过程乃是信息模式产生和扩散的一种典型方式"③。这也

---

① 邬焜：《信息哲学》，商务印书馆 2005 年版，第 231 页。

② ［美］李·斯莫林：《通向量子引力的三条途径》，李新洲等译，上海科学技术出版社 2003 年版，第 41 页。

③ 邬焜：《信息哲学》，商务印书馆 2005 年版，第 225—226 页。

与"物信论"的主张不谋而合：物质的生存发展要由信息来引导。宇宙早期微小混沌体内由基本粒子所携带的信息，是相继建造具有星系、恒星和行星等诸多层次天体系统的基本物质信息。太阳就是通过大量粒子、原子和离子及其统计平均信息的协同控制作用而生存发展的。生物大分子是在粒子、原子和分子的基础上，又叠加有核苷酸、氨基酸和蛋白质的更多层次的物质信息系统，其生存发展取决于天地之间诸多复杂因素的长期协调作用。[①]其中隐含的一种本体论立场就是：信息是解释物质过程的基础，而不是将物质作为解释信息的基础；这样，即使原先还在存在意义上将物质作为信息的基础，那么在存在之灵魂问题——变化发展上，实际上是用信息来解释物质，信息至少成为解释活动的、方法学的本体论基础。于是在因果性上，不再认为实在过程是信息过程的原因，而是认为信息过程是实在过程的原因；不再认为信息过程是实在过程的一种"信息总结"、一种事后的认识、是"实在决定信息"，而是相反，是"信息决定实在"。此时，虽然从直接层面上物质还是信息的载体，但从终极层面上信息则成为物质的载体，物质不过是"帮助"信息实现自己的手段，信息成了黑格尔的绝对精神一样的东西，有自己的内在目的和意向，不断"外化"和"实现"自己；或者也如同道金斯对生命现象的说明：一切生命无非是基因的载体，生命是非本质的，只有基因（遗传信息）才是真实的存在……使人产生的直接联想是：物质是为了信息而来到"世间"的，信息就是物质的"目的因"、"形式因"和"动力因"，而物质不过是那无关紧要的、消极惰性的"质料因"而已。

思维就是认识过程，当思维变成信息思维，就是用信息的机制去说明思维的本质，也是从信息的视角去思考世界，这样的机

---

① 罗先汉：《物信论——多层次物质信息系统及其哲学探索》，《北京大学学报》（自然科学版）2005 年第 3 期。

制和视角如果是排他性的，就是一种信息主义的方式。因此，对信息思维的过度强调，对"以比特为基础的思考"的无限制使用，就是从认识论信息主义走向了本体论信息主义。由此看来，信息思维一旦超出认识论的范围，或者一旦作为解释世界尤其是本体论现象的认识工具，就会成为一种比较极端化的信息主义。

第三节　比特技术：正在改变我们的思考

信息视角改变我们所看到的世界，是和当代信息技术对我们造成的这种影响联系在一起的，这就是比特技术正在改变着我们的思维。从另一个角度说，技术对人的改变，最根本的莫过于精神层面的改变，而对思维的改变就是如此。而信息技术作为一种"认知技术"，更是具有直接的改变人的思维的效应。"人类智能的演化不仅与语言的演化齐步前进，而且还与支持和处理语言的技术保持同步发展。"① 这样的技术就是媒介、信息技术和计算机等等，它们影响我们如何看世界，必然也影响到我们将世界看成什么样，这是一体性的变化。

媒介技术可以改变人的思维方式，这一点早就为人所知，如尼采的一位作曲家朋友写信给他，说自己写曲子时，风格经常因纸和笔的特性不同而改变。尼采复信表示高度赞同，并进一步认为我们的写作工具渗入了我们思想的形成。德国媒体学者弗里德里希·基特勒通过研究发现，改用打字机后，尼采的文风从争辩变成了格言，从思索变成了一语双关，从繁琐论证变成了电报式的风格。总之，如同德国学者莱德尔迈所说的：我们的心智结构

---

① ［加］德里克·德克霍夫：《文化肌肤　真实社会的电子克隆》，汪冰译，河北大学出版社 1998 年版，第 251 页。

被我们使用的不同媒介所改造①，在技术哲学家伊德看来则是被一般的技术所改造："感觉能力上的任何更大的格式塔转换都是从技术文化之中产生的。"②

　　麦克卢汉是对这一点发掘很深的思想家，从大时间跨度上，他认为将标志印刷文化的古登堡时代的人被当时的信息技术造就了一种重视觉、重逻辑思维和线性思维，机械的、专门化的思维方式，而电子时代造就的则是感知整合的人、整体思维的人、整体把握世界的人，因为这样的信息技术使人的心理意识和社会意识的结构重新部落化。③ 他说，在电视机这个高速电子发射器面前坐几个小时，必然要产生一种独特的心态。④ 实际上，我们今天可以回头看 3000 年不同程度的视觉化、原子化和机械化。我们终于认识到，机械时代是两个伟大的有机的文化时代之间的插曲。印刷时代大约在 1500 年到 1900 年之间独步天下。电报是第一种新型的电力媒介（electronic media，通常又译为"电子媒介"），它的滴答滴答声仿佛在敲打着印刷时代的讣告。以下的发现一次又一次记录了印刷时代的葬礼：20 世纪初叶"弧面空间"的察觉和非欧数学的出现。这些发现使部落人的非连续时空观念得到复活。斯宾格勒也朦朦胧胧地感觉到，西方拼音文字的价值观的丧钟敲响了。电话、广播、电影、电视机和计算机的发展，进一步给它的棺材敲上了钉子。今天，电视机是最重要的电力媒介，因为它几乎渗入了美国的每一个家庭。它使每一个收视者的中枢神经系统得到延伸，同时它作用于人的整个感知系统，用最终埋葬拼音文字的信息塑造人的感知系统。结束视觉独霸地位

---

① Karl Leidlmail. From the Philosophy Technology to a Theory of Media, *Society for Philosophy & Technology*, 1999（3）.

② 参见［美］安德鲁·芬伯格《技术批判理论》，韩连庆等译，北京大学出版社 2005 年版，第 17 页。

③ ［加］埃里克·麦克卢汉等：《麦克卢汉精粹》，何道宽译，南京大学出版社 2000 年版，第 18 页。

④ 同上书，第 24 页。

的，首先是电视机，虽然其他的电力媒介也扮演了各自的角色。①
他还说，拼音字母和印刷机"这两种媒介鼓励我们把世界看成是
一连串分离的源头和碎片，使我们与之拉开距离"，而电视机则
再现这样一种感知方式："觉得我们自己和世界相互渗透，世界
是我们的延伸，我们也是世界的延伸。"② "电子信息系统是完全
器官意义上的有生命的环境。它们改变我们的知觉和感觉能力，
特别是当它们没有被注意到的时候。"③

马克思则高估评价了他所能了解的印刷技术的认识论意义，
认为印刷机的发明是对精神发展创造必要前提的最强大的杠杆。

一般地讲，这也是由不同的信息技术所决定的信息的"三
态"对认识方式演变的影响，例如表现在其对知识形态的影响
上，口传信息决定了个体性、意会性知识的主导性；印刷信息决
定了社会性、书面性知识的主导性；电子信息则决定了人类性、
交互性知识的主导性，并极大地增强了信息的能生性和信息共享
的可能性。

不仅狭义的信息技术，广义的技术也能造成思维方式的变
化，例如机器技术造成机械的思维方式，历史上机械钟表和地图
的发明，同样说明了人类如何因此改变了对时间与空间的思维。
互联网正是今日的钟表与地图。所以在今天，当我们依赖电脑作
为理解世界的媒介时，它就会成为我们自己的思想。

这样，"以比特基础的思考"就具体化为"以比特技术为基
础的思考"，即数字科技成为改变我们思维方式的主导技术。数
字技术对人思维的影响不同于以往的技术，比尔·盖茨在他的著
作《未来之路》中这样叙述：信息高速公路将彻底改变我们的文

---

① ［加］埃里克·麦克卢汉等：《麦克卢汉精粹》，何道宽译，南京大学出版社
2000 年版，第 371—372 页。

② ［美］保罗·莱文森：《数字麦克卢汉》，何道宽译，社会科学文献出版社
2001 年版，第 7 页。

③ ［加］埃里克·麦克卢汉等：《麦克卢汉精粹》，何道宽译，南京大学出版社
2000 年版，第 144 页。

化，就像谷登堡的活字印刷术改变了中世纪一样。这也是认识与思考的信息化或数字化，是比特技术对思考方式、思考能力甚至思考本质的改变。美国的一位计算机专家罗林斯说："那些未来的计算机将迫使我们彻底改变看待自己和世界的方式，迫使我们不再按照人类的和非人类的、有生命的和无生命的、有机的和无机的等维度去审视宇宙，而代之以适应性的和非适应性的、有组织的和无组织的、复杂的和简单的等维度。"①

例如，有学者认为，超文本技术的应用使得传统认知的固定逻辑结构发生了随意性的变化，其原有的刚性组织变得更为松散，分叉剧增，内部的和局部的逻辑关系变得更为复杂和错乱。因此，首先，传统小步骤的结构化认知策略在当今信息时代可能变得更像创造能力的培养，原本对不同层次的学习目标体系及其界定也可能发生根本性的变革。其次，认知逻辑结构的松散化改变也可能带来认知过程中"主线消失"方面的问题；在多分叉结构环境下，学习者发现新问题的可能性不断增大，但同时认知目标的逻辑一致性和保持就更为困难，使得认知活动难以收敛，或者发生认知目标的快速而多角度的转变，导致认知的稳定性遭到破坏，例如会产生网络迷航的现象等等。②

比特技术可能引起的负面作用还表现为：程序化操作导致思维功能固定。计算机固定性的、程序化的操作常常伴随有非常快速的信息反馈，并且反馈具有比较鲜明的正误判别特征。且不论这种趋势可能导致学习者丧失其主体意识的问题，就认知理论中的学习机制问题而言我们也可能面临两种不同的选择：一是仍旧坚持传统理论，从信息技术对认知活动的负面效应的角度进行补救措施研究；二是将计算机或网络上的认知学习作为未来的主要

---

① ［美］戈雷高里·罗林斯：《机器的奴隶　计算机技术质疑》，刘玲等译，河北大学出版社 1998 年版，第 28—29 页。

② 郑晓齐等：《信息技术对人类认知活动的影响分析》，《中国软科学》2002 年第 3 期。

学习模式，局部修改现有认知理论中的机械决定论观点；也就是说，程序化并伴随快速反馈的操作是否会导致，以及在何种条件下会导致思维功能的固定化，仍是认知理论需要继续探讨的问题。①

科学认识通常被视为人类典型的、标准的认识活动，它的"信息化"不断提升的结果就是科学研究中"e-Science"的出现，其中的认识特点的变化可以视为比特技术影响认识过程乃至思维方式的一种典型表现。

e-Science 是一种崭新的国内外科研协作模式和大科学工程，它是建立在网格技术基础之上的一种科学研究新环境，亦即通过网络和电脑来促进科学研究，所以又叫"网络化科学研究"、"第二代因特网的科学资源共享"、"电子科研"、"数字科研"等。e-Science 对科学产生了多方面的影响，如同英国研究理事会主席、e-Science 计划的发起者约翰·泰勒（John Taylor）所说，e-Science 将改变科学运行的动态方式；英国 e-Science 计划首席科学家托尼·赫（Tony Hey）则说，如果我们正确运用 e-Science，它将多方面改变我们从事科学的方式。可以说，在科学哲学所关注的科学方法、科学对象、科学进步的模式、科学知识的产生方式等问题上，都由 e-Science 注入了新的内容。

在 e-Science 背景下，科学知识的生产和创新的传统方式也随之发生了改变。

e-Science 使科学研究工程化，而且是基于现代信息技术的工程化。在 e-Science 的平台上科学研究更倾向于工程化的方式进行协作、整合与发展。e-Science 本身就是一个大系统，科研人员和各种技术与信息辅助人员之间的联系，犹如工程活动中各种工序和工种之间的联系，一旦离开了这个联系之网，科研工作就无法

———————

① 郑晓齐等：《信息技术对人类认知活动的影响分析》，《中国软科学》2002 年第 3 期。

展开。更何况，借助 e-Science 所进行的一些大项目本身就是一个个大的大科学工程，随着更多的跨学科的、覆盖范围更大的科研问题摆在我们面前，无疑需要更多的科研人员进行跨越多个领域的协同工作，各个领域的专家共同解决一些复杂问题，最后集成多个研究中心的成果，形成一个总体的成果，也就是工程化的集合效应。工程式的协作通常会产生更大的效益，使更多的人可以做以前不可能做到的事情。例如，造价昂贵的大型科学仪器设备，如粒子加速器、天文望远镜、同步辐射装置、各种传感器等等，先前不是每个科学家都能使用得起的，而且使用和管理它们还必须有专业的技术和人员，就更增加了使用的难度。在 e-Science 背景下，只要加入这个系统，原则上就可以共享这些仪器设备，于是做出科学发现和知识创新的可能性随之增加。

与此相关可以看到，e-Science 中所实现的科学进步，实质上也是一种共享式进步。科学在更加频繁、及时而广泛的信息交流中实现进步，并借助现代信息技术而实现科学的数字化、网络化发展，无论是发展的速度还是传播的速度都变得更快，科学由此更凸显出是"交往中的科学"、"网络中的科学"。e-Science 的使命就是要对普遍意义上的科研工作进行信息化提高，其结果是科学进步的信息化特征更加突出，这方面的日常表现就是科研中的信息交流越来越重要。正因为如此，所以一些美国学者认为 e-Science 也可称之为 i-Science 这里的"i"是" interactive"即"交互式的"缩写。

e-Science 还使得科学进步日益呈现出全球化的效应。导致 e-Science 出现的原初动机就是为了在重要的科学领域中实现全球性合作，其核心思想就是通过网格计算技术（grid）最终将全球计算机可用资源整合成一个虚拟的超级计算机（globe virtual computer），实现与地理分布无关的计算资源、数据资源、存储资源的全球自动配置，也就是使全世界的科学研究资源（信息和设备）连为一个互通的网络，科学家可以不受疆域的限制进入网络和使用其中的资源。例如，天文学教授通过自己的电脑，接入位于美国的一台价值数亿美元的尖端天文望远镜，就可实现足不出户进行天体观测。全球化科学资源的使用，也可以使科研人员在其影响和"熏陶"下培育起全球化的科研眼光和视野，训练出全球性的科研竞争力。由此，它如果在这方面发挥积极效果，还将有助于实现国内各地区科技的均衡发展。

在 e-Science 时代，不仅作为整体的科学进步的模式具有了新的特点，而且作为个体的科学知识的生产方式也发生了许多变化。例如，由于可以共享数据库，科学家可以使自己从数据收集、数据处理这些繁琐的事务中彻底摆脱出来，而把精力集中在创造性的劳动上，这样，e-Science 的技术设备虽然不会自动导致科学知识的创造，但至少是增加了科学家做出创新的时间和可能。又如，由于科学家个人能够方便地共享广域分布的大规模计算能力、存储能力和科学仪器的支持，就能够方便地获得和使用大量的科学数据与世界各地的科学研究人员进行实时地交流，如在地震网格中，分布在不同地方的科学家和地震观测员们，可以在不同的环境下直接了解到地震发生的情况，在获取信息资源后直接在网上进行处理，在这个过程中有关地震的新的更全面的认识随之积累。可以说，这在本质上是现代信息技术对知识生产方式的改变。

在 e-Science 系统中科学家及时性动用的资源量极大，仅就其吸收的计算资源就包括各种类型的计算机、网络通信能力、数据资料、仪器设备甚至有操作能力的人等各种相关资源。因此直接表现的是个人的知识生产，实际上是人类成果的大容量快速的整合与凝结，网格系统中的科学家个人在进行知识产生时，无非是人类总体知识资源库的一个个喷发点。正是在这样的背景下，科学家才可能做到以前做不到的事情，创造出以前所无法创造出来的知识。这也表明，科学家形成科学知识的行为、效率、质量等，都将受 e-Science 的性能和水平的影响乃至决定，由此再次印证前述的一个道理：科学家的知识生产能力将与其驾驭 e-Science 的技术能力极大地相关起来。

目前 e-Science 的视角还在不断扩展，陆续衍生或辐射出 e-Social Science，e-Humanities 等概念和构想，在此基础上还设想形成统一的 e-Academia 或 e-Research，这样，不仅（自然）科学进步模式和生产方式将要发生如上的变化，而且社会科学和人文科学也要随之发展类似的变化，这无疑是"大科学"概念下的 e-Science 所包含的寓意。

科学和技术在 e-Science 背景下的一体化，使得科学与对象被技术这个中介更加实质性地隔绝开来。即在反映和思维建构的中间加上了更大比重的技术建构，由此使科学的社会建构进一步凸显为科学的技术建构：社会与技术的"无缝之网"成为科学的基础；科学发现离不开数据库、仪器设备和高性能计算机；它们构成科学知识产生的技术系统，某一个要素的变化都会影响系统的功能，导致科学知识产生的技术条件或"技术路径"上的差异，从而有可能形成科学知识的差异。由此再度引发我们思考的是，从 e-Science 活动中得出的结论—科学知识是发现，还是自然与人工信息的技术建构？这样，从科学观察开始，就不仅负荷理论，而且负荷技术，例如负荷仪器，"不管是否意识到，只要科学家决定使用某种特定的仪器，并用一种特殊的方式使用它，那就等于做了这样一个假定，即：只有某些类型的情况会发生。除了理论上的预期，还有仪器的预期，而且这些预期在科学发展中往往起着决定性的作用"①。现在则还要有网格的预期、数据库的预期、高效能计算机的预期等等，使得科学知识的技术建构具体化为科学知识的 e-Science 建构、电子建构、赛博建构、计算机建构等等，这些都广义地可视为科学知识的社会建构的一个重要

---

① ［美］托马斯·库恩：《科学革命的结构》，金吾伦、胡新和译，北京大学出版社 2003 年版，第 55 页。

侧面。

　　这样，e-Science 中的技术，将不仅影响科学的方向、速度、选题、规模等，也影响决定科学知识的内容。使用 e-Science 系统中的不同仪器、不同性能的计算机，可能会决定我们得出不同的科学知识。这也将是计算机哲学、"网络哲学"会提出的科学哲学问题。计算机和网络不仅决定我们能看什么，而且能决定我们想看什么、决定我们把世界看成是什么样。科学知识社会学于是有必要产生出"科学知识技术学"的分支，专门研究不同的技术是如何建构科学知识的，尤其是，不同的计算机和网络技术对我们形成对世界的不同看法、形成不同的科学知识产生了何种实质性的影响。例如我们至少在计算上，更相信计算机的结果而不是人算的结果，进一步，分析问题的结论也被认为是计算机比人可靠，由此发展下去，当计算机有了对世界的"看法"后，无疑会挑战我们人自己的看法；这就是计算机影响我们对世界的看法从而建构科学知识内容的某种可能性。

　　当 e-Science 将我们观察和思考科学对象的技术整合为一体后，它就无疑极大地影响我们把世界看成什么样子。在 e-Science 背景下，不仅仪器决定我们想看什么、能看到什么和把对象看成什么样，而且传输信息的网络和处理信息的计算机（尤其是高性能计算机）也能决定我们想看什么、能看到什么和把对象看成什么样；一个简单的事例，在将对象的"可视化"中，网络传输信息的速度、计算机硬件和软件对对象的数字化方案乃至显现的技术水平，都会造成我们眼中不同的对象图景。借用维特根斯坦将世界视为思想的图画的看法，世界也是 e-Science 技术系统绘制的图画。

　　e-Science 系统作为一种技术，也构成技术哲学家伊德所说的人和世界之间的"居间调节者"，在这种调节中，不仅有观测的仪器，而且有计算的计算机；不仅有试验的设备，而且有海量的信息；不仅有硬件，而且有软件；不仅有知识，而且有方法；不仅有数据，而且有程序。所以是多重的多维的调节，尤其是通过成像技术将那些不可视的对象调节成了可视的图像，那么它究竟对我们的对象"调节"起了什么样的本体论作用？

海德格尔和麦克卢汉都将技术视为 20 世纪的中心问题，前者赋予技术以一种实在的身份，而后者则发现凡意义都逃脱不出电子媒体的网眼——于是，技术的居间调节就成了信息技术（的媒介）的调节，就成了或必将成为 e-Science 系统的调节。

这是一种新型的居间调节，它和传统的居间调节存在着不同，由此需要探讨它在本质上比先前增加了什么？e-Science 的关键是计算资源的共享，它是人的"外脑"的"外脑"，是人脑、人手、人眼的集合性延长，是体外人工辅助能力的集成性调用，几乎是无限科研资源的瞬时性发挥。那么，在 e-Science 中进行的居间调节是否意味着无非是将先前离散的居间调节集合为一体化进行？这种集成是否意味着调节性质的质变？或者我们只需将其当作黑箱来处理？漫长的中介是否使我们"到达"对象的条件更为复杂从而建构的科学知识也更为缺少本体论承诺？当然，对 e-Science 的居间调节还可以也需要进一步从宏观描述走向微观研究，即需要对各种技术因素的居间调节细节加以刻画，例如，高性能计算机（巨型机和超级计算机）和一般计算机在人和对象之间进行居间调节从而建构科学知识时有何本质的不同？而到人工智能的高级阶段将使这种不同达到何种程度？它只是加快信息处理的速度，还是可以导致新的发现从而有创造性——输出人类所不曾输入的东西？这都是我们面对 e-Science 这种新型的中介调节系统所需要深思的问题。

e-Science 系统的介入，显然为的是增强对象的信息，但增强中无疑会有信息的附加，即所谓"噪音"的扰动；我们由此所获得的是关于对象的人工信息，不是自然信息；"人工"已经形成了一种干扰，我们是要摆脱这种干扰还是要追求这种干扰？在无干扰就无法获得对象之信息的情况下，e-Science 背景下的科学认识无疑会从特定的视角使科学知识的客观性受到新的质疑；或者说科学的客观性和社会性都带上了新型技术的痕迹。这样，即使我们对对象的感性直观，就在我们的体外施加了无数的技术性的人工影响；超出了先前仅有的生理和心智系统的影响；最后我们形成的对对象的认识，是人—e-Science 系统对所采集的关于对象信息综合加工的产物。

于是，e-Science 并非仅仅为研究者提供了一种信息化研究的外在环境，而是正在"全面侵入"而成为科学研究中的本质性的因素，尤其是通过改变研究的直接对象而改变研究的内容，通过改变建构的手段而改变建构的效果和效用，也改变人们对建构结果的相信程度，于是，科学的技术背景或技术基础成为科学知识之"信誉度"的重要根据，例如什么仪器获得的信息、什么性能的计算机处理的信息，都是人们在 e-Science 背景下所获得的科学知识的相信程度的基本因素。

当 e-Science 的设备和数据库决定你能研究什么，也极大地影响你得出什么结论时，也就进一步强化了如下的观点：科学不是对自然现象的直观的"如实"的反映，而是人—中介（仪器、数据库和信息处理系统）—信息源的共同建构，是透过信息装备我们所能看到的和分析出的东西，或透过中介我们所认为的自然是什么，是科学家借助电子手段对物质世界的一种描述方式。在这样的背景下，我们能看到什么越来越取决于我们希望看到什么。科学的数据和结论作为自然的人工信息化，也使得我们只能在人工信息的海洋中分析自然的"面貌"。

我们是采取科学实在论的态度还是反实在论的态度来看待 e-Science "信息显现"背后的内容？信息显现是否都对应真实的所指？科学实在论和反实在论都可对此加以解释和说明。似乎既为科学实在论提供了证据，也为反实在论给予了说明。例如科学实在论可以认为被 e-Science 系统"隔离"的对象仍然是实在的，而反实在论也可以认为 e-Science 的主要功能是工具性的，显示器上的图像主要是建构理论的假设或引起协调的工具，其他信息无非是为了成功的解释，因为工具论"把理论只当作一种有启发性的设施，一种只用于预测的计算工具"①。进一步看，虚拟对象作为一种理想的实在，往往不是简单地反映实在，而是再创造了实在，可以集中反映更多的个体对象，以至于反过来成为一种更真实的实在。麦克卢汉认为，"虚拟性的条件，也预设了虚拟图像（或媒介）与实在之间的二元关系。用后现代的话语说，图像的地位高于实在，这与虚拟叙事有关，因为虚拟叙事认为，虚拟以某种方式影响了实在。由此海姆认为，赛博空间是检验我们实在感的工具"②。这是否意味着即使在科学上坚持实在论，也需要适度走向科学的虚拟实在论？

此外，就信息技术本身来说：数字化认识系统是否能独立完成完整意义上的认识？计算机等信息化认识工具和手段仅是人的智力或大脑的"延伸"，还是可以独立充当新的认识主体？当代信息技术是否能进行抑或是有助于人的创造性思维、探索性认识？是否永远只能辅助人解决一些计算性、形式化、推理性的信息加工？

第四节 "技术性大脑倦怠"及其他

如果上一节主要涉及的是思维的"软件"方面的变化，那么信息技术对思维的改变还体现在对作为思维的硬件工具的人脑的改变。无论是经验还是科学都告诉我们，不管我们使用什么样的信息手段，例如在当前，人尤其是幼儿使用计算机和网络的过

---

① ［美］亚历克斯·罗森堡：《科学哲学》，刘华杰译，上海科学教育出版社2004年版，第137页。

② ［英］克里斯托夫·霍洛克斯：《麦克卢汉与虚拟实在》，刘千立译，北京大学出版社2005年版，第82页。

程，其实就是"驯脑"的过程，即改变大脑的过程。

由美国著名神经学家盖瑞·斯莫尔和他的妻子吉吉·沃根所撰写的《大脑革命》一书，专门论述了以计算机和网络为代表的信息技术对人的大脑的改变。[①] 他们认为，当代信息技术使一部分脑区被过度激活，另一部分脑区则出现了退化。电脑、智能电话、电子游戏、谷歌和雅虎之类的搜索引擎，这些人们每天都大量接触的高科技时刻刺激着我们脑细胞的改变和神经递质的释放，强化我们大脑中新的神经通路，并使旧的神经通路退化。科技革命使我们的大脑正在以前所未有的速度"进化"。

导致这种改变的原因在于：我们每时每刻对环境的反应都会造成非常特殊的化学和电学结果。这些结果塑造了我们的特征、感知、思考、梦想和行动。虽然最初时间很短，但任何刺激，无论是操作一个新设备，或者只是简单地改变自己的慢跑路线，只要重复的次数足够多，都会在大脑中建立起相应的永久性的神经通路。而电脑上不断滚动的页面，就形成了这种导致我们新的神经通路形成的新环境。

数字技术不仅影响着我们的思维，还改变着我们的感觉、行为以及大脑发挥功能的方式。尽管我们对神经通路或脑部结构中的变化难以察觉，但这些变化却能通过不断重复而得以固化。大脑的这一进化过程仅仅经过一代人便已迅速显现，并且可能代表着人类历史上最无法预料，却至为关键的进程。或许自人类第一次学会使用工具以来，人脑还从未受到过如此迅速而巨大的影响。

随着大脑的进化，其焦点逐渐向新的技术性技能转变，大脑正日益丧失基本的社交能力，比如在交谈中参透对方的面部表情，或把握对方一个微妙手势的情感内涵。斯坦福大学的一项研

---

① 参见《大脑革命 数字时代如何改变了人们的大脑和行为》，梁佳宽译，中国人民大学出版社 2009 年版，第 3—34 页。

究发现，我们在计算机前每度过 1 小时，用传统方式与他人面对面交流的时间就将减少近 30 分钟。随着控制人类交流的神经通路的退化，我们的社交技巧将变得笨拙不堪，我们会经常曲解，甚至忽略微妙的非语言信息。试想，如果我们的社交能力继续退化，10 年后的一场国际首脑会议就可能会受到影响。那时可能因为一个被误解的表情暗示，或者一个被误解的手势，就会造成军事冲突的升级或带来和平，这两种结果可是天渊之别。也就是说，高科技革命不仅正重新定义着我们的交流方式，而且也改变着我们接触和影响他人，改变着政治的实施和社会的改革……

研究表明，环境可以塑造大脑的形状和功能，并且是没有极限的。我们知道，人类大脑的正常发展，需要在环境刺激和与他人交往之间获得平衡，如果这些被剥夺的话，则不能正确形成神经放电和脑细胞连接。有一个著名的视觉被剥夺的例子，出生时患有白内障的婴儿，在前 6 个月的生活中无法接受准确的空间刺激，如果在这 6 个月内不及时治疗，婴儿可能永远无法发育出正常的空间视觉。

目前，我们的大脑接触技术的时间已相当长，甚至在我们非常小的时候就开始了。2007 年，得克萨斯大学对 1000 多名儿童做了研究，结果发现，一天中有 75% 的孩子看电视，32% 的孩子看录像或 DVD，平均观看时间是 1 小时 20 分钟，5—6 岁的儿童一般还会在计算机前玩 50 分钟。凯泽基金会最近的一项研究发现，8—18 岁的青少年每天看数字视频的时间长达 8.5 个小时。调查者在报告中说，他们中大多数与技术的接触是被动的，例如看电视和录像（每天 4 个小时）或听音乐（每天 1.75 个小时），其他活动则是主动性的，例如玩电子游戏（每天 50 分钟）或使用计算机（每天 1 个小时）。

我们知道，大脑的神经通路时刻响应着感觉刺激。人们在计算机上花很多时间做各种事情，其中包括网页浏览、收发电子邮件、视频会议、即时通信和网上购物等，我们的大脑不断受到数字的刺激。如果大脑对于只是每天一个小时的计算机刺激就如此敏感的话，那么当我们为此花上更多时间又将发生什么事情呢？年轻人的神经通路有更好的适应性和可塑性，当他们平均每天花8个小时在高科技玩具和设备上时，他们的大脑会发生什么变化呢？

　　作者认为这会导致"技术性大脑倦怠"。它表现为：不断更新的网页使我们陷入持续性的局部注意力状态，有人把大脑的这种状态描述为不断忙碌，追踪一切，但从来没有真正重视过任何事情。注意力连续地被分散会令我们的大脑处于高度紧张的状态。人们不再有时间进行反省、思考或做出深思熟虑的决定。相反，我们生活在持续不断的危机感中——时刻对新接触或一丁点儿令人兴奋的消息保持警觉。人们一旦习惯了这种状况，往往只有在持久的联系中才活力四射，这增加了我们的自我意识和自我价值感，变得对这种状况无法抗拒。

　　注意力的这种无法持久也是因为信息的价值越来越短暂，"一本论说性的书的价值能延续二十多年；报纸上信息的价值却只有一天，一天之后我们就把它丢进垃圾桶；更极端的是，如德国科学社会学家克诺尔-塞提纳（Knorr-Cetina，2000）所示：给国际货币贸易商看的信息有时候只有区区二十秒的有效期（或价值），你的对家在那个时点上可以任意改变正在商谈中的交易合同上的价格范围"[1]。这种"短命的"的信息每天如排山倒海般地吞噬着人的生命。正是在这个意义上，没有价值的信息就是垃圾，"作为垃圾的信息比没有信息更糟"[2]。这种技术性大脑倦怠还表现为新形式的精神压力。在大脑海马的某些点上，在我们保持持续性局部注意力的过程中，控制感和自尊感往往出现崩溃，我们的大脑无法在这么长时间里保持监控作用，最终，长时间的

---

　　① ［美］斯各特·拉什：《信息批判》，杨德睿译，北京大学出版社2009年版，第16页。

　　② 同上书，第239页。

数字连接导致了大脑压力过大。许多人在网上工作，一干就是好几个小时，中间也不休息。不过，他们称这样的工作状态使他们频频出错。一旦离开计算机，他们感到孤离、疲倦、易怒和注意力分散，好像坠入了数字迷雾。在这种压力下，大脑本能地向肾上腺发出分泌皮质醇和肾上腺素的信号。短期来看，这些应激激素可以提高能量水平并增强记忆，但随着时间的推移，它们会损害认知，导致抑郁症，并改变控制情绪和思维的海马、杏仁核和前额皮质的神经回路。慢性和长期的技术性大脑倦怠甚至可以改变大脑的结构。①"信息时代带来的一个问题是信息过多，过多的信息将会导致认知的疲劳和正确处理新输入信息能力的降低。"②

这样的改变所导致的"社会性后果"，就是使人们丧失注意力和创造力，被无用的虚假的信息所耗尽，造成对人的种种伤害。例如在上网兴奋之后，在沉溺者身上往往会出现难以集中注意力的"注意力匮乏性紊乱"，以及难以适应日益加快的信息流的"信息—生物学匮乏综合症"、整体的自我被割裂的"碎片症"、也是吉布森所称为的由信息过剩所造成的"神经削弱综合症"或"黑色眩晕"等等。

由于经济、政治利益的介入，在网络上争夺人们注意力的争斗必然日趋激化，更容易导致注意力的污染与扭曲、注意力的单质化、快餐化等等，今天，我们无时无刻不被网络和各种其他信息所包围，我们的注意力被各种或是耸人听闻、或是扑朔迷离、或是引人入胜的消息所牵引，注意力的争夺也导致了注意力的泛滥：我们一方面失去了长久的注意力，另一方面又在不断变换我们的短期注意力，使得我们尽管在不断使用注意力，却没有留下任何记忆，信息文化活动于是成为无指向、无目标、无内容的空洞活动，这也印证了麦克卢汉早就发出过的警示："一旦拱手将

---

① ［美］罗莎琳德·皮卡德：《情感计算》，罗森林译，北京理工大学出版社2005年版，第19页。

② 同上书，第42页。

自己的感官和神经系统交给别人，让人家操纵——而这些人又想靠租用我们的眼睛、耳朵和神经从中渔利，我们实际上就没有留下什么权利了。"①

可见，现在的数字技术正在改变人的大脑神经联系的发育和机能，以至于我们的社会似乎正在分裂成两个文化群体：一个是数字土著，他们在计算机技术世界中出生；另一个是数字移民，他们在成年时才开始学习使用计算机技术。今天年轻的数字大脑正在适应一种由技术驱动的文化，其明显的负面效应是，当孩子的大脑受到过量的电视、计算机、视频和其他数字的刺激时，他会出现多动、烦躁和注意力无法集中的障碍。青少年花费在游戏上的时间越多，他们大脑前面部分的关键区域活动的时间就越少……出现视频大脑综合症。只有真实的生活世界、只有日常的社会接触可以提高大脑智能和认知能力。②

上面所谈到的，换句话说就是：每种媒介都会使人形成一些认知能力，但同时也会损害其他认知能力。下面的文章主要从后者阐明了互联网的这种认知效应：③

> 如今，互联网让我们可以轻松获得前所未有的海量信息。但是越来越多的科学证据表明，互联网因为经常让人分心而且形成干扰，也会让我们在思考时变得分散、肤浅。
>
> **影响思考深度**
>
> 研究结果令人深感不安。至少看重思考的深度而不是速度的人会有这样的感觉。研究表明，人们在阅读充斥着链接的文本时，领会的东西比阅读传统的直线式文本要少；而观

---

① 参见〔加〕马歇尔·麦克卢汉《理解媒介》，何道宽译，商务印书馆 2000 年版，第 105 页。

② 〔美〕盖瑞·斯默尔：《大脑革命》，梁桂宽译，中国人民大学出版社 2009 年版，第 21—24、34、108 页。

③ 〔美〕尼古拉斯·卡尔：《互联网让人变得更愚钝?》，《参考消息》2010 年 6 月 16 日。

看热热闹闹的多媒体展示的人记住的东西也不比以更为安静、专注的方式汲取信息的人多；不断受电子邮件、警示信息和其他信息干扰的人理解的内容少于能够专心致志的人；此外，同时应对多项任务的人与一次只做一件事情的人相比，创造力和生产力都要逊色一筹。

这些劣势存在一条共同的主线，那就是注意力的分散。我们的思想、记忆甚至人格的丰富多彩取决于我们集中注意力和保持全神贯注的能力。

如果我们不断受到干扰，就像上网时那样，那么我们的大脑就无法形成强烈而广泛的神经连接，而这种连接会让我们的思考变得深刻而独特。在经常分心的情况下，我们不过是信号处理个体，迅速引导杂乱的信息进入短期记忆区域，然后很快又让它们从这个地方消失。

著名的发展心理学家帕特丽夏·格林菲尔德在去年一期美国《科学》周刊上发表了一篇文章，回顾了针对不同的传媒技术如何影响我们认知能力展开的数十项研究。有些研究表明，某些计算机任务（如玩视频游戏）能够提高"视觉素养能力"，加快人的关注点在图标和屏幕上其他图像间移动的速度。不过，另外一项研究发现，关注点的这种快速转移即便运用的驾轻就熟，也会导致不太严谨且较为机械的思考。

多种媒介损害认知能力

比如，在康奈尔大学开展的一项试验中，半班学生获准在课堂上使用互联网的笔记本电脑，而另一半学生必须关掉电脑。在随后对课堂内容进行的测试中，浏览网页的学生的成绩要糟糕得多。网上冲浪会分散学生注意力，这一点并不奇怪，不过这对于给教室接通网线试图以此来改善学习环境的学校来说，提了一个醒。

格林菲尔德女士总结说，"每种媒介都会形成一些认知能力，但同时也会损害其他认知能力。"她说。我们现在越来越多地使用屏幕型媒介，这加强了视觉—空间智能，让人能够更好地从事需要同时追踪多个信号的工作，比如空中交通控制。但是这同时也会带来"高阶认知过程中的新弱点"，如"抽象的词汇、反思、归纳问题的解决、批判性思考以及想象"。一言以蔽之，我们正在变得更加浅薄。

最近在斯坦福大学人机交互实验室也进行了试验，一些研究人员对经常同时接触众多媒介的49人进行了多项认知测试。与之对照的是同时接触多种媒介的情况要少得多的52人。在所有测试中，承担多重任务的那组人的表现都要差于另外一组。他们更容易分心，对自身注意力的控制力较差，而且将重要信息与无足轻重的信息区分开来的能力要弱得多。

读书使人注意力集中

对比互联网与早些时候一项信息技术——印刷书籍，它们对认知能力产生的不同影响发人深省，也令人担忧。互联网会分散我们的注意力，而书籍则会让我们专注。和计算机屏幕不同的是，翻阅书籍让人能够更深入思考。

阅读书籍上的一长串句子会让我们对心智进行少有的克制。毕竟人类大脑与生俱来的倾向就是分心。我们的这些特点是为了尽可能多地了解周围所发生的一切，我们的注意力能够迅速且灵活地转移，这曾经对我们的生存起着至关重要的作用。因为这降低了食肉动物对我们发动突然袭击的可能性，以及我们忽略周围食物来源的可能性。

阅读书籍是在对思维进行非自然的处理，这需要我们将自己置身于艾略特在《四个四重奏》这首诗中所说的"转动不息的世界的静止点"上。我们必须形成或加强对付我们天生分心倾向所需的神经连接，从而对我们的注意力和心智实施进一步控制。

在我们花费越来越多的时间浏览网上内容的时候，我们面临着失去这些控制和心智克制能力的危险，它让我们重回注意力分散的初始状态，而展现在我们面前的让我们分心的事情要比我们的祖先过去需要对付的事情多得多。

这类看法还为许多别的实验和研究所证实。荷兰心理学家克斯托夫·范尼姆韦根说，许多软件把我们变得很被动；使我们受制于使用计算机的冲动，随意点击图标和菜单选项。从长远看，这有碍于我们的创造性和记忆。范尼姆韦根还对在两个组完成任务期间计算机突然瘫痪会出现什么状况进行了研究。始终使用计算机的那个组立刻觉得不知所措，任务完成得很差。而只使用钢笔和铅笔的组继续工作。范尼姆韦根认为，他的研究表明，如果人们继续通过书籍和言语来获取新信息，可以从中受益。他说："倾听别人讲话是吸取信息以及永久地将其存储在记忆中的最佳保证。"在题为《有辅助的使用者的矛盾：协助可能适得其反》的论文中，范尼姆韦根要求两组人完成同样的任务。第一组可以使用计算机。第二组只有铅笔和钢笔。结果，第二组以更快的速度完成了所有任务，而且完成的质量更高。此外，他们解决复杂问题的方法更具创造性。范尼姆韦根认为，纸和笔已经使我们丧失了许多，而今我们连纸和笔都不愿意用了。

下面的文章"痛苦地剖析作者自己和互联网一代的大脑退化历程"[1]，从而也述说了同一个道理：

"过去几年来，我老有一种不祥之感，觉得有什么人，或什么东西，一直在我脑袋里鼓捣个不停，重绘我的'脑电图'，重写我的'脑内存'。"他写道，"我的思想倒没跑掉——到目前为止我还能这么说，但它正在改变。我不再用

---

① 卡尔：《Google 是否让我们越变越傻》，《参考消息》2008 年 10 月 6 日。

过去的方式来思考了。"

他注意到，过去读一本书或一篇长文章时，总是不费什么劲儿，脑袋瓜子就专注地跟着其中的叙述或论点，转个没完。可如今这都不灵了。"现在，往往读过了两三页，我的注意力就漂走了。我好烦，思绪断了，开始找别的事儿干。"他总想把心收回来，好好看会儿书，投入的阅读以往是自然而然，如今则成了一场战斗。原来是网络害的！……网络似乎粉碎了我专注与沉思的能力。现如今，我的脑袋就盼着以网络提供信息的方式来获取信息：飞快的微粒运动。卡尔说，"过去我是个深海潜水者，现在我好像踩着滑水板，从海面上飞驰而过。"

……"我再也读不了《战争与和平》了。"弗里德曼承认，"我失去了这个本事。即便是一篇 blog，哪怕超过了三四段，也难以下咽。我瞅一眼就跑。"

互联网改变的不仅是我们的阅读方式，或许还有我们的思维方式，甚至我们的自我。塔夫茨大学的心理学家、《普鲁斯特与鱿鱼：阅读思维的科学与故事》（*Proust and the Squid：The Story and Science of the Reading Brain*）一书作者玛雅妮·沃尔夫（Maryanne Wolf）说："我们并非只由阅读的内容定义，我们也被我们阅读的方式所定义。"她担心，将"效率"和"直接"置于一切之上的新阅读风格，或会减低我们进行深度阅读的能力。几百年前的印刷术，令阅读长且复杂的作品成为家常之事，如今的互联网技术莫非使它退回了又短又简单的中世纪？沃尔夫说，上网阅读时，我们充其量只是一台"信息解码器"……

由于计算机和网络传递信息的"多媒体"功能，使得电子图像所主导的"影像时代"从而"读图时代"来临。数字技术所导致的三维图像，对一切问题（包括概念解释的三维图像），一方面生动具体，强化了图像认知能力；另一方面"图像技术带来的首先是直接性占统治地位，换句话说就是拒绝抽象和中介：重要的是具体，是图像，而从这个充斥着图像的世界上消失的是想象"①。故它是在视觉文化中，以语言文字为中心的文化形态和思维方式，转向以形象为中心的文化形态和思维方式图像直观、形象、感性、亲临式的表达方式，更符合大众文化的需要，并渗透到社会的各个方面。伯格在其《看的方式》中写道：过去是人们接近形象，比如到美术馆里去欣赏各种绘画作品，现在则是形象逼近我们。"在这里，图像占据着至高无上的统治地位。这是一种'图像文明'。这里的现实成了图像暗淡的倒影……几乎无法区分现实和虚幻。"② 信息的被图像化：信息含义的复归直接性，能指与所指之间达到原初的统一，思维更轻松：易读易感；但在图像的价值增大的同时，文字的价值似乎在降低，部分文字还被进行了图像式的处理，如艺术字的使用、句子的缩短等对图像符号的认识，往往造成对感官刺激的依赖，形成放纵和宣泄的浮躁思维方式；而对话语符号的把握，则需要反复咀嚼的深度思考，形成紧张严谨的思辨模式；阅读图像符号是主体和对象之间的零距离接触；后者则有一定的心理距离，需要反复解读才能体会其中的时刻含义。

可以说，当代社会面临"景象的高度堆积"、"拟像"遮天蔽日；人们在虚拟的图像世界中不断遭遇审美困惑；图像复制技术的日益渗透冲击了许多领域的原创思想；长期被动浸淫在图像中带来创造性思维疲软；忽视人性关怀的图像暴力行为导致的心灵伤害等等。无论是听觉还是视觉，都出现符号厌恶症，也是抽象思维的式微。生活在这样的时代，不是我们寻找图像，而是摆脱

---

① ［法］R. 舍普等：《技术帝国》，刘莉译，生活·读书·新知三联书店1999年版，第196页。

② 参见［英］戴维·莫利等《认同的空间》，司艳译，南京大学出版社2001年版，第50页。

不了图像纠缠。电子图像也导致了一种特殊形式的技术宰制：当下在视觉文化背景下，我们所看到的事物都是透过某种技术手段呈现出来的，各种影像、视频、广告等视觉产品通过技术的复制手段制作出来并通过技术性多媒体来观看。当传统艺术作品被技术的复制手段彻底颠覆后，作品传统的解读方式同样也遭到无情地解构。"技术性的观视"已成为视觉文化最重要的识读手段。电子文化成为图像文化：网络中，文字网页越来越敌不过视频网页，尤其在年轻人中或称之为"网络战胜理性"①。

　　这也使得认识活动中"深刻性"的消失："信息时代是极端经验主义的，因为先验/超越界已经消失，剩下的只有经验界"②，"随着先验/超越事物的消失，思想与其他所有的一切都被扫进了内在的一般平面里面去"。"上层建筑随着经济被文化化、信息化而土崩瓦解。"③ 也就是把"深义"变成狭义的"信息"：以前媒介的内容是叙事的或抒情的而且确实具有某种"深义"（deep meaning），它实际上不是讯息（messege），直到新的大众媒介出现以后内容才变成了讯息、变成了信息（information）。这一说法在如今这个计算机时代就像在麦克卢汉写作的时代一样成立，如今的讯息是信息的位元组或比特。问题是这种新内容——也就是信息或讯息——是否也能像史诗或小说曾经做到的那样产生出存在的意义。④ 当社会变得越来越像信息，理论就变得越来越像媒介。在比较接近 20 世纪中期而非晚期的时候，德里达提出了"文本之外别无一物"或者诸如此类的话。他是正确的。文本的原则，以及它的读者，甚至是它的意义分歧以及被延迟的意义，在当时的确是非常宽泛的文化经验整体的一种结构原则，甚至连

---

　　① ［法］R. 舍普等：《技术帝国》，刘莉译，生活·读书·新知三联书店 1999 年版，第 205 页。
　　② ［美］斯各特·拉什：《信息批判》，杨德睿译，北京大学出版社 2009 年版，导论，第 10 页。
　　③ 同上书，第 26 页。
　　④ 同上书，第 116 页。

媒介信息在当时也或多或少受到文本原则、再现的原则、反思、生产与接受的原则的支配。但在 21 世纪初的此刻，宰制天下的已是信息原则，如今文本——以及理论——已成为不过是信息当中的一种类型，尽管它无疑有着特定的差异。①

信息技术能够"帮助"我们做的事情也越来越多，不仅能帮我们做科学研究甚至还能替我们搞文学创作。例如，早在 20 世纪末，一种名为"写作之星"（WDS98）的软件，收集了大量的文字资料，通过主题词可以快速浏览或摘取中外名著、唐诗宋词、名言警句等，文字最多达 1000 多万。还有一种联想功能，用鼠标任点一字、词或成语，便能立即联想出丰富多彩的近义词或同义词。甚至有学者开始"探讨用计算机武装文学艺术的问题"，"探讨计算机辅助写作诗词的可能性"问题，并指出，通过克服技术难点，把已有的国画拆成许多子画，利用计算机的编辑功能，按照自己对画的构思，从许许多多的子画中挑出自己所需的进行重组，这也可以产生具有新意的国画来。同样，把已有书法家的字体，篆刻家的字体当作细胞、分子，用计算机按作者的意图重新编辑，也可以产生出具有新意的作品来，这就是计算机书、画、篆刻编辑。而只要运用到人工神经网络、人工智能和专家系统，计算机写作诗词、创作小说的可能性是存在的。1998 年初，美国纽约州伦塞勒工学院的塞尔默·布林斯乔德研制布鲁特斯（Brutus）1 型软件，即人工故事生成软件，由它创作的计算机创作的小说《背叛》刊登在英国《卫报》上。小说不长，只有400 来字，小说的故事情节也有不尽如人意的地方，但已具备了小说所必需的场景、人物、情节等要素，成为计算机写作的一个历史性的飞跃。还有：输入主要思想，选择不同写作风格的软

---

① ［美］斯各特·拉什：《信息批判》，杨德睿译，北京大学出版社 2009 年版，导论，第 124 页。

件，便可写出鲁迅体或茅盾体等小说①。

这就是信息社会的悖论之一：信息社会的种种威力强大的新的认识工具和手段，一方面使人朝向"变聪明"的方向前进，但同时又在一些方面无可避免地"越来越笨"；我们通过当代的信息技术得到的越来越多，但随之而失去的也确实越来越多，其中不乏我们一直最珍视的东西。

第五节　从虚拟认识到情感计算

当代信息化认识图景中，由计算机和网络所导致的新的认识现象，还有两个引人注目的领域：虚拟认识和情感计算，它们也是造就新的认识特征和思维景观的重要因素。

信息化的一个重要表现形式就是在当代信息技术中所实现的虚拟化，而虚拟化的重要领域就是认识对象的虚拟化，即实在客体变成虚拟客体，由此使认识的方式发生重要变化。

认识客体的数字化和虚拟化进程是从 20 世纪 70 年代开始的。由于信息科学技术特别是计算机和网络科学技术的发展，人类从那时开始已能使与自己相关联的事物、事实和现象成为数字化的存在，从而成为计算机和网络能够对之进行加工处理的对象。可以形象地说，自从那时以来，由"比特"构成的二进制数字词汇已经能使人类所面对的几乎所有事物都实现数字化了：不管是自然客体、社会客体，还是精神客体，不管是现实客体、历史客体还是理想客体，在人类的信息化认识活动中，都可以成为 1 和 0 的各种组合方式，即成为数字化的存在。于是，认识对象由"原型"变为虚拟客体。"从认识功能上说，虚拟世界中的客体同客

---

① 参见陈廷槐《文学艺术与科学技术应当相互结合》，《文艺理论》2001 年第 3 期。

观世界中的客体对人的感觉器官的刺激并无本质区别，甚至比物质世界中的客体具有更大的和无法比拟的优越性。"① 这也印证了麦克卢汉所说的，"电子信息系统是完全器官意义上的有生命的环境。它们改变我们的知觉和感觉力，特别是当它们没有被注意的时候"②。

前面提到的 e-Science 在方法上的一个重要特色就是虚拟方法，不仅可以进行虚拟实验，而且可以更广义地利用虚拟资源：它利用高速网络实现各种资源物理上的连通，通过网格中间件实现各种资源逻辑上的集成，实现了各种资源的虚拟化，以至形成虚拟的研究实体，如虚拟天文台。虚拟天文台是 e-Science 时代天文学研究的新形式，它利用最先进的信息技术和网络技术将各种天文研究资源，包括天文数据、天文文献、计算资源、存储资源、各种软件工具，以及天文望远镜等观测设备，以统一的服务模式，透明的汇集在统一的系统中。天文学家只需登录到虚拟天文台系统便可以享受其提供的丰富资源和强大的服务，虚拟天文台将使天文学研究取得前所未有的进展。充分地利用虚拟的手段和方法可以使科学研究超越时间、空间、资源和设备等物理性的障碍，从而获得更大的自由。

与虚拟方法相对应，科学研究的对象也出现虚拟化。各种对象不是实体化在场，而是虚拟化在场或信息化在场。计算机屏幕上的数据，成为研究的基础，甚至研究的对象也是从数据库中"提取"出来的，如数字化虚拟人，如某个数据中心传来的最新的宇宙观察图像等。当对象以影像、图形或其他形式出现在计算机屏幕上时，它就是一种虚拟化的存在，研究者的视线也就从物理空间转到赛博空间，面对实际对象的研究也就成了面对虚拟对象的研究，这意味着对象的实在性发生了变化，也就是前面所说

① 杨富斌：《信息化认识系统导论》，军事科学出版社 2000 年版，第 36—37 页。
② ［加］埃里克·麦克卢汉等编：《麦克卢汉精粹》，何道宽译，南京大学出版社 2000 年版，第 144 页。

的科学研究距离实在对象更加遥远了。当然从最终的意义上，虚拟对象最初也是从实在对象那里衍生的，但在这里至少也意味着现实的研究者越来越多地不再和现实的直接研究对象打交道，他们对对象的认识越来越成为一种间接的认识。

作为 e-Science 直接对象的虚拟客体的产生过程，就是一种信息化、数字化的过程。如数字化虚拟人作为医学教学和研究的对象，其产生过程是：科学家从自愿捐献遗体的无重大病史志愿者中筛选出一具尸体标本，将其切成亚毫米级的薄片，利用数码相机或扫描仪对切片切面进行拍照和存储，之后将图片进行分割标识，建立数据集，再通过计算机合成三维的立体人体结构，即三维可视化。虚拟人的生物数据和人相同，用于临床医学时，可以开展无法在自然人身上进行的一系列诊断与治疗研究，还可在特定的环境中用于观察人体对外界刺激的反应。如用于药物的生理反应试验时，"虚拟病人"就会显示服药后的生理反应，从而协助医生对症下药，这就为疾病诊断、新药和新医疗手段的开发提供了参考。它还可以模拟肿瘤病灶生长或治愈过程，并进行手术三维模拟、血流动力学模拟、药物动力学模拟等。在虚拟人身上"开刀"，还解决了医学教学中解剖标本有限的问题，从而为教学与临床提供形象而真实的模型。

这样的虚拟对象，作为计算机创造的人工符号实体或一个"硅化世界"，是一种数字化存在或数字化方式的存在。它虽然不是现实的对象，但从某种意义上更人性化，也更能获得理想的研究结果，我们甚至可以说这样的实在是理想的和人本的实在，是科学实在和人本实在的融合。

认识系统的虚拟化不仅体现在认识的客体和主体上，甚至作为认识的基础也是如此，这就是实践的虚拟化，即实在的实践变为虚拟的实践。虚拟实践也体现为生产劳动，那就是使人类最基本的生产活动具有越来越显著的信息性："在信息社会中，劳工或劳动力已成为信息性的了，而生产工具也已变成信息性的了。

在制造业的资本主义中，工人使用联结于物质性的机器的实践知识去加工原料或半成品以制造物质性的产品，而在信息资本主义中，劳动力操作的不是实践知识而是论说知识；操作的不是古典的机器而是信息的机器；而且加工的不是物质性的粗原料而是粗糙的或半完成的信息，目的是生产信息性的物品，所以说存在着一波从物质加工向信息加工的转变。信息加工的运作从某种角度来看是很具逻辑性的，它把个殊的事物纳入普遍的事物（概念、命题）之下并产生新的个殊事物，这就是大量的关于信息社会的社会科学文献——从丹尼尔·贝尔到曼纽尔·卡斯特尔——所给予我们的信息观念。"[①]

随着虚拟认识的兴起，在现代信息技术环境下，认知过程中情绪的因素大量增加，"情感计算"对于人的认识也形成一道独特的景观。

通常认为，认识活动中复杂的情感因素，认识中非理性的、非逻辑的跳跃等，都不是从比特中能计算出来的。但在"情感计算"的倡导者看来，"以比特为基础的思考"同样意味着机器性的信息机制可以解释认识中"情感"因素，也就是说，认识的知、情、意应该都能得到信息科学的说明和信息技术的模拟。于是，在我们的新概念系统中，不仅有"人工认知"，而且有"人工情感"、"人工意志"等，这也被视为"人工智能"在认识论信息主义范式下的扩展。

"情感计算"引发的争论是：情感能计算吗？亦即情感也能信息化、数字化吗？信息化认识系统中必然包含信息化情感系统吗？美国麻省理工学院媒体实验室的罗萨林德·皮卡德（R. Pcard）在她的《情感计算》一书中为我们分析了这类问题。

她认为，"情感计算是与情感相关、来源于情感或能够对情

---

① ［美］斯各特·拉什：《信息批判》，杨德睿译，北京大学出版社 2009 年版，第225页。

感施加影响的计算"。所谓的情感计算就是试图赋予计算机像人一样的观察、理解和生成各种情感特征的能力。情感计算研究就是试图创建一种能感知、识别和理解人的情感，并能针对人的情感做出智能、灵敏、友好反应的计算机系统。"情感就像思想一样，通过词汇、姿势、音乐、行为以及其他创造性形式的表达来交流。"① 所以，计算机不一定必须有肉体才能有情感。② 情感是有可能赋予计算机的，而且从情感计算还可以发展到意志计算。③研究者发现，仅仅进行狭义的情感计算，仍然不能解决人的心智活动的全部计算问题，还需要实施对意志的计算，并实施对知情意的交互计算。由于意志是一种特殊情感，因此意志计算以及知情意的交互计算可以认为是一种广义的情感计算。④ 人工意志则可以通过"数字化增强"的方式加以实现，尤其是某些意志品质的形成路径有可能获得新的解决。

人工智能专家明斯基曾明确主张计算机可以拥有情感："我们能把思想编入程序，就能把感情编入程序……我相信，如果我们明确了设计思想，决定了我们需要输入哪种感情，那么编制情绪处理程序就不会是一件难事"，帕梅拉·麦克多克（斯坦福大学的人工智能专家）则预测超级计算机会"把整个宇宙变成广泛的会思考的实体"⑤。情感计算还被国内的学者定义为："情感计算的目的是通过赋予计算机识别、理解、表达和适应人的情感的能力来建立和谐人机环境，并使计算机具有更高的、全面的智能。"王志良认为情感计算可以从两个方面理解：一是基于生理

---

① ［美］罗萨林德·皮卡德：《情感计算》，罗森林译，北京理工大学出版社2005 年版，第 123 页。

② 同上书，第 53 页。

③ 同上书，第 165 页。

④ 仇德辉：《人工情感研究中的哲学偏差及其修正》，http：//www.xslx.com/htm/kjwh/kxjs/2005 - 08 - 22 - 19109. htm，［2010 - 08 - 09］。

⑤ ［美］西奥多·罗斯扎克：《信息崇拜》，苗华健等译，中国对外翻译出版公司 1994 年版，第 33—34 页。

学的角度，通过各种测量手段检测人体的各种生理参数，如心跳、脉搏、脑电波等，并以此为根据计算人体的情感状态；二是基于心理学的角度，通过各种传感器接收并处理环境信息，并以此为根据计算人造机器（如个人机器人）所处的情感状态。[①] 例如在人与计算机交互过程中，计算机是否能够体会人的喜怒哀乐，并见机行事呢？情感计算研究就是试图创建一种能感知、识别和理解人的情感，并能针对人的情感做出智能、灵敏、友好反应的计算系统，即赋予计算机像人一样的观察、理解和生成各种情感特征的能力。如同：计算机"棋手"不仅仅能战胜世界棋王，而且赢了以后还能安慰一下失落的人类！

在此基础上还有人提出"人工情感"（Artificial Emotion, AE），它是指以人类学、心理学、脑科学、认知科学、信息科学、人工智能（Artificial Inteligence, AI）等学科为理论基础，利用信息科学的手段对人类情感过程进行模拟、识别和理解，使机器能够产生类人情感，并与人类进行自然和谐的人机交互的研究领域。还包括：抑制不良情绪的机器算法，探讨情感在决策中的作用模式的机器实现，主要是模拟人脑的控制模式，建立感觉、知觉、情感决定行为（人脑控制模式）的数学模型，情感培养的机器算法，甚至还包括灵感（顿悟）产生的机器实现策略。[②]

由此提出的问题是：心理确实可以全面地人工化吗？"人工心理"可以在情感、意志、非逻辑思维的层面上得到实现吗？"人工心理系统"可以在现代信息技术的平台上被建立起来吗？后者实际上就是"信息化心理系统"。王志良认为：人工心理是人工智能的扩展，人工智能的研究目的只是在于模拟人的智能，如判断、推理、证明、识别、感知、理解、设计、思考、规划、学习和问题求解等思维活动，即怎样表示知识、获得知识并使用

---

① 王志良：《人工心理》，机械工业出版社 2007 年版，第 65 页。

② 同上书，第 9—10 页。

知识，这还只是很初步的阶段。人工心理则是要利用信息科学的手段，对人的心理活动（着重的是人的情感、意志、性格、创造）进行更全面的人工机器（计算机、模型算法等）模拟，其目的在于从心理学广义层次上研究人工情感、情感与认知、动机与情感的人工机器实现问题。①

情绪心理学家对于"情绪智力与人工智能中的感情计算"也进行了很深入的思考。他们认为，基于情绪智力是加工、处理情绪及情绪信息的能力，而人工智能中的情感计算是要赋予计算机与人互动过程中情感信息的加工能力，人脑处理情绪信息的能力与计算机处理情绪信息的能力可以进行类比。近几年来，人工智能专家已经认识到情绪智力在情感计算中的重要作用和意义，把人类识别和表达情感的能力赋予计算机，开发了具有部分情感能力的计算机。②

人的决策过程是渗入情感的，所以称之为"情感决策"：人类利用感觉帮助自己在探索的海洋里航行，在面对复杂困难时作出决策，这些感觉被称为"直觉"，或"辨别能力"或"内在感觉"，人类决策的一个基本部分就是情感。③

情感计算的研究在各种技术的辅助下不断取得进展。如通过使用特定的仪器，我们可以对面部的微小表情变化进行研究，甚至可以区分真笑和假笑：人在真笑时面颊上升，眼周围的肌肉堆起，大脑左半球的电活动增加；而人在假笑时仅有嘴唇的肌肉活动，下颚下垂，大脑左半球的电活动不明显。脸部运动编码系统 FACS 通过不同编码和运动单元的组合，可以在脸部形成复杂的表情变化，其成果已经被应用于人脸表情的自动识别与合成。情感智能体（Affective Agent）研究则希望通过情感交互的行为模

---

① 王志良：《人工心理》，机械工业出版社 2007 年版，第 7 页。

② ［美］罗莎琳德·皮卡德：《情感计算》，罗森林译，北京理工大学出版社 2005 年版，第 67 页。

③ 同上书，第 165 页。

式，构筑一个能进行情感识别和生成的类生命体，并以这个模型代替传统计算中的有些应用模型中（例如计算机游戏的角色等），使计算机和应用程序更加鲜活起来，使之能够产生类似于人的一些行为或思维活动，甚至还可以使计算机从认知型变为直觉型。

在情感计算研究中可以使用很多种生理指标，例如，皮质醇水平，心率，血压，呼吸，皮肤电活动，掌汗，瞳孔直径，事件相关电位，脑电 EEG 等。研究发现，惊反射可用作测量情感愉悦度的生理指标，而皮肤电反应可用作测量情感生理唤醒程度的生理指标。情感计算理论通过计算机的分析和处理手段，将情感的研究从感性认知角度，上升为可计算模型，有助于从认知科学上探索大脑对信息的分析与处理的机理。① 心理学家认为，人工情感是在人工智能理论框架下的一个质的进步。人工智能下一个重大突破性的发展可能与其说赋予机器更多的逻辑智能，倒不如说赋予计算机更多的情感智能。

目前情感计算研究面临的挑战还很多，例如，此处的情感计算机实际是对伴随情感的某些生理特征或行为特征的辨识来认识情感，在方法论上是某种程度的还原论，即将心理事件完全还原为生理事件。且不说是否可以进行这样的还原，即便计算机通过这种方式获得了情感状态（如高兴还是不高兴），也不一定能获得情感内容（为什么高兴或不高兴）。一个人可能因为失恋而不高兴，也可能因为失业而不高兴，还可能因为得不到重用而不高兴，此时情感计算系统如何去化解这些不高兴？"识别"表情即使能为机器做到，但更重要和复杂的分析这些表情背后的原因则显得十分遥远，而人的"智力"正是在这方面得以施展的，这就是所谓的真正的"理解人"———一项比认识自然更为复杂的认识活动，其中的许多"微妙"之处是无法从"信息模拟"中得到解

---

① 以上参见 "情感计算" ——百度百科 http：//baike.baidu.com/view/464340.htm，2010 - 01 - 09 [2010 - 0707]。

决的。

还有诸如"情感信息的信息学、心理学研究"。首先区分语义信息和情感信息，如"演讲时'说什么'可以被认为是语义信息，'如何说'可以很大程度上被认为是情感信息"①。但是情感被完全信息化或数字化（故也称"数字化人类情感"）的可能性仍旧是一个问题，而且这里的"信息"显然是作为科学概念的信息，并且对这样的信息的识别又完全是物理性或物质性的，于是导致的问题就是，情感作为一种认识的要素，是否适合进行纯粹的科学或"信息学"的分析？这里是不是出现了人文现象被科学所解构的状况？一些该领域的研究者也意识到，人的情感的很多内容并不能用语言表达，肯定也不会像二进制那样简单，机器对情感的识别也是有限的，正如测谎仪也可以被"有经验的人"所欺骗一样。

也就是说，虽然科学家可能做出情感计算机，但并不意味着情感是完全可以被计算的，或情感可以统统化为比特。即使可以，也不见得人类都愿意一切认识被信息化。一些神秘的体验，一些隐秘的心理，如果都数字化，都可以被仪器测量和感知，会是什么情形？

所以在《情感计算》一书中，也介绍了一些相反观点或修正性的看法，如一些研究者认为具有有效情感机制的计算机实际并不存在；情感计算机不是有情感的人的替代物；科学家们一致认为情感不是逻辑，大部分是本能的反应；"科学的结论必须靠头脑来决定；你和谁结婚则可能要用心来决定"，这样的决定就是难以用比特计算的认识活动；或者说，当认为情感是认知的时，强调的是它的精神成分；而当认为情感是身体的时，强调的是它的肉体成分。"计算机没有情感却能表达出情感……而实际上不

---

① ［美］罗莎琳德·皮卡德：《情感计算》，罗森林译，北京理工大学出版社2005年版，第42页。

具有任何内在情感。"①

　　计算机识别情感的机制也难以和人的情感机制相类比。计算机可以探测你的皮肤电反应、荷尔蒙、脑电波、脑电图或者血压。除观察面部表情和手势、感觉手的温度和听声调的变化外，还可以通过你所选择的任意与其进行交换的传感器的测量信号。因此，计算机通常可能拥有比人更多的感觉途径。所以计算机有可能识别人类通常不能识别的情感及其他状态。甚至还出现了一种全新的人机接口可能性，那就是"情感可穿戴计算机"，它是一种装有能识别穿戴者情感模式的传感器和工具的可穿戴系统。但是这样识别出来的情感能够真正为计算机所拥有吗？这才是问题的实质。或者说，计算机与人类具有非常不同的"肌体"，因此计算机和人类的感觉很可能有很大的不同。② 这样，即使认为计算机有情感，两种情感也是有巨大差别的。

　　目前学术界对计算主义的质疑，也应该包括对情感计算的质疑。刘晓力的对"可计算"的质疑：某一范围的对象或过程是可计算的，是指存在着算法，能够计算这一范围的一切对象和一切过程，或者说，这种可计算结构可以穷尽这一范围的一切对象和一切过程。如果仅仅是此一范围的某些对象、某些过程的某些特性，甚至仅仅是一些最为表象、最为简单的特征可以用计算粗糙地表达或模拟，并不能由此妄称这一范围的对象和过程就是"可计算"的。③ 由此类推，浅表性的"情感计算"并不标志计算机真正具有情感。

　　总之，我们不否认这个领域的探索，但需要看到其有限性，情感计算或被"计算"出来的情感与真实的情感永远会有一定的

　　① ［美］罗莎琳德·皮卡德：《情感计算》，罗森林译，北京理工大学出版社2005年版，第7、18、42页。
　　② 同上书，第40、169、167页。
　　③ 刘晓力：《计算主义质疑》，《哲学研究》2003年第4期。

差距。也就是说，技术化、科学化的信息思维力求对认识的一切方面加以解释的追求应该是有限的，而不是无限的。

第六节　仅有比特是不够的

从信息的角度考察人的认识过程，其积极意义在于，可以使传统的认识论丰富化、精确化甚至定量化。此外，从信息过程所阐释的认识论还可以通过认识科学走向"微观认识论"。例如，对于"摄取信息"的微观化、感知理论的介入、信息选择机制的引入等，还有对于加工处理信息的微观化；在这个意义上，当信息认识论走向认识论信息主义时，往往也成为一种最有说服力的信息主义。

由信息认识论过渡到认识论信息主义后，也会因为它将认识的信息解释视为对认识的唯一解释，或因夸大这种解释的作用，而形成一些解释上的"缺陷"或不足。

例如，有的认识论信息主义，尤其是认知科学中所表现出来的认识论信息主义，把"信息"理解为只是那些可由机器（人工智能）处理的符号信息，从而形成心智的信息取向理论或计算主义取向。对信息方式尤其是对计算机的崇拜已经潜移默化地进入了教育领域，学生学习和思维的过程被看成是像计算机一样的输入信息和处理信息的机械过程，而个性化的学习方式和个性化的思维特点已被渐渐忽视。在这样的视野中，认识就是比特的增量，就是信息量的增加或减少。这也是信息崇拜或信息主义的一种表现形式。信息崇拜的理论基础是：人类所有领域的思维活动都可以用计算机处理信息的模式全面而准确地描述出来，人类的思想，哪怕是最微妙、最复杂的思想，都是对信息的逻辑处理，因此，处理的信息越多，速度越快，就是最好的思维，于是形成这样的看法：信息化为海量的创新与创意开启了无限的机会。①

　　然而我们知道，在当代认识论的几大趋向中，有的方面就不能用信息机制加以完全刻画，如认识的人文性、情感性、个性特征等问题。如果认为人的思维活动能够全部用信息处理的模式加以描述，就成为认识论信息主义。认识论走向信息主义的标志就是：用信息活动过程解释认识现象，用狭义的信息工具（计算机）从功能主义上解释认识的机制，可能取消一切非信息现象（或"非形式化信息"）在认识中的作用，以及完全清除认识过程中的语境相关性。就像"你真行！"这句话，既可以表示赞赏，也同样可以表示讽刺或妒忌。表层的信息分析如何表达出其中情感倾向？

　　认识不仅是语境相关的，还是主体相关的，同一句话，由一个饱经风霜的老人和一个涉世未深的少年说出来，其"信息"是一样的吗？科学的"信息分析"能揭示出其中的丰富的差异性吗？正是"少年不知愁滋味，为赋新辞强说愁"，同一个"愁"由不同人说出，其背后的含义是大不一样的，只从字面的信息分析是无法获取的。而且在"以言行事"时，言语、符号的效力并不仅仅取决于言语的信息内容，还依赖于言说者背后的制度、地位、身份、人格魅力……非信息性的东西、或者说非直接性信息，反而决定着信息的效力，这表明即使进行一种认识论的分析，也不能仅仅截止到信息作为一切的终极解释。

　　于是我们看到，"说什么"和"怎么说"之间的无法分离，就如同事实和价值的无法分离一样。甚至在说什么的字里行间里，也可以分析出"言外之意"之类的东西来，这些仅凭"科学的信息分析"或"技术的信息识别"是远远不能把握的。也就是说，如何从纯粹的信息机制上分析出言说或文句中的全部信息的

---

　　① ［美］斯各特·拉什：《信息批判》，杨德睿译，北京大学出版社 2009 年版，第 28 页。

内涵？"信息分析"的有限性表明，信息背后的人文背景多少仍是神秘和模糊的认知因素在起作用，不宜用过度清晰的信息科学机制去加以刻画。这也是"人的认识"区别于"机器的认知"的地方。

可以说，即使认为精神、意识无非是一种信息，它们也是信息中的"极品"，而信息不过是精神和意识等的平庸表述，一种"祛魅"性的表达，是意识、精神等的科学主义刻画。因此，在这个意义上，信息主义认识论无非是认识论的简化，是认识论的科学化和信息化；信息运行的机制主要说明的是认识活动的共性面、科学面，而对认识的人文面、个性面缺少揭示。此外，也并不是有了信息就必然导致正确的认识，信息和认识所要达到的目标——真理——之间也并无必然的联系，也不是信息越多认识就越正确："信息本身也不能指明观念的对错……信息过多实际上会排挤观念，使人……迷失在无形的信息泛滥之中。"① 凡此种种，均表明认识中无疑包含着仅用比特无法说明的东西。认识如果仅仅被认为是以比特为基础的思考，如果认为比特能囊括认识活动的一切奥妙，则人的认识就被简化为机器的符号的计算。此外，如前所述，自从认识具有涉身性或具身性被揭示后，也表明了仅用信息机制是解释不了认识的全部机理的。

由此，"信息认识论"或认识论信息主义消解了认识的神圣性、神秘性、人文性，认识成为机器可以科学地模拟的过程。故它只能在一定意义上有价值，而不可能将"人的认识"中的一切都包含进去。由此，不能把认识过程、实践活动仅仅归纳为信息过程或信息变换。如果将认知主义作为认识论信息主义的代表，那么联结主义对认知主义的抨击就可以作为一种借鉴，它认为认知主义的符号加工模型过于抽象化和理想化，它并未抓住认知系

---

① ［美］西奥多·罗斯扎克：《信息崇拜》，苗华健等译，中国对外翻译出版公司1994年版，第80页。

统展示的多边性、复杂性和精致性的特点①；而当认知心理学的研究范式正在从一开始立足于抽象的人为的心智系统转向立足于生动的、具体的人的心灵活动时，就标志着认知心理学研究更加深入、更接近人脑的现实。

① 葛鲁嘉：《认知心理学研究范式的演变》，《国外社会科学》1995 年第 10 期。

第 四 章

走向信息技术决定论

信息主义的另一种说法，就是"信息决定论"，而如果将其中的"信息"更多地理解为当代信息技术时，就有了以"信息技术决定论"的形式表现出来的信息主义，这种信息主义在社会历史观的领域有大量的表现。换一个角度说，信息主义直接起源于当代信息技术，信息作用的凸显奠基于当代信息技术的强大威力，所以如果从直接性或技术基础上看，信息主义常常以"信息技术决定论"表现出来，尤其是社会观上的信息主义就与信息技术决定论直接等价，而历史观信息主义就与媒介决定论基本同义，社会历史观上的信息主义实质上是一种信息技术主义，在这个意义上，信息技术决定论实际上是信息主义的社会哲学或历史哲学形态，是技术决定论在信息时代的表现形式。在这个领域中，麦克卢汉、波斯特、卡斯特等人的观点成为典型代表。同时，在经济、政治和文化领域中也分别兴起了由信息技术决定的经济信息主义、政治信息主义和文化信息主义，而在一般的形态上，则出现了作为一种技术哲学范式的信息技术决定论。

第一节　信息技术:历史功绩

作为一种理论范式，信息主义有一个从社会观到世界观的演变过程。而当信息主义主要是一种社会观时，它对"信息"的强调和崇拜实际上是对当代信息技术的推崇，这种视野作为一种历史观的扩展，就是对一般信息技术的历史功绩的推崇，其最强表达，就是"信息技术决定历史"或"媒介决定历史"。换个角度说，如果认为技术造就了一切过去的时代、而信息技术造就了今天的时代，这是一般的技术决定论；如果认为信息技术不仅造就了今天时代，而且也造就了过去的一切时代，即人类历史一切阶段上的主要特征都是由信息技术造就的，那么这就是信息技术决定论。

信息技术由于是处理和传递信息的技术，所以也被称为媒介或传播技术，对这种技术的重要性，不少思想家有过专门的论述，如杜威说：在所有事物中，传播是最为奇妙的；社会不仅因传递和传播而存在，更确切地说，它就存在于传递与传播中[1]；麦克卢汉则指出：就像鱼没有意识到水的存在，媒介构成了我们的环境。[2] 如果进一步强调媒介的传播功能，就可能主张"所有的智慧都集中在信息的传播起点上，信息的传播决定着一切"[3]。

"媒介"通常是指信息传播的媒介，其扩展的功能还包括信息的储存和表达，在这个意义上，符号、语言、纸笔、电话、电视、网络等都是媒介，它们的总特征就是行使信息载体的功能，并且是区别于自然载体的人工载体。目前公认的人类历史上已发生的"五次信息革命"实际上就是信息媒介技术的五次大发展，因此也被称为人类的"五次信息传播革命"：第一次是语言（口头语言或言语）的使用，语言成为人类进行思想交流和信息传播不可缺少的工具；第二次是文字的出现和使用，使人类对信息的

① ［美］詹姆斯·凯瑞：《作为文化的传播》，丁未译，华夏出版社2005年版，第3页。

② 同上书，第12页。

③ ［美］尼古拉·尼葛洛庞帝：《数字化生存》，胡泳、范海燕译，海南出版社1997年版，第30页。

保存和传播取得重大突破，较大地超越了时间和地域的局限；第三次是印刷术的发明和使用，使书籍、报刊成为重要的信息储存和传播的媒体（纸和印刷术，都属于媒介范畴，但纸直接作为载体，印刷术作为提高载体信息量和传输力的技术）；第四次是电话、广播、电视的使用，使人类进入利用电磁波传播信息的时代，也被称为无线电技术的发明和应用，包括电话、传真、录音、电报等；第五次是计算机与互联网的使用，即网际网络的出现。除此之外还有"三种说"的媒介历史发展分期法：感性的感觉媒介，对时间和空间的感觉就属于感觉媒介；符号交互媒介，符号化的音乐、语言、图像和特定的形体动作等；技术性的传播媒介，收音机、印刷物、电影、电视、网络、手机、电话等，通过技术手段提高社会交往的效率、强化社会知识的生产能力、加快社会知识和信息传输的速度。或者将五次信息革命中的后三次归结为"三次传播革命"，在三次传播革命中，"最早是印刷业革命，即信息生产的机械化，它提高了识字率，扩大了英帝国的统治范围。第二次传播革命贯穿于整个 20 世纪，通过电子技术将信息生产与信息传递结合在一起——这一过程从电话、电报，一直延伸至电视。如今，第三次传播技术革命将信息存储器和检索器与电话、电视机、计算机联结在一起，产生出新的宽带通信系统或'信息服务设备'"。①

　　无论是五次还是三次媒介革命，都给当时的社会造成了巨大的影响，有的甚至造就了不同的"文明时代"，从而形成了我们通常所说的"历史"。因此，"可以毫不夸张地说，一部人类社会发展史从一定意义上讲，也就是一部人类传播与利用信息的历史。离开了信息交流，人类社会既难以形成，也难以维系，更难以发展"②。卡斯特说到，纵观整个人类历史，知识和信息，加上

---

　　①　［美］詹姆斯·凯瑞：《作为文化的传播》，丁未译，华夏出版社 2005 年版，第 150 页。

　　②　倪波、霍丹：《信息传播原理》，书目文献出版社 1996 年版，第 1 页。

它们的技术基础，一直与政治或军事统治、经济财富和文化霸权紧密相关。因此，"在一定意义上说，所有的经济都是基于知识的经济，所有的社会就其核心而言都是信息社会"①，即基于不同的信息技术基础之上，并由其造就出不同特征的社会。

信息媒介革命，对人类文明的发展确实起到了十分重要的作用，例如拿符号的作用来说，符号形式演进到什么水平，人们的社会交往水平或社会性的程度往往也会演进到什么水平，符号越能有效、准确、迅速地传递信息，人群系统中就越能具有更大的信息量，从而将人和人联系起来的"作用力"也就越大。正如劳动工具既是决定主体劳动能力的重要因素，又是衡量主体劳动能力的物质标志一样，符号同样既是决定人的交往水平、社会性程度的一个重要因素，也是衡量它们的一个重要标志。而语言、处理信息的其他媒介工具的演进，都产生着类似的作用。

也就是说，媒介的更新换代迟早会引起社会的更新换代，新媒体导致新时代。

历史不仅从被信息技术造就的意义上与其发生密不可分的关联，而且还从"记载"的意义上离不开信息技术。如果我们问"什么是历史"，那么就可能会意识到：历史就是对过去的记忆。历史的含义有两个：一是真正曾发生的过去；二是我们所记得的、所述说出来的以及书写下来的过去，前者为"历史事实"，后者为"历史记忆"。但是，人们通常都是将历史的记忆当作历史的事实，所以历史就是对历史的记忆。在这个意义上，历史就是信息，而不是事实。历史要转化为信息，取决于信息主体的辨识能力，也取决于他所采用的信息手段，即信息技术。而且，历史是媒介书写的，也是媒介传播的，从而是媒介造就的。于是，只有处于媒介中的历史记述才是历史，其他都是消失的东西。或

---

① ［美］曼纽尔·卡斯特：《信息社会与网络精神》，载海曼《黑客伦理与信息时代精神》，中信出版社 2002 年版，第 119—120 页。

者说，没有媒介，就没有历史；甚至可以说：历史就是媒介史，就是传播史，就是信息技术史。

在信息技术所起的历史功绩中，不能不提到印刷术，它所起的作用不亚于蒸汽机对于工业革命所起的作用，对这一点麦克卢汉有过精辟的论述："印刷术是复杂手工艺的第一次机械化。它创造了分布流程的分析性序列，因此就成为接踵而至的一切机械化的蓝图。印刷术最重要的特征是它的可重复性。这是一种可以无限生产和视觉性表述。它的可重复性是机械原理的根源。谷登堡以来使世界为之改观的就是这个机械原理。印刷术产生了第一个整齐划一的、可重复生产的产品。同样，它也就造就了福特牌汽车、第一条装配线和第一次大批量生产的商品。活字印刷是一切后继的工业开发的原型和范型。没有拼音文字和印刷机，现代工业主义是不可能实现的。我们需要认识到这一点：作为印刷术的拼音文化不仅仅塑造了生产和营销，而且塑造了生活的一切其他领域，从教育到城市规划都是如此"；也就是说，西方机械文化的一切方面都是由印刷术塑造的，或者说，现代生活的各个方面全都是谷登堡发明印刷机的直接的结果。[①] 当然，印刷术还在历史上起到了文化解放和文明启蒙的先导作用，这就是恩格斯所说的："印刷术的发明以及商业发展的迫切需要，不仅改变了只有僧侣才能读书写字的状况，而且也改变了只有僧侣才能受较高级的教育的状况。"[②] 而马克思称赞印刷术是"科学复兴的手段，变成对精神发展创造必要前提的最强大的杠杆"[③]。所以美国学者德克·海德说；"倘使没有纸和印刷术，我们将仍然生活在中世纪。"[④] 有的学者评价道：中国最早发明的纸和印刷术，自蔡伦发

---

① ［加］埃里克·麦克卢汉等编：《麦克卢汉精粹》，何道宽译，南京大学出版社 2000 年版，第 370 页。

② 《马克思恩格斯全集》第七卷，人民出版社 1959 年版，第 391 页。

③ 马克思：《机器、自然力和科学的应用》，人民出版社 1978 年版，第 67 页。

④ 转自冯天瑜等《中国古文化的奥秘》，湖北人民出版社 1986 年版，第 158—159 页。

明纸以后，毕昇又发明了活字印刷，这两大发明促使人类第一次语符革命得以爆发，随后席卷全球。人类的文字虽然发明很早，但从图形文字到表意文字，再到表音文字，经历了漫长的时间，由于没有解决字符的物质载体，文字一直被禁锢在少数人的手里。一场声符转换成字符的语符革命总是找不到突破口。所以对于纸和印刷术发明的历史进步作用，无论怎样估计都不会过分。[1]也正因为如此，这个时代可以被称之为"印刷时代"，它"大约在 1500 年到 1900 年之间独步天下"[2]。

电子媒介取代了先前的印刷媒介后，塑造了新的文明时代："现今这个时代是电力媒介的时代。电力媒介锻造了环境和文化。这些文化和印刷术派生的机械的消费社会是对立的。印刷术把人从传统文化的母体中拖了出来，同时又告诉他如何像叠罗汉一样地组成大型的团队，这些团队施放出民族的和工业的力量。西方对印刷术的痴迷一直维持到今天。今天的电子媒介终于使我们从催眠术中苏醒过来。谷登堡星汉被马可尼星座遮蔽了光辉。"此时，历史遗留下来的负面现象也必须从印刷术那里去寻找，如"视觉本位的印刷术和摄影术产生的垄断，给西方文明造成了毁灭性威胁，先是战争的威胁，后是和平的威胁"[3]。这样的看法中也体现了印刷术对历史文明的决定性作用。

也就是说，工业革命是由印刷术引起的，近代和现代西方的一切文明，似乎都是印刷术产生的。而到了电子信息时代："电子媒介称为阿基米德所说的能移动地球的'支点'，它站在了人们的眼睛、耳朵、神经和脑子上，让世界按其意愿以任何速度和模式运动"[4]，在麦克卢汉看来，只有电子媒介是人的神经系统的

---

[1]　李学英：《信息接受论》，湖北教育出版社 1994 年版，第 50 页。
[2]　［加］埃里克·麦克卢汉等编：《麦克卢汉精粹》，何道宽译，南京大学出版社 2000 年版，第 372 页。
[3]　同上书，第 144、371 页。
[4]　［加］马歇尔·麦克卢汉：《理解媒介》，何道宽译，商务印书馆 2000 年版，第105 页。

延伸，以前的一切媒介都是人的部分的延伸，而目前，书籍正在被电子媒介挤压到边缘位置。电子媒介正在成为主导媒介。这种媒介结束了陈旧的二分观念，即文化与技术、艺术与商务、工作与闲暇的二分观念，其重要意义在于：谁掌握了电子媒介，谁就能左右这个世界。这也符合今天一些人对于计算机和蒸汽机的历史功能的对比，他们认为计算机对人类社会的影响远远超过了当年的蒸汽机，计算机对人类社会影响的深度和广度为其他任何发明所不及。

媒介造就历史或不同的文明形态，不仅在于器物性的物质技术的作用，更在于语言符号这类"非物质性"软媒介：不同民族的语言形态对其文明形态的特点从而历史的走向起着极为深刻的影响。例如，"中国发明的印刷机，比欧洲的谷登堡至少要早五百年，可是它为什么没有用印刷机来推动报纸和书籍之类的大众媒介呢？麦克卢汉意识到，中国的会意文字不太适合互换性的活字排版……媒介的成功与否，在一定程度上依赖于其他媒介的兼容性"①。即是和中国的文字没有发展到拼音文字相关的。而西方文化的一切特点都源于拼音文字。拼音文字中无意义符号与无意义声音的联系使西方人建立了自己的形象和意义。拼音文字使视觉从听—触互动的感官网络中分离出来，形成了视觉的主导地位；读书识字养成了行动时不必反应的能力，视觉主导的感知分离使冷静的抽象思维和理性精神由此而生；拼音文字构造和呈现方式培养了线型思维和欧氏几何空间。自从拼音文字发明以来，在形与声的分离、语义与字母的声音分割的主导下，西方始终向着一个"分离"的目标前进，这就是感官、功能、动作的分割，情感和政治状况的分割和任务的分离。把一个大问题划分为几个问题一个一个地解决，把世界划分为各个学科，分门别类地加以

①　[美]保罗·莱文森：《数字麦克卢汉》，何道宽译，社会科学文献出版社2001年版，中文版序第1页。

解决。它的进一步发展就是印刷术和机械时代，拼音文字加印刷术形成的线型性、同质性、重复性，向经济、政治、文化等领域进军，塑造了西方的现代性。①

波斯特也认为西方的现代性是由特定的媒介形态造成的。他认为启蒙运动这一思想传统的根源就是印刷文化。从传播媒介的角度看，印刷的句子排列、页面上文字的稳定性、白纸黑字系统有序的间隔、出版物的空间物质性等特性使读者能够远离作者，个体能站在政治、宗教等相关因素的网络之外独立地阅读思考，这就促进了具有批判意识的个体的形成。与口传文化中话语的稍纵即逝相比，印刷文化提升了作者、知识分子和理论家的权威与地位。而在电子媒介交流中，用于交流的语言发生了重要的变化。"电子传播把巨大的距离和时间的瞬时性结合起来，使说话人和听话人相互分离又彼此靠拢。语言不再表征现实，不再是用来强化主体的工具理性的中性工具：语言变成了，或者更确切地说，重构了现实。"② 而新的电子媒介中的"电子书写""使西方思想的伟大传统所描绘的主体形象失去稳定性"③，这实际上造成了我们今天所说的"后现代"的文化特征，相比较而言，印刷文化所造就的则是具有"现代性"的文化特征。这样，现代性和后现代性这两大历史性特征，就在很大程度上是由信息技术造成的。

甚至在人类的起源上，信息能力（身体信息技术之一）的形成比制造劳动工具能力的形成更具有决定性的意义，以至于有学者认为，拥有发达的口语，是人类和所有其他生命物种的最明显的能力上的区别。"人类学家只能肯定两个与语言有关的问题，

---

① 张法：《麦克卢汉的媒介哲学与美学》，载王岳川主编《媒介哲学》，河南大学出版社 2004 年版，第 10 页。

② ［美］马克·波斯特：《第二媒介时代》，范静哗译，南京大学出版社 2001 年版，第 87 页。

③ ［美］马克·波斯特：《信息方式》，范静哗译，商务印书馆 2001 年版，第 135 页。

一个是直接的，另一个是间接的。首先，口语显然区分了智人和
所有其他的生物。除人以外没有任何生物具有复杂的口语，具有
一种沟通手段和一种进行内省思考的媒介。其次，智人脑量是进
化上我们最近的亲戚非洲猩的脑量的 3 倍。这两者之间肯定是有
关系的，但是关于它的性质存在着激烈的争论。"① 洛杉矶加利福
尼亚大学杰出的神经学家哈里·杰里森指出语言如同人脑的发动
机，否定了人是工具制造者的假说所体现的思想，即操作技巧提
供了进化压力使脑子变得更大。"在我看来这似乎是一种不合适
的解释，不只是因为工具制造可以由很少的脑组织来完成"，他
于 1991 年在美国自然历史博物馆的一次重要演讲中说道，"另一
方面，简单、实用的会话要求大量的脑组织"②。

　　总之，信息技术与人类文明的发展之间具有普遍的历史联
系，进一步，信息技术的革命（信息革命）与文明形态的更替
之间也具有普遍的历史联系。这就是历史观上的信息技术决
定论。

第二节　信息技术:当代影响

　　现代信息技术引发了一个技术决定当代社会特征的过程。在
这个过程中，现代信息技术和信息资源得以普遍运用，并逐渐形
成与之相应的社会行为模式、社会结构和社会规范体系。实际
上，这是一个步入信息文明的社会形态变迁。丹尼尔·贝尔称之
为"后工业社会"，也有人称之为"电信社会"，更多的人则称之
为"信息社会"，以及"网络社会"、"数字资本主义"。以计算
机和网络为标志的现代信息技术与 18 世纪的蒸汽机技术一样，

---

　　① ［肯］理查德·利基:《人类的起源》，上海科学技术出版社 1995 年版，第 2
页。

　　② 同上书，第 98 页。

都具有划时代的意义。

然而计算机又与蒸汽机有根本性的不同，后者是进行物质加工的工具，而计算机却是进行符号加工的工具。计算机的发明及其发展的重大意义和重要影响首先在于它是人类历史上继文字发明和印刷术发明之后的第三种强有力的进行符号处理和传播的工具。但同时，当代信息技术又不是纯粹的只局限于信息加工和传输领域中的技术，而是可以和物质性的生产技术相融合的信息技术，这样的信息技术同时就可以是生产技术。如计算机作为控制机就和生产技术合为一体，成为自动生产系统。这就决定了它比以前任何一种单纯的信息技术或物质技术的意义都更为重大。正因为如此，当代信息技术才在造就今天的社会特征和面貌上具有如此重要的作用。

还可以说，以前的人类社会是以生产技术为主的技术时代，所以技术时代的命名也是生产性的：手工技术时代、机器技术时代；而今天是以信息技术为主的技术时代，所以将其命名为信息技术时代。

当这个新的信息技术时代被简称为"信息时代"时，常常会引发这样一个问题：它是在什么意义上区别于过去的时代？从字面上是"信息"显得比物质更重要了吗？还是现在的信息比过去的信息更重要了？还是信息在人工物中比重更大了？前两种说法显然不成立，因为无论什么时候，从本体论上信息都不如物质更重要，即使信息文明时代，我们所消费的物质也比过去更多，因为即使从电视和网络中消费信息时，也比过去直接面对面时消费信息所用的物质更多。

而第三种说法中，可能更具合理性，例如随着"新物质"或"新人工物"甚至"新自然物"的被研制和被发现越来越困难，需要投入的研发成本及人的劳动（主要是信息劳动）量的增加，其中的"信息含量"随之增加，也就是凝聚在其中的人类信息劳动的价值量增加。

或许"信息文明"仅能从这个意义上去讲。

如果这样去讲，那么信息文明与非信息文明的划界显然是个模糊的界限，过去的人工制品的信息含量虽然比今天的低，但今天无疑要比将来低，从这个意义上，也可以说信息文明并未实现，或许要等到将来才能实现。

而且从媒介决定论的意义上，又可以认为人类的一切文明时代都是信息文明时代；在从没有信息就没有文明的意义上，从文明就是信息的意义上，也可以认为一切文明时代都是信息文明时代。这样，论证信息文明及其重要性和它与以往时代的区别就是毫无意义的事情。

还有，与"信息文明"相对应或对照的概念是什么？一是"物质文明"，二是"信息野蛮"。就"物质文明"来说，就人类能够创造灿烂的物质财富来说，如果认为先前是这样一种物质文明时代而非信息文明时代，那么这些物质财富作为人工物是怎样创造出来的？哪一种不是信息文明引领的结果？无论哪一种人造物的背后都凝结了信息文明。虽然从存在论上，是信息依赖于物质，但从创造论上，无论什么时代都是物质文明依赖信息文明，没有信息文明就不可能有物质文明；因此将过去划分为一个不同于今天"信息文明"时代的"物质文明"时代，是从逻辑和事实上都不能成立的。

当然，将过去视为"信息野蛮"的时代就更不成立了。

所以，这就需要我们在一定程度上转向信息技术决定论的社会观，探讨诸如网络、计算机之类的数字信息技术对当代社会所造成的"根本性影响"，即某种意义上的"信息技术决定论"对当代社会的解释。

如前所述，卡斯特的"信息主义"或"网络社会"理论，就是最典型的"信息技术决定当代社会"的代表。

在这一视野中，当代社会所发生的最根本的变化，还是其技术基础的变化，这就是现代信息技术的出现和普遍运用。用卡斯特自己的话说，"信息主义奠基于知识与信息的技术"，① 卡斯特认为，我们的社会正经历着一场革命，其变迁的核心是信息处理和沟通的技术。信息技术之于这场革命，就像新能源之于过去的工业革命，它重组着社会的方方面面。由于信息技术在当代新技术革命中的核心地位，而任何采用这些新的信息技术的系统或关系都具有网络化的逻辑，"网络化逻辑的扩散实质地改变了生产、经验、权力与文化过程中的操作和结果"，因此"网络建构了我们社会的新形态"②，抑或说网络技术导致了新的社会形态的出现。在这个意义上，卡斯特的信息主义可归结为对信息技术尤其是当代网络技术的崇尚。"在信息主义之下，财富的生产、权力的运作与文化符码的创造变得越来越依赖社会与个人的技术能力，而信息技术正是此能力的核心"，是"信息技术革命引发了信息主义的浮现，并成为新社会的物质基础"③。他尤其强调信息技术中的网络技术的重要性，认为信息主义造就当代社会的过程也就是一个网络社会的崛起过程："作为一种历史趋势，信息时代的支配性功能与过程日益以网络组织起来。网络建构了我们社会的新社会形态，而网络化逻辑的扩散实质地改变了生产、经验、权力与文化过程中的操作和结果。虽然社会组织的网络形式已经存在于其他时空中，新信息技术范式却为其渗透扩张遍及整个社会结构提供了物质基础，……我们可以称这个社会为网络社会（the network society）"，而网络社会产生信息主义精神，即以崇尚信息技术对社会的经济、政治、文化及其他各方面的功能和作用，他称之为"信息化范式"。因此可以说，信息主义就是由网络及其所根植的信息技术衍生出来的。在这个意义上说，他认

---

① ［美］曼纽尔·卡斯特：《认同的力量》，夏铸九等译，社会科学文献出版社2003年版，第21页。

② ［美］曼纽尔·卡斯特：《网络社会的崛起》，夏铸九等译，社会科学文献出版社2001年版，第569页。

③ ［美］曼纽尔·卡斯特：《认同的力量》，夏铸九等译，社会科学文献出版社2003年版，第403页。

为 20 世纪最后 25 年的特色是由工业主义到信息主义，由工业社会到网络社会的转型。

卡斯特之"信息主义"中的"信息"，是"信息技术"的简称，而且是"当代信息技术"的简称，他认为不是一般的信息而是当代的信息技术造就了当代社会的特点："在我们所处的历史阶段中，与众不同的是以信息技术群为中心的信息革命所引发的一种新的技术范式。所谓'新的'是指信息处理技术及其在知识产生和应用中的影响。这就是我不使用'知识经济'或'信息社会'概念而使用'信息主义'这一概念的原因：信息主义是建立在随着微电子和基因工程双重革命，人类信息处理能力大大增强的基础上的一种技术范式。"[①] 因此"当前技术革命的特性，并不是以知识与信息为核心，而是如何将这些知识与信息应用在知识生产与信息处理及沟通的设施上"[②]，这里的"设施"显然就是当代的信息技术及其集成，所表达的是计算机和网络这样的信息技术对当代社会的决定性影响。卡斯特认为这种围绕信息而进行的技术革命，根本性地影响了我们的出身、生存、学习、工作、生产、消费、梦想、战斗乃至死亡的方式。从某种意义上，这也是对当代社会变迁的技术根源的寻求，于是"信息主义"这个术语也恰当地表达了其在社会发展观的意义上对信息技术的崇尚。所以更准确和具体地说，这样的信息主义实际是"当代信息技术主义"。

这样的观点也为其他著名学者所主张，如日本学者松田米津在他于 1982 年出版的《信息社会》中就将当代信息技术作为区别于先前社会若干不同特征的基础：在核心技术上，工业社会是蒸汽机等机械，其主要功能是增强和替代人的体力，而信息社会

---

① ［美］曼纽尔·卡斯特：《信息社会与网络精神》，载海曼《黑客伦理与信息时代精神》，中信出版社 2002 年版，第 120 页。

② ［美］曼纽尔·卡斯特：《网络社会的崛起》，夏铸九等译，社会科学文献出版社 2001 年版，第 36 页。

是计算机技术，其主要功能是代替人的脑力；在主导产业上，工业社会是制造业，大量生产耐用品，而信息社会上智力产业或知识产业，大量生产知识和信息；在社会结构和象征上，工业社会以现代工厂作为物质生产的中心，也是整个社会结构的象征，而信息社会中以信息网络为基础的信息公用事业成为社会的基本结构和象征，如此等等。

　　"信息社会"的严格含义也应该是"信息技术社会"；正是基于信息技术的基础上，才有了对信息的重视：信息古已有之，为什么没有像今天那样受到重视？就是因为计算机和网络等当代信息技术还没有出现，使得信息的重要性还没有凸显出来。而有了当代信息技术，就必然有对信息本身的崇尚，因为信息与信息技术之间也存在相互促进的关系，"所以我们可以看到这样一种循环：多样化和变化越大，信息就越多，用以处理信息的技术也越发达。这种反复循环，我想，是势必要导致社会出现更大的多样性和更多的变化的"①。

　　这样的时代也才算得上真正的"媒介时代"或"新媒体时代"。大众媒介在一个世纪以前就确立，信息原则也随之具有了支配地位；但是直到媒介、计算机与电子通信三者汇聚之后，媒介时代才得以确立；正是计算机和互联网使得我们的社会和文化成为了媒介社会和媒介文化，"麻省理工学院（MIT）决定把他们的研究中心取名为媒介实验室（The Media Lab）这一事实本身高调地表明了把信息时代理解为媒介时代的看法"②。

　　总之，当代信息技术在一定意义上造就了当代社会的性质和面貌，因此信息时代的社会研究，必须关注信息技术，尤其是当代的信息技术。在这个意义上，以信息技术决定论表现出来的信

---

　　① ［美］阿尔温·托夫勒：《预测与前提》，粟旺等译，国际文化出版公司1984年版，第112页。

　　② ［美］斯各特·拉什：《信息批判》，杨德睿译，北京大学出版社2009年版，第108—110页。

息主义，是信息技术兴起及新技术革命的必然产物。

第三节　多元汇聚的信息技术决定论

若以著名思想家为代表，那么信息技术决定论的主要理论形态中，最著名的有麦克卢汉的"媒介决定论"和波斯特的"信息方式决定论"。

媒介是一种信息技术，麦克卢汉进一步视其为最基础和最根本性的技术，因此他的思想可以被总结为"媒介技术决定论"。

麦克卢汉的一个总体观点是"媒介塑造历史"，此话出自他的一段评语："汤因比一点不了解媒介是如何塑造历史的"[1]，从中可见其历史观信息主义的典型表述，即人类的发展史就是一个由媒介的发展所决定的历史。此即所谓"媒介历史观"。这种"媒介决定论"的社会观和历史观，是技术决定论的一种特殊理论形态。

麦克卢汉一反过去人们只重视内容不重视媒介的做法，对社会科学家们长期以来忽略了对媒介本身的观察和研究表示不满，认为怎样接收信息（即使用什么媒介）比接收什么样的信息更重要，因为人类有了某种媒介才有可能从事与之相适应的传播和其他社会活动，因此，他的看法也被归结为："从漫长的人类社会发展过程来看，真正有意义、有价值的'讯息'不是各个时代的传播内容，而是这个时代所使用的传播工具的性质、它所开创的可能性以及带来的社会变革。"[2] 所以，媒介传递的真正"讯息"是它本身对受众的刺激，而非它所传递的内容，这就是他的"媒介即讯息"的思想。他揭示了媒介不仅是形式，而且是内容，相

---

① ［加］马歇尔·麦克卢汉：《理解媒介》，何道宽译，商务印书馆 2000 年版，第 46 页。

② 郭庆光：《传播学教程》，中国人民大学出版社 1999 年版，第 148 页。

同的内容，用不同的媒介去表达，效果是完全不一样的。文字不同于图像，广播不同于电视。因此对一种媒介的使用，同时就是对人的某一或某些性质的强调，形成不同性质的要求。例如，公共人物的魅力，在印刷文化中是依靠他们文章的气势，在广播时代要赖其语音的悦人，在电视时代全仗在摄影镜头下的表演得体。媒介的重要作用尤其体现在，历史的不同形态和阶段是随着媒介的变革而形成和出现的，也就是历史发展是由媒介的发展决定的。在他看来，文化中一切的变化，都是媒介的结果，都可以从媒介中得到理解。用他自己的名言来概括就是："一个时代的标志便是这个时代所用的媒介"；一种媒介进入巅峰、盛极一时时，"它就成为那个时代的精神"①。

媒介不仅是信息的传播方式，而且也是信息的生产方式，从社会信息的普遍性来看，一个社会的特征也必然表现为其信息的传播和生产的特征，从而表现为媒介的特征。怎样生产和传播信息如同怎样生产和流通物质产品一样，对时代特征起着重大的影响作用。

在麦克卢汉看来，信息传播方式的任何一次变革都会引起社会的巨大变化，以至于一个时代的标志便是这个时代所用的媒介。历史文化中一切的变化，都是媒介变革的结果，都可以从媒介中得到理解。媒介可以帮助我们理解历史的一切进程和现象，传播媒介是区分不同社会形态的标志。具体说来，三种主导媒介决定了历史的三大宏观阶段：一是无文字、非拼音的象形文字或会意文字，这种主导媒体决定了第一阶段的文化：整个原始文化和拼音文字以前的那些古文明；二是从拼音文字到印刷媒介的出现，这是西方文化在分散世界史中的阶段，以及现代社会在西方兴起并向全球扩张，把全球带入统一世界史的阶段；第三阶段以

① ［美］保罗·莱文森：《数字麦克卢汉》，何道宽译，社会科学文献出版社2001年版，第211页。

电力媒介为主导，从电报（1844）、电话（1877）、电影（1895）、广播（1906）到电视在 20 世纪五六十年代的普及，显示出电力媒介进入主导地位。根据媒介技术的不同可以将文化史的时代区分为：口头文化—书写文化—活字文化—电子文化，相应的技术的时代则可区分为：原始技术—活字或机械技术—电子技术；由此使得人类社会经历了三个发展阶段：部落化、非部落化（机械文明）和重新部落化（电子文明）。这就是媒介技术与人类文化的历史发展所形成的对照，或者前者所导致的后者的更替。

尤其是关于新型的电子媒介，麦克卢汉认为它带来了全球性的相互依存，从而按照"地球村"的形象重新塑造世界，它"使我们的感官膨胀，仿佛一夜之间就在全球罩上了一张硕大无朋的宇宙薄膜"[①]。

媒介不仅决定社会的进程，也决定人本身。麦克卢汉力图说明，"人是媒介的产品或结果，而不是相反"，这就是"媒介决定论"："虽然人对媒介有一些控制能力，但发号施令的是媒介。"[②] 媒介对人的具有一种普遍的改变效应："任何媒介的使用或人的延伸都改变着人际依存模式，正如它改变我们的各种感觉的比率一样。"[③] 而当人的"感官比率发生变化时，过去看上去清楚的东西就会变得模糊，过去模糊的东西会变得清楚"，也就是说，"新的感官比率又推出一个令人惊奇的新世界"[④]。

信息技术决定论的另一个著名代表波斯特则用"信息方式"来说明信息技术对社会和历史的决定作用。他将信息方式类比于

---

① ［加］埃里克·麦克卢汉等编：《麦克卢汉精粹》，何道宽译，南京大学出版社 2000 年版，第 192 页。

② ［加］马歇尔·麦克卢汉：《理解媒介》，何道宽译，商务印书馆 2000 年版，第 46 页。

③ 同上书，第 127 页。

④ ［加］埃里克·麦克卢汉等编：《麦克卢汉精粹》，何道宽译，南京大学出版社 2000 年版，第 206—207、178 页。

马克思的生产方式，认为可以从这个新的视角来考察社会的变化。信息方式的一个重要方面是信息的传播方式。类似于麦克卢汉的三种主导媒介的划分，波斯特也认为人类的信息传播方式经历了"口头传播"、"印刷传播"和"电子传播"（实际上是信息技术发展的）三个阶段，不同的阶段有不同的特征，并形成了不同的人际关系结构。例如，第一个阶段即口头传播时是符号的互应，人和人是一种面对面的关系，所以人被构成了语音交流中的一个位置；第二阶段即印刷传播时则是意符的再现，此时的自我被构建成一个行动者，它处于理性与想象的自律性的中心；第三阶段即电子传播时是信息的模拟，该阶段的持续的不稳定性使自我失去了中心化位置，成为分散化和多元化状态。在每个阶段，语言与社会、观念与行动、自我与他者的关系各不相同。他还从"电子介入"的说明方式进一步扩展为"信息技术介入"的说明方式，并用后者考察人类整个文明社会的历史进程，从而使我们看到在这个意义上，传播史就是人类文明史，作为传播技术的信息技术的演变建构了整个人类历史的演变。"信息保存和传输的每一种方法，都深深地交织在构成一个社会的诸种关系的网络中。"[①] 而不同历史时期社会的性质和整体面貌，无非就是这里提到的"社会的诸种关系的网络"。

他还借用马克思的说法，认为如果手推磨与封建社会相联系、蒸气磨与资本主义即现代社会相联系，那么电子化通信手段则正在导致我们超越现代社会：电子"信息方式意味着马克思所知的工人阶级的结束。随着电脑被引进工厂担负起工人与机器之间关系的中介作用，一种新的工人/主体得以构建，该工人/主体的劳动已不再是工业资本主义时期典型意义上的劳动。劳动已不再是一种体力行为，倒更像是一种脑力运作，是阐释监视器上的

---

① 马克·波斯特：《信息方式》，范静哗译，商务印书馆2001年版，第13—14页。

符号这样的认知行为"①。

波斯特的信息方式试图在两方面仿照马克思的生产方式概念的功能，即划分历史时期的功能与对历史的决定性的功能。波斯特的逻辑似乎是，信息技术导致了文化领域中的质变，从媒体使交流方式发生改变的角度来认识社会的变化。他的这种观点类似于提出"信息（技术）的形式决定了文明的形式"这样一种广义的"信息技术决定论"。

多样化存在着的信息技术决定论还可以从经济、政治和文化三大社会领域去看。

首先是信息技术所决定的"信息经济"或"信息化经济"，以及由此所导向的经济信息主义。

"信息经济"被用作是当代经济的指称，它是在现代信息科技的推动下，由工业化社会向以信息产业为主导的社会转变的过程。如果更全面地看，经济信息化应包括如下三个相互联系的方面：一是信息产业化，二是与之紧密相连的产业信息化，三是社会经济的全面信息化。其中信息产业化是指将分散的信息活动集中起来发展为一种新的独立的产业的过程，由此诞生了新兴的信息产业；产业信息化是指社会各产业部门大量使用先进的信息技术手段，充分开发利用信息资源而提高劳动生产率和产业效益；经济信息化是在信息产业化和产业信息化的基础上发展起来的，它是指对整个社会生产力系统实施自动化、智能化控制，也包括市场和金融服务体系建立在先进信息技术（如网络和计算机）基础上的信息化运作及管理，即所谓的市场的信息化、金融的信息化等等，使得社会经济生活和国民经济全面实现信息化。总体来说，信息经济就是以现代信息技术等高技术（基于科学的技术）为物质基础，信息产业起主导作用的，基于信息、知识、智力的一种新型经济，是一种信息资源、信息活动及其所创造的效益居

---

① 马克·波斯特：《信息方式》，范静哗译，商务印书馆 2001 年版，第 174 页。

于整个国民经济运行及其效益的主导地位的社会经济形态。

与传统的物质经济或质能经济相比较，信息经济的主要特征还是在于其技术基础不同。信息经济出现的物质基础从根本上说就是现代信息技术，其生产力层面的标志就是生产活动的通信化、计算机化和自动控制化，以信息工业为主导的各个工业部门、企业被紧密地联系起来，形成一个新的生产格局，信息控制中心成了整个生产活动的心脏。经济交易活动中也渗透了信息技术，其发达的形式是以信息高速公路为基础，以至于没有时间、空间、地点、国界、业界之分，所有或部分交易都将在键盘与视窗上完成。正因为如此，信息经济被视为一种以新技术、新知识和新技能贯穿于经济活动全过程的经济形式，或者借用卡斯特的用语，它是以新的"技术范式"为基础的经济。信息经济的技术基础的不同也是生产力基础的不同，即从传统的工业生产力提升为"信息生产力"，这种技术和生产力具有了更大的优越性，它更好地满足人的现实需求，更符合人类文明的发展进步。其中，劳动工具变成了自动化、智能化的机器体系，劳动资料效用的发挥借助现代信息网络系统的支撑。可见，信息经济首先是一种新的技术形态所决定的一种新的经济形态。而当一个计算机程序如一个操作系统的开发成功可以造就出像微软这样的富甲天下的企业时，足以显示信息技术所具有的创造财富的巨大经济能力。

与这样的技术基础不同相关联的还有信息经济的战略资源的不同。经济活动的技术或生产力基础转型，直接带来了战略资源的转型，这就是以物质和能源为基础的经济向以知识和信息为基础的经济的转型。可以说，人类社会发展中对信息的利用古已有之，然而将信息作为经济发展的一种战略资源则是由于信息网络技术迅速发展才得以实现的。信息经济的本质就是通过信息的合理组织来充分发挥这一特殊资源在推进经济与社会发展方面的特殊作用，在该社会里起决定作用的不是资本而是信息、知识，其中尤其是创新能力成为各经济主体生存与发展的决定性因素，使得信息及其围绕信息的活动日显重要。这显然不同于以往的农业经济和工业经济：农业经济是以物质（如土地）和人力（主要为体力或畜力）投入为基础或为主要投入要素的经济；工业经济是以物质或材料加矿石性能源的投入为基础或为主要投入要素的经济；而信息或知识经济是以信息和知识的投入和开发为基础的经济。这一特征使得信息经济主要围绕知识和信息的生产、分配和使用为核心来展开。

新的技术还导致了信息经济的产业结构发生了转型。如果将经济活动的主要环节区分为生产、交换、消费，那么信息时代的一个重要经济特征就是越来越多的人从直接造物品变为直接造信息，信息产业成为国民经济中起主导作用的产业，传统产业也得到信息化改造而成为诸如信息农业、信息制造业等。同时，科技、教育、文化、艺术这些广义的信息业（信息的制造和使用）等部门通过产业化而变得越来越重要。例如，在消费主导经济发展的今天，"许多欲望都是由传媒制造出来的，在时尚运动会的赛场上，有时领跑者误以为时尚是自己的审美趣味的真实表达，但实际上他们和追逐者一样，都是在追逐大众传媒"[1]，传媒业对于推动信息时代的消费经济常常起着决定性的作用。

使用新的信息技术还使得信息经济活动中的劳动方式产生了重大的变化。由于生产系统中自动控制的实现，智能型劳动工具超出动力型机器和人工工具成为生产工具的"主角"，越来越多的劳动者从繁重的体力劳动与简单重复的脑力劳动中解放出来，就整个社会来说，信息型劳动成为主要的从业方式。

基于新技术的信息在经济的增长方式上也出现了新特征。传统的物质经济的增长主要依赖于大规模使用和消耗原料、资源和能量，其典型产品是物质型的，整个社会经济活动的主流是物质

---

[1]　钱理群：《丰富的痛苦　堂吉诃德与哈姆雷特的东移》，北京大学出版社 2007 年版，第 239 页。

产品的生产、流通和消费。信息经济不像工业经济那样在制造大量产品的同时，大量消耗能源和原材料，而是充分利用信息和知识，以降低能源消耗，提高商品的耐久性。在信息经济中，信息成分大于物质成分的产品和服务将占主导地位。[①] 这也是开发和利用信息资源中的知识含量对于"低耗高效"型经济的形成从而促进经济发展的意义：信息化使提高效益成为经济增长的主要方法；在经济增长源泉上，技术进步对经济增长起决定作用。

上述各个方面构成经济视角上的信息技术决定论，亦可视为信息技术决定论的经济形式，它显示："在电信基础设施的支持下，信息已经成为一种跨越所有经济部门的日益重要的生产要素，这些经济部门涵盖农业、制造业和高科技服务业。"[②]

其次是由信息技术所决定的"信息政治"乃至"政治信息主义"。

政治与信息技术之间长期以来就存在着双向的作用：既有政治对信息技术的控制，也有信息技术对政治的影响和改变，它们都表明了信息技术具有"政治性"。媒介理论家英尼斯认为，每一种传播方式，就其社会形态而言，都有"偏颇"之处。例如，从石刻到纸的变化导致了从王室权力到教士权力的转变；又如，罗马帝国的建立与持久得力于一种书写文化和文件传递的帮助；还有印刷的出现则向官僚垄断集团提出了挑战，并激励了个人主义和民族主义。[③]

当代信息技术与当代政治之间无疑也存在上面所说的关系，而"信息政治"就是这种关系的一种刻画。卡斯特说，当代信息技术所催生的信息主义中，也理所当然地包含着"信息政治"：

---

① ［美］保尔·霍肯：《未来的经济》，方韧译，科学技术文献出版社 1986 年版，第173 页。

② ［美］丹·希勒：《信息拜物教》，邢立军等译，社会科学文献出版社 2008 年版，第29 页。

③ 崔保国：《媒介变革与社会发展》，南京师范大学出版社 1999 年版，第24 页。

"新信息技术给政治争端和寻权（Power seeking）策略带来直接影响。这个技术向度是与网络社会所特有的更广泛的趋势，与群体对于从这一社会结构当中滋长出来的支配过程所作出的反应相互作用的。但更重要的是，它给这一转型过程增加了一股强大的动力，催生了我所说的信息政治（Informational politics）"，所有媒体都具有政治的属性，成为"信息化时代作为政治空间的媒体"。①

在"信息政治"的背景下，信息技术的政治含义凸显出来。英国学者凯文·罗宾斯和弗兰克·韦伯斯特说，"信息革命"不只是个简单的技术"进程"、新技术革命或新工业革命问题，它的意义在于它所支持的孕育政治和文化力量的新的组织结构的诞生。信息和传播既然能确保和巩固现代社会的这些基本的权力结构，对政治行政管理非常重要，因此对经历社会和文化的现代性也很重要。② 波斯特认为，如果信息方式成为政治运动的一部分，或者与女性主义、少数种族从种族群体以及同性恋立场的政治相联系的话，它们可能会引发对现代社会制度和结构的根本挑战。他认为，尽管从阶级、性别和种族角度看，信息方式的作用是区分性的，但它们还是构建了一种非常普遍的现象，该现象预示着一种新型的权力游戏，一种新型的抵抗辩证法以及政治及其理论化的一种新构型。③ 加拿大政治学会主席埃德温·布莱克（Edwin R. Black）认为："计算机正在改变着我们的政府和选举政治，它不仅改变着政党引导选举的方式，改变着我们关注选举的轮换方式，而且还改变着我们选举出的代表为我们所作的选择，以及公

① ［美］曼纽尔·卡斯特：《认同的力量》，夏铸九等译，社会科学文献出版社2003年版，第359、362页。

② ［英］凯文·罗宾斯等：《技术文化的时代　从信息社会到虚拟生活》，何朝阳等译，安徽科技出版社2004年版，第132页。

③ ［美］马克·波斯特：《第二媒介时代》，范静哗译，南京大学出版社2000年版，第83、126页。

务员们为实现这些选择与我们打交道的方式。"① 总之，信息技术深深地进入了社会的各种结构之中，并以无数方式与社会结构相互作用，当然也渗入到政治结构中，造成信息技术政治；由于网络在信息技术中的重要性，故信息政治也被称为"网络政治"（Cyberpolitics），类似的还有虚拟政治（Virtual politics）、网上政治（Politics on the net）、赛博政治（Politics of cyberspace）等等。

这些表述也表明，"信息政治"在当代社会更大程度上是"信息技术政治"，政治日益成为信息性的而不是质能性的，"政治市场走向数字化"、信息化②；它使得在信息技术上的优势可以转化为政治上的优势。例如，由于"互联网的国际权限"并不是被国际社会而是被美国牢牢地把持住，所以它能够居于霸主的地位。数字鸿沟不断引发全世界范围内的斗争，"与此相关的问题远远不止在获得个人电脑和网络等硬件方面的社会不公平，也不止于由收入不平等、计算机和操作能力的不均衡、绝大程度上对英文网站的依赖所引起的，在软件和服务获取方面的差距问题。在最深刻的意义上，数字鸿沟指的是在制定信息资源生产和分配政策方面的社会权力差距。除非这种权力被许多人共享，否则民主本身就会受到威胁"③。

数据库在信息技术政治的背景下也显得非常重要，以至于"如果没有数据库，便无法设想统治性，或说无法设想 20 世纪晚期发达工业社会福利国家的权力形式。如果没有数据库，很可能就无法统治这些社会中的庞大人口。数据库为当今政府提供了非常巨大的关于其所有人民的可利用的信息量，这有助于制订各种

---

① 转引自刘文富《网络政治·网络社会与国家治理》，商务印书馆 2002 年版，第290 页。

② ［美］卡斯特：《认同的力量》，夏铸九等译，社会科学文献出版社 2003 年版，第361 页。

③ ［美］西奥多·罗斯扎克：《信息崇拜》，苗华健等译，中国对外翻译出版公司 1994 年版，第 76 页。

维持稳定的政策"①。在利奥塔看来，"越来越多的数据库意味着越来越多的知识、等于越来越多的权力"②。"在我们这个时代，显微胶片资料储存上的突破，资料电脑化，和目前令人难以想象的庞大资讯库。正如赫伯·希勒等人所警告的（利奥塔本人也充分警觉到这一点），那就是上述各种资讯的控制甚至于拥有，已成了我们这个时代无比重要的政治议题之一。"③ 故谁掌握了信息数据库，谁就掌握了权力。

在今天，政治势力之间的斗争方式和结果，越来越取决于对先进信息技术的运用，这就是信息媒介对政治模式的决定作用。在这样的背景下，越来越多的政治也在化约为一种媒体效果，"不管谁是政治演员，或他们的取向如何，都通过利用媒体而存在于权力游戏之中，位于日渐多样化的整个媒体系统里，包括电脑中介的沟通网络。政治必须架构在以电子为基础的媒体语言上，这个事实对政治过程、政治行动者与政治制度的特性、组织和目标都有深刻影响"④。这在一定意义上就走向了媒介决定政治的格局，进入所谓"媒体—政治"的时代。媒体通过把政治纳入其电子空间，决定性地塑造了政治的过程、资讯和结果，至于某一个资讯的实际目的和效果如何，则无关紧要。在这样的政治空间中，不在媒体上表现积极，任何政治提案或候选人就都不会有机会获得广泛的支持。媒体政治不是所有的政治，但所有的政治必须通过媒体来影响决策。如此一来，政治的内涵、组织、过程

---

① ［美］马克·波斯特：《第二媒介时代》，范静晔译，南京大学出版社2000年版，第127页。

② 同上书，第91页。

③ ［法］让—弗朗索瓦·利奥塔：《后现代状况　关于知识的报告》，岛子译，湖南美术出版社1996年版，詹姆逊序言，第11页。

④ ［美］曼纽尔·卡斯特：《网络社会的崛起》，夏铸九等译，社会科学文献出版社2003年版，第576页。

和领导权，就都被媒体系统尤其是新的电子媒体的内在逻辑所塑造①，政治总体上已经被媒体空间所包围。从中也可以看到，"媒介决定论"以及"政治学信息主义"的确在政治领域起作用，也使得"信息政治"进一步具体化为"媒体政治"。以信息技术为自变量、以世界政治秩序为因变量的媒体政治论强调以技术统治而不是传统意义上的政治统治作为构建世界新秩序的核心。在以技术统治为基础的世界新秩序中，新的信息技术最突出的影响是使强者变得更强，使弱者变得更弱，出现"信息霸权主义"、"信息殖民主义"等新的信息政治生态。

媒介或传播技术的发展使得越来越多的信息以越来越高的保真度传得越来越快、越来越远，以至于更具"化平淡为神奇的能力"：创造新型的人类社会，创造效率与进步的新标准，创造更新、更民主的政治形式。过去，印刷机通过识字水平的普及不仅教会人们阅读，人们也希望它能根除愚昧、偏见和地方主义。后来，电报和收音机被看作是一种磁力，能将人们纳入一个和平与相互理解的国际网络。而今天，"控制论革命"通过量子跃迁来提高可获得的信息，保证了"对政策选择权的明确界定、对措施可能产生的结果的准确预测，还有来自社会的反馈机制……它是如此有效，以至于人类能将智慧充分应用于解决社会的核心问题"②。

其实，由电子信息技术带来的民主观，至少从电报和电话时代起就已经与我们为伍，当代技术解放倡导者时常拿电子选举（包括投票、发表意见、投票统计）的计算机系统来描绘新型的后现代场景，一种公民即时表决式的民主：设计一种机械装置，让山姆大叔家庭的每一位成年公民每天都能进行全国性的无记名

---

① ［美］曼纽尔·卡斯特：《网络社会的崛起》，夏铸九等译，社会科学文献出版社 2003 年版，第 366—367、370 页。

② 参见［美］詹姆斯·凯瑞《作为文化的传播》，丁未译，华夏出版社 2005 年版，第 151 页。

投票，那么我向你保证，民主就能得到拯救；它涉及一个十分简
单的机械问题，就像每日向全国发送邮件一样不费吹灰之力。电
子化投票保证比任何已有政府都具效率，因为不仅其速度可以与
独裁者的决策相媲美，而且其决策永远不可能由独裁者做出。①

　　这样，政治就可以由封建专权到电子民主（或网络民主），
甚至国家也可以由"土地凝结"变为"电子邻近"："电子邻近
将使世界上的'富人'能够获得关于'穷人'斗争情况的第一手
视听资料，使这些不幸的人能够从痛苦和受压迫的生存状况中摆
脱出来"，另一方面，"穷人能够在信息市场上带给富人许多东
西，诸如他们的历史、文化、经验、当地的技艺、对稀少资源的
创新利用，以及面对逆境不屈不挠的精神"②。

　　如果上面主要体现的是政治领域中乐观主义的信息技术决定
论的话，那么相反倾向的信息技术决定论也同样存在，那即是关
于媒介的社会学批判理论。在《信息批判》一书中，作者就认
为，媒介是资产阶级意识形态的武器，统治阶级可以借由它强迫
从属的社会阶级服从于一套足以强化统治阶级的统治的信仰体
系，从这点来讲媒介也同样被理解为手段和工具。③ 也就是说，
媒介是为统治阶级服务的，它造就特定的社会秩序。所以英尼斯
认为，任何传播形式都有偏向，以传播的本性来说，它最擅长缩
短发送信息的时间并控制空间，或强化集体的记忆与意识并控制
时间，当有些团体开始控制传播形式并在政治上将他们的利益与
传播性能联系在一起时，这种偏向就固定为一种垄断。④

　　① 参见［美］詹姆斯·凯瑞《作为文化的传播》，丁未译，华夏出版社2005年
版，第152页。
　　② ［美］迈克尔·德图佐斯：《未来的社会——信息新世纪展望》，周昌忠译，
上海译文出版社1998年版，第40页。
　　③ ［美］斯各特·拉什：《信息批判》，杨德睿译，北京大学出版社2009年版，
第110页。
　　④ ［美］詹姆斯·凯瑞：《作为文化的传播》，丁未译，华夏出版社2005年版，
第131页。

英尼斯还认为，现代传播的进步其效果是扩大了接收范围，但与此同时，发布点（the points of distribution）却变得狭窄。听众人数众多，但排除了激烈而重大的讨论，事实上，受众甚至都没有听懂。专业阶层擅自利用职权提供人类思想的正统观点，声称代表了匿名大众的头脑与生活。在《时间概念的变迁》（*Changing Concepts of Time*）中，英尼斯评价道："占据了战略要地的大规模传播垄断持续、系统而无情地破坏了构成文化行为的永恒本质要素。"他这里所表达的意思，不只是我们现在所看到的传播媒介随着时间的推移越来越变得集中化和集团化（conglomerate），他也不只是表达随着大众媒介与传播专业主义的发展，少数新闻工作者能够赢得大量的读者群，而其他的人只能通过给编辑写信来表达意见，他所说的是被称为"信息"和"娱乐"的商品以及生产这些事物所必需的知识，越来越集中到某些精英与机构的手中，城市风景（civic landscape）越来越被分割成知识精英与无知大众，而正是像"信息"这样的商品、像"媒介"这样的机构的存在，使这两者彼此成为必然，越来越多的人将越来越多的时间花在对新闻工作者、出版商、节目编导的依赖上，他们每周都等着看《时代》杂志。于是，新媒介对公民的知识以及获得知识的技巧进行了集中与垄断。人们成了传播的"消费者"，就像他们是其他任何东西的消费者一样，作为消费者，他们依赖于集中化的供应源。而控制这些结构的专业阶层剥夺了公民社会所依赖的更广泛、多样化的人类本能、技巧和知识。我们一直坐等着被告知、被教育，却在理解的各个领域失去了为自己生产知识的能力。[1]

因此，也存在这样一种声音：不能对信息技术的政治效应抱过于乌托邦的态度，"即使是最发达的技术也不能自发地将社会

---

① ［美］詹姆斯·凯瑞：《作为文化的传播》，丁未译，华夏出版社2005年版，第132页。

民主化"①。尽管所处的背景各不相同，在其他问题上立场各异，但所有对电子革命的歌功颂德都有一套共同的理念，这些思想均传递着这样一个印象：电子技术是人类的伟大施主。同时，这些思想都将电子技术奉为人们期待的社会变革的动力、重建人道主义社会的关键所在、回归珍贵的自然乐园的途径。这种技术将驱除社会混乱与环境破坏，消除政治冲突与个人疏离，重获生态平衡及人与自然的和谐。他们的共同信念是：电子技术将克服曾经妨碍实现乌托邦理想的历史力量和政治障碍。② 但显然这只是一厢情愿的向往，因为信息鸿沟的存在解构了这种信息乌托邦。

最后还有信息技术所决定的"信息文化"，进而在此基础上出现的"电子文化信息主义"。对信息技术之功能的认识更可能形成一种信息技术决定论的文化观，例如，对于"通信技术有使人获得解放的潜能这一信念的坚信不疑，长期以来一直是美国文化中最独特、最持久的特点"③。媒介作为信息技术，除了在电子计算机行使控制的职能成为机器系统的一部分后具有生产技术的功能之外，在漫长的历史中它主要地还是一种"文化技术"，即直接帮助人们创造和传播文化的工具手段。当然，到了今天计算机技术可以充当生产技术的时代，它仍然还具有文化技术的重要职能。正因为如此，信息或媒介技术发展的文化效应就必定是其最突出的一种效应。不同的信息形态，或不同的主导媒介形态，就代表不同的文化形态。例如，当多媒体能够便捷地将各种画面展现在人们面前时，就决定了"当代文化正在变成一种视觉文化，而不是一种印刷文化"④。

---

① ［美］安德鲁·芬伯格：《技术批判理论》，韩连庆等译，北京大学出版社2005年版，第193页。

② 同上书，第88—90页。

③ ［美］阿尔弗雷德·钱德勒等：《信息改变了美国》，邱艳娟译，上海远东出版社2008年版，第103—104页。

④ ［美］丹尼尔·贝尔：《资本主义文化矛盾》，赵一凡等译，生活·读书·新知三联书店1989年版，第156页。

信息或媒介技术对文化的影响，在表层上表现为强化了文化的传递、保存功能等，而在深层上则是造成了人的文化生活方式的变化，从而人的存在方式的变化。从前面论及的"媒介史就是人类社会发展史"的角度看，信息技术的变迁还导致文化传播方式的变迁，也是媒介决定论的文化分期说。这也是麦克卢汉所持的观点：有什么样的媒介，就有什么样的文化；因为有什么样的媒介，就有什么样的感知模式，从而就有什么样的世界结构。还有的学者认为，三种不同的信息方式导致了如下不同的文化意识：第一种导致浓厚的乡土意识，第二种导致强烈的民族意识，第三种导致普遍的文化认同和全球意识。第三种意识表明，只有进入电讯时代，各民族间的普遍的文化认同才能发生。

哈贝马斯说，"手写、印刷和电子媒介标志着意义重大的进步……借助这些手段，言语行为摆脱了语境的时空限制，并能用于多重的未来语境中"；他继而又说，交往行为因为20世纪发展起来的大众交流的电子媒介而又被赋予了更高的权力。这样的技术甚至导致的是一种对现代性加以超越的后现代文化："一旦人们理解了数据库中体现的表征形式，就可以把它与信息方式中的其他区域加以比较，如看电视、电脑写作、打电话、录音录像等。这些文化技术的每一种都具有话语效应，可以认为这些效应的总和正在慢慢地建立一种与现代性迥异的文化基础。无论是何情形，连贯、稳定、理性中心的主体都受到异质性、分散、不稳定性、多重化的对抗。数据库是规模更大范围更广的文化转型的一部分，这种文化转型把主体定位在自由主义和马克思主义理论取向可以获得的可见性框架之外。难怪利奥塔在《后现代状况》中所宣称的'对元叙事的不信任'能引起人们的共鸣。"①

当代信息技术可概括性地简称为"电子信息技术"，所以当

① ［美］马克·波斯特：《第二媒介时代》，范静哗译，南京大学出版社2000年版，第15、126页。

代文化观上的信息技术决定论也可简称为"电子文化信息主义"：电子信息的电子特征决定这个时代的文化特征，它是由信息技术对社会生活的全面渗透造成的。这样的信息文化就是一种技术文化，如网络文化，计算机文化，计算机空间文化，电子信息文化、赛博文化、虚拟社会文化等，类似的表述还有"后工业社会文化"、"大众文化"、"消费文化"、"传媒文化"等等。戴维·莱昂（David Lyon）在《信息社会观念的根源》（*The Roots of the Information Society Idea*）一文中，将"信息文化"研究的起源追溯到贝尔的后工业文化研究，并且也是从信息技术的层面上提出信息文化所需要研究的课题：计算机和通信渗透的影响是否在事实上改变了社会和文化经验，其中包括宗教和意识形态方面。不少研究者还明确指出了信息文化的特征就是由信息技术的特征所造成的，例如信息文化的三个特征——数字文化、全球文化、互动文化——就明显地归属于计算机和网络技术的特征，它还进一步使人类很可能进入一个空前的"文化熔炉"乃至在此基础上的"文化重塑"时期。

网络文化被认为是建立在因特网基础上的一种不分国界、不分地区的信息文化，它以计算机及其附属设备作为物质载体，以上网者为主体，以虚拟的赛博空间为主要传播领域，以数字化为基本技术手段，其"超越物理环境、文化差异和时区限制的能力都已大大提高"，它"更像一个不同邻居的巨大集合，具有共同兴趣的人能够共享信息、共同工作、讲故事、开玩笑、讨论政见、互相帮助或者玩游戏"[①]，从而为人类创造出一种新的生存方式、活动方式和思维方式。新的沟通方法带来了新的行为特征、互动规则和思想意识，也就是造成了文化生活中的新特征。或者还可以说，网络文化是一种虚拟文化、开放文化、交互或互动式

---

①　［英］戴维·克里斯特尔：《语言与因特网》，郭贵春等译，上海科技教育出版社2006年版，第39页。

文化、平等个性文化、多元竞争文化、大众文化，所有这些特征都与过去的文化形成鲜明的区别。

电子信息文化的出现意味着文化的一种"转型"或"变迁"。有人将这种转型归结为：文化性质从工业文化到信息文化、文化主体从区域文化到全球文化、文化状态从离散时空文化到同步时空文化（信息可以一体化地同步传播，导致"秀才不出门，尽知天下事"）、文化变迁从稳态文化到动态文化、文化权力从垄断性文化到平等性文化、文化层次从精英文化到大众文化、文化传递从纵向文化到横向和逆向文化、文化方法从分析文化到综合文化、文化结构从偏重物质文化到偏重精神文化、文化态度从自信文化到自省文化（从自信地征服自然到所造成的文化负效应到对这种结果的反省）。①

电子信息文化的缺陷和负面性也是大量存在的，例如关于"信息爆炸"和"网络沉溺"就是严重的"社会文化"问题。再如，也有人揭示了它"朝生暮死"的时效短暂性，同时大致"无思"时代的到来："在加速之际，文化变得日益朝生暮死。纪念碑不要说上千年了，至少也能延续个把世纪；有的小说能延续好几辈；有的学术著作也能延续个十年，但报纸上的文章的价值只有一天。金字塔要花几世纪的工夫来建；一本论文所含的学术性论说——它必然包含着反思——则要花差不多四年的工夫来写；而关于最近的足球赛的新闻报道却必须在比赛结束后九十分钟之内写好发出，没有给反思留下什么时间；同时，随着我们日益在火车、在飞机上写信息并在移动电话上读电子邮件，能奉献给反思的空间恐怕也同样的稀少。"②

此外，其中也蕴涵着这样一些文化哲学问题：信息技术是否

---

① 高清海等：《社会发展哲学：中国现代化的理性思考》，高等教育出版社1999年版，第92—99页。

② ［美］斯各特·拉什：《信息批判》，杨德睿译，北京大学出版社2009年版，第36页。

会导致全球人文精神的一体化，使得强势文化通过信息技术的传播，以更快的速度传递而将弱势文化覆盖？信息文化（或网络文化）中的问题是否都可以通过信息技术本身来解决？纯粹诉诸技术路径来完全解决当代社会中的那些负面信息文化问题（例如解决网络成瘾）是否可行？非技术性的手段，如管理、制度、监督、道德、法律等起何作用？总之，信息技术路径与人文社会路径对于信息文化的建设各自所具有的不能取代的作用是什么？两者如何才能更好地融合起来发挥其功效？

第四节　一种新的技术哲学范式

信息技术所呈现的如上特征，如果加以重视并适当提升，可以形成对技术系统的新理解，这就是信息技术的普遍主导性；同时还可以导致对技术功能的新理解，这就是哲学意义上的信息技术决定论；此外还形成对生产力的新理解，这就是以新技术为基石的信息生产力观。

信息技术在哲学意义上的重要性，使得我们甚至可以将它称为"元技术"，即将它定位于所有技术中的"第一技术"。

之所以这样来看待信息技术，主要是因为信息技术具有始源性，这种始源性既表现为对于人的始源性，也体现为对于其他技术的始源性。

信息技术对于人的始源性主要是指，人之所以成为人，在很大程度上是由信息技术所决定的。简单地说，人之为人的技术标准就是人会使用语言，这就是亚里士多德对人的一种界定：人是唯一具有语言天赋的动物；而语言无非是一种身体性的信息技术。或者说，人最早拥有的技术就是自己的身体性的语言技术，在这个意义上，语言不仅是"驱动人类的心理软件"，而且"语言是我们的第一种技术"①。人最初使用的交流手段,就是身体性的信息技术,而后才是其他信息技术,它们构成一个发展的系列:起初是人类最初的肢体动作,然后到发音器官发出的声音,再至各种实物,最后发展到用文字符号来表达各种纷繁复杂的意义,用它们来实现相互之间的交流。在起源之处,我们只以我们的身体为我们接触外界的媒介,身体媒介或身体信息技术由此形成,并且是我们成其为人的具有决定意义的技术。

人的身体技术也有很多种,其中最根本的是语言技术,它甚至比制造工具的动作技术更为重要。这一点,美国当代技术哲学家和人文思想家芒福德在其《技术与人的本性》中有许多精彩的论述。他说,正如迈尔博士最近指出的那样,"制造工具的能力既不需要早期人类丰富的大脑容量,也不会导致早期人类大脑容量的增长"。和其他动物相比,在早期技术上人类并没有独特的优势,尤其是在制造工具或使用工具方面并没有特殊的优势。"只有考虑到语言符号、社会组织和审美设计之后,人类的优势才体现出来。正是在这一点上,符号制造远远超越了工具制造,而反过来又孕育了更精巧的技术工具。"神经系统接近智人的"这类更聪明的物种不仅使用他们的手和脚,而且使用了他们的整个身体和大脑,不仅将身体和大脑投射到物质设备中,而且还投射到更加符号化的非实用形式中"。在人的进化中,信息技术也显得比生产技术更为重要:"与控制外在环境相比,人类通过编织一种共同的符号文化来控制他的心理状态,就成了一种更迫切的需要。"换句话说,对于人类的进一步发展来说,语言的出现无疑要比用石头磨制手斧更为重要。与使用手工工具所需的相对简单的协调相比,完成有声言语所需的多种器官的密切配合是一种更大的进步,并且肯定占用了早期人类大部分的时间和

---

① [加] 德克霍夫:《文化肌肤 真实社会的电子克隆》,汪冰译,河北大学出版社 1998 年版,第 36、250 页。

精力。"从人类起源的开端处，不是更有效的工具，而是符号表
达的意义模式的建立，才是智人进一步发展的基础。"① 也就是
说，当身体技术是最早的决定性因素时，身体技术中的身体信息
技术又是更始源性的决定性因素。将其推而广之形成的链条就
是：掌握信息技术是掌握生产技术的前提，而掌握身体性的信息
技术又是掌握体外信息技术的前提，因为不掌握信息技术，就无
法交流，就无法掌握一切。还是拿语言来说，"语言产生于我们
的内心世界，可以帮助我们形成思想，从而让我们感知现实并生
存于其中，我们控制语言的能力越强，我们对于构成现实的环境
的认识、理解能力就越强，而且越能够更好地在环境中生活"②。
一句话，人是由信息技术——语言技术——造就的。

　　这样的看法无疑会导致对传统的关于"人是什么"的观点的
修正："将人首先视为制造工具的动物就错失了人类史前史的重
要篇章……人是卓越的使用头脑、创造符号和自我控制的动
物……人首先需要对自己做些什么，才能对周围的世界做点什
么。"③ 也就是说，人需要先用信息技术（语言等）改造自己，
才能用造物技术改造外界。在这个意义上：说比做重要，言语技
术行为比肢体技术行为更重要，造信息的技术比造物的技术更重
要……所以，从某种意义上说，所有的人类行为自始至终都是符
号。或者如同海德格尔所理解的：我们人类是一场会话，在语言
中发现人类的存在，通过语言，人类生生不息，并把语言看做我
们这个种类存在的反映。④ 再或者像麦克卢汉那样，不是以有意

　　① 参见吴国盛主编《技术哲学经典读本》，上海交通大学出版社 2008 年版，第
497—500 页。

　　② ［加］德克霍夫：《文化肌肤　真实社会的电子克隆》，汪冰译，河北大学出
版社 1998 年版，第 250—251 页。

　　③ 参见吴国盛主编《技术哲学经典读本》，上海交通大学出版社 2008 年版，第
500 页。

　　④ ［美］詹姆斯·凯瑞：《作为文化的传播》，丁未译，华夏出版社 2005 年版，
第 63 页。

识或无意识的心灵，甚至也不是以肉体来理解人，而是以人类的"感知官能"（即身体信息技术的实现者）来理解人。① 甚至，将马克思关于人是一切社会关系的总和的观点加以引申，也会在一定意义上承认人是信息技术的产物——其中既包括身体性的信息技术，也包括器具性的信息技术，因为没有这些信息技术，人和人的相互交往就无法进行，人的社会性也就无法存在。法兰克福学派更将人受信息技术的塑造这一点从"文化批判"的角度加以揭示，在现代社会，"没有一个人能不看电影，没有一个人能不收听无线电广播，社会上所有的人都接受文化工业产品的影响。文化工业的每一个运动，都不可避免地把人们再现为整个社会所需要塑造出来的那个样子"②；不知不觉中，"人们却成了改造他们思想的文化机器的零件"③。

　　在人的积极的社会性进化或发展中，信息技术也起着决定性的作用。从人类的发展来看，不断创造出新的信息手段来实现交流的目的，包括人们赋予一定意义的手势、声音、文字、符号，便成为意义的载体。载体的特点是能引起感觉器官的感知，不能引起感觉器官感知的载体，须转换为感知，否则，人们是不会选为载体的。载体与意义的根本区别在于，载体具有物质性，意义具有精神性。迄今为止，人类尚未发展到用大脑来交流意义，实行大脑对话，而只能借助感觉器官、肢体来交流大脑劳动的结果。④ 于是，人脑的内部信息必须由外部表达才能被感知，因此作为信息性存在的人也就离不开信息技术。而在今天，"人类创

---

　　① ［美］斯各特·拉什：《信息批判》，杨德睿译，北京大学出版社2009年版，第277页。

　　② ［德］霍克海默、阿多诺：《启蒙辩证法》，洪佩郁等译，重庆出版社1990年版，第118页。

　　③ ［美］马尔库塞：《单向度的人》，刘继译，上海译文出版社1989年版，第60页。

　　④ 参见李学英《信息接受论》，湖北教育出版社1994年版，第68页。

造了计算机，接着计算机又创造新类型的人，这也许正在悄然发生"[1]。

信息技术对于其他技术的始源性，也是一种主导性，它展示了技术内部的一种新的本体性关系。

"信息技术"是相对于"质能技术"而言的，后者是处理物质的技术和转化能量的技术，而前者是加工、传输和显示信息的技术，在早期，两者是分离存在和发展的，而在它们的协同演变中，可以说是信息技术起着主导和牵引的作用。

如果从工具技术的演进来看，技术史的宏观分期可以有手工工具时代、机器时代与自动化时代，这和广义的信息技术（媒介技术）的历史演变形成对照。在麦克卢汉、波斯特等媒介哲学家看来，广义的信息技术经历了口传媒介、印刷媒介和电子媒介三大历史阶段，这与生产工具（变换物质和能量的技术）的三大历史分期无疑有着内在的关联，甚至可以说是信息技术的演变决定了生产工具技术的演变，不同的媒介技术的特征建构了生产技术的特征，从而信息革命造就了物质和能量技术的革命，即信息技术的历史发展牵引着整个技术系统的历史发展。

在技术发展的历史中，如果从技术哲学的视角看，就有一个不同部类技术发展之间的关系。如果按照"物质、能量、信息"的分类，技术就可分为三大部类，物质和能量技术通常也被视为生产技术。于是，在技术中实际上就存在着非生产技术引领生产技术的关系。

那么信息技术为什么能起牵引的作用？通常来说，是因为处理信息的技术比处理物质和能量的技术更为复杂；而且信息与物质和能量相比，是一种更高端的现象，具有信息主导物质和能量的关系，故在技术形态上，信息技术主导物质和能量技术；在动

---

① ［美］马克·波斯特：《信息方式》，范静晔译，商务印书馆2001年版，第11页。

态变化上，也是信息技术的发展主导物质和能量技术的发展，信息技术史主导物质和能量技术史。这也是因为造信息本来就是造物的先导，造信息的技术发展到什么程度，所造信息也就发展到什么程度，由此所主导的造物才发展到什么程度。从身体技术上看也是如此：大脑和神经比肢体更复杂，故延伸大脑和神经的技术比延伸肢体的技术更复杂，并且肢体本身就是受大脑和神经系统指挥的，由此形成了前者主导后者的关系。可见，信息技术主导生产技术，某种意义上就是大脑主导身体的一种隐喻。

或许还可以进行这样的对比：能想到的永远比能做到的复杂，故将"想"的信息加以技术性地解读、处理、传输，就比其他技术更复杂和高级。这样来认识技术的"瓶颈"问题，就可以看到，比如在机器技术中，处理信息的能力作为机器技术发展的瓶颈如果不取得突破，机器技术就无法再发展；甚至在加工精度上，也要有更先进的观察仪器，才能有更精细的加工技术；于是无论是速度、精度甚至力度上，机器技术的进一步发展都要依赖信息技术的发展，在这个意义上后者也对前者形成一种"主导"作用。

到了当代，信息技术更是成为本来意义上的"主导技术"。人类经过几次"信息革命"以后，终于在当代发展出了以计算机和互联网为代表的现代信息技术，其强大的信息摄取、处理和传播功能，使得人类一方面可以十分便捷地获取、交流和建构出信息，另一方面信息在人们的日常生活中的作用则越来越大，成为不可须臾离开的东西，所以说它使人类进入了一种"信息时代"。由于信息技术本身的强大功能，即使那些传统领域中用于处理物质对象的非信息技术，如生产技术，也被纳入了"信息化"的"技术提升"过程，这就是在生产性的机器技术系统再加上信息控制的部分，使物质生产技术得到了信息化改造，成为一种信息化的生产技术，于是生产技术与信息技术融为一体。这时，即使是使用生产技术，人也是在进行一种信息活动——控制机旁的信息控制活动。

更一般地说，每一时代信息技术的特点决定了其他技术的特点，不仅当代信息技术起到了"主导技术"的作用，而且历史上的信息媒介技术也起到了"主导技术"的作用。例如，如果将信息技术的发展综合性看作是一个由"气态信息"到固态（印刷）信息再到电态信息的过程，那么气态信息的口传性，即涉身性，使得生产技术也是涉身的，所谓"手工"技术，与信息技术的"口工"性是分不开的；印刷技术的千篇一律性，决定了机器的生产时代的齐一性和高效性，因此蒸汽机某种意义上无非是印刷机的产物或逻辑延伸；而电子信息技术则直接引入生产系统，导致生产的自动化、智能化、柔性化等，当代信息技术的特征直接注入生产系统之中。并且，在交流的及时性、广泛性、持久性上，前两者各有优劣，而第三者合取了前两者的优点，但增加了对能量（能源）和物质（设备）的依赖。于是呈现出技术的依赖性增强的趋势。

概括以上的分析，充分表明信息技术成为主导技术，或者说一切技术在当代的意义上都应该是信息技术；尤其是技术与人的直接接口或界面，是通过信息技术的装置实现的，所以即使是非信息技术，也是通过信息技术与人直接相连的，于是对于人的直接操作和认知活动来说，技术都是一种信息技术。如果信息技术成为一个时代的主导型技术或一切技术都出现信息化特征时，就出现了所谓的技术"转型"：从物质型技术到信息型技术的转型，或称之为"以处理物质能量为主的技术"到"以处理信息为主的技术"的转型。当技术的主导类型是信息技术之后，技术的功能也随之信息化，技术不仅是用来改造环境、指向物质世界的重新塑造，更是用来"生成和传播知识"的，"指向知识的思想的扩张"，亦即"用于追求知识的技术"，即行使信息的摄取和处理的功能。甚至到了今天，生产技术也可以说是在向信息技术还原：生产就是信息的交流，而不再是或主要是体力的支付——这里指人所行使的功能。技术由此从功能特征上呈现出一幅信息主义所描绘的图景。

信息技术的主导性表现在当代，还体现为"信息生产力"在生产力系统中的主导性。在信息经济中，当前正在发生从物质生产力为主导向信息生产力为主导的转型，无论是劳动者、工具以及对象，其信息的成分、比重和特征更加突出。信息生产力是创造、采集、处理、使用信息并获得信息资料的水平和力量，它具有高智能化与网络化、高渗透力、全球范围运行等显著特征。这样，信息生产力不仅是指信息技术装备等"信息硬生产力"或"硬信息技术"，更是指知识创新方面的"信息软生产力"或"软信息技术"。由于信息生产力是先进生产力的代表，所以社会进步和经济能力提高的重要标志，就是生产力普遍进化到信息生产力；随之，衡量一个社会生产力水平的高低，就要看基于信息、知识、智力的一种新型经济信息活动产值占 GNP 或 GDP 比重的大小，信息部门就业人数占全部就业者比重的大小，信息就业者收入占国民总收入比重的大小，如此等等。而且将这一特征体现在对社会形态的刻画上，就自然可知"信息资本主义"是比"工业资本主义"更高级的子形态、"信息社会主义"是比"工业社会主义"更高级的子形态。

信息生产力取得主导地位，使得相应的观念也随之改变，例如经济实力、经济收益等主要地不是取决于物质产品尤其是低端物质产品的产量，如钢产量、煤产量、水泥产量等等的世界第一并不能叠加为经济实力和经济效益的世界第一；反过来，只有在信息产品（知识产权）和凝聚了高密度知识信息（知识密集或技术密集）的"高端物质产品"的生产上具有优势，才可能成为经济强国，即富集信息的创造对于经济的价值日益高于仅仅富集简单劳动力的制造，制造大国必须转型为创造大国、必须在知识信息的增值上有所突破，才能成为经济强国——这也体现了在当代信息对经济的决定性作用，是"信息经济"的重要特征之一。知识、科技强国也可以说是信息强国的代名词。在现实中也可以看到，富国与穷国的区别，越来越在于"信息生产能力"和"信息标准权利"上的差别，富国更多地从事"无烟"的信息产业，生产知识、专利、品牌、标准等方面的信息产品，而穷国则提供工业原材料、加工物质产品。从经济发展和现代强国在经济上的崛起过程也使人看到，知识、创意在财富增长中的作用显示出比物质资源更加重要，如果推而广之就是信息比实物资源更重要。由此所形成的就是"信息财富观"，如同美国学者罗伯特·艾雷斯所说的，财富此时表现为知识或积累起来的信息，主要的来源是技术创新，"劳动和资本是起作用的，但是，当财富具备物质形态时，它主要是凝结的有用信息或知识的一种形式。它的根本起源，是人类的心灵"①。

综合上述的看法，就是对信息技术所具有的"决定性"的认识，它不仅决定了人之为人的始源性存在，也决定了人的发展和新进化，还决定了其他技术的形态演变，导致这整个社会的历史性变迁和当代性特点，于是整个世界最重要的方面似乎均由信息技术所决定。

总之，鉴于上述理由，我们需要将对技术的理解聚焦到信息技术上，将对技术的哲学分析具体化到信息技术上，将对技术的重视转移到信息技术哲学上。需要在一定程度上回到技术决定论："如果不退回到技术决定论……计算机革命，就难以解释人类自身的历史。计算机革命肩负着义务，负责说明信息史无前例的透明度和经济重要性。"② 进一步说，由于技术就是信息技术，一部信息技术史，是一部核心技术史，所以由技术决定论无疑需要走向信息技术决定论，而且只有信息技术决定论才是更彻底的

---

① 参见［美］麦达利《观念竞争与闪电致富》，四川大学出版社 1998 年版，第59 页。

② ［美］丹·希勒：《信息拜物教》，邢立军等译，社会科学文献出版社 2008 年版，第 8 页。

技术决定论，因为只有从技术决定论进一步深入到信息技术决定论，才能说明技术决定论的机制。

就是说，作为信息社会理论公设之一的"信息技术决定论"，如果在"技术社会形态"的范畴内谈论它，应该有一定的合理性和积极意义："尽管妄图通过技术解决社会问题的努力在20世纪明摆着以失败告终，但当代知识分子仍然在最新技术装置中看到了革命的潜力，并将之描绘成一种超乎历史和政治的力量。未来像它被预见的那样，是由全自动机器提供的进步变革的动力。更重要的是，虽然某些团体——实业家、技术统治论者与科学家——被描述成新技术指定的捍卫者，但他们并不是在一般意义上被当做有权创造历史、定义现实的精英，而是被看作仅仅为了适应由科学技术不可阻挡的进步所决定的真相和未来而做出牺牲的权力的仆人。"[1]

目前，信息技术的深刻的哲学意义远未被充分把握，当前的研究还多是停留在其社会意义上。同时，技术哲学还只停留于对"技术一般"的分析，不像科学哲学早就向部分科学哲学分化和深入。于是，对一般技术的哲学认识需要推进到对技术哲学的哲学认识，技术的巨大威力将进一步归结到信息技术的巨大威力，海姆曾说：计算机是形而上学的实验室，这意味着当代信息技术的哲学启迪功能还需要进行更多的发掘。

当然，在走向信息技术决定论时，也不是要倡导一种绝对化的观点，因为即使是用信息技术来解释社会历史的发展，也不是万能的，丹·席勒认为，客观地看今天的信息革命或许并不一定有过去的技术革命的意义那样重大，过去的技术革命不仅使资本主义经济摆脱了停滞不前的状态，而且推动它走上了一段长时期的快速增长。与之相比，信息革命并没有引发多么兴旺的经济前

---

① [美]詹姆斯·凯瑞：《作为文化的传播》，丁未译，华夏出版社2005年版，第151页。

景，因为新的电子和通讯技术在制造业和建筑业等"基础产业"领域只有"微小的次要效果"。信息技术并没有引领出新一波的资本主义扩张浪潮，反而仅仅看做导致投机泛滥的更加严峻的停滞阶段。[①] 通过这样的历史性比较，他认为对信息革命就不应抱有拜物教的心态。

我们还知道，解释历史从来就有各种各样的"决定论"，例如有文化决定论、技术决定论、经济决定论、宗教决定论（如默顿对 17 世纪英格兰科学技术的兴起和韦伯对资本主义的发展的解释），甚至哲学决定论（认为东西方的哲学差异导致了其文化的差异，导致科学思维是否兴起，从而导致了中西不同文明的发展），如此等等。但是，单一因素的决定论显然难以具有普遍的合理性。即使是技术决定论，例如文艺复兴时印刷技术对于西方文明所起的重要作用中，也可以看到并非是单一的信息技术所起的作用，因为印刷术所普及的是某种能唤起人的精神的文化内容，如果没有这样的精神文化成果，印刷术作为载体也就无信息可传播，其推动文明发展的历史作用就不能实现。在这里，至少是作为手段的信息技术和作为内容（目的与意义）的文化内容的共同作用造就了文艺复兴的实现，所以影响或决定历史以及当今社会的，应该是多方面的因素，这一点对于我们正确地分析和评价信息技术决定论是非常重要的。所以对麦克卢汉也存在另一种解读：在麦克卢汉看来，主体和客体融合了，媒介是"人的延伸"，说得更广泛一点，整个科技都是人的延伸，说"媒介就是讯息"等于是说科技就是内容。但这并不是科技决定论，因为麦克卢汉反对线性因果关系，所以也就反对任何一种决定论，线性因果关系属于谷登堡（Gutenberg）的时代和语音符号系统，当科技、媒介变成了中枢神经系统的延伸时，一个被压平了的、内在

---

① ［美］丹·希勒：《信息拜物教》，邢立军等译，社会科学文献出版社 2008 年版，第13 页。

的世界便把线性因果关系给扬弃了。[①]

　　还有，信息技术与社会之间具有一种模糊的关系，虽然不能套用"无缝之网"的社会建构论来认为两者之间没有丝毫差别，但至少可以说这种差别不是泾渭分明的，因为信息技术本身就是社会的一个成分、一个要素，或社会系统中的一个子系统。从系统论思维来看，系统中的一个要素尤其是一个重要要素发生变化时，当然会引起其他要素从而整个系统的变化。这样，从一定意义上说，信息技术决定论无非是在说社会本身的变化决定社会的变化，似乎是一个并没有给我们增加任何信息量的论断。

　　此外，寻求"决定论"的思维是一种"现代性思维"，否定这种思维后就应该看到，存在的不是单一因素对其他所有现象进而社会整体的决定，而是各种因素之间的相互影响。例如在说明了信息技术对社会的影响之后，如果再要询问信息技术为什么会兴起，就只能从"信息技术的社会形成"去说明，此时，文化的、经济的、政治的甚至宗教的因素都会加入说明的行列。这样，"谁决定谁"的问题，无非是在普遍的相互影响中截取一段来加以分析的"暂时性"和"相对性"的认识，常常还是"互为因果"的无穷链条中的一两个环节构成的局部图景，如果将其绝对化，就会因夸大其功效而失去功效。这也是针对"信息主义"成为"信息决定论"时的一种评价。

---

　　① ［美］斯各特·拉什：《信息批判》，杨德睿译，北京大学出版社 2009 年版，第278 页。

第 五 章

虚拟经济的魔力

信息革命的重要意义之一,就是使得原先"实体优位"或"物质优位"的哲学,一定程度上改变为"信息优位"或"知识优位",这一特点表现在经济上,如同美国前国务卿舒尔茨所言:"信息革命可望像上个世纪工业革命那样决定性地改变我们星球的常规……信息是我们的新国际标准,财富将根据传播的情况增加或减少。信息不仅给企业家和公司而且给整个世界市场带来一个新的经济效益的概念。"[①] 换句话说,信息经济的出现使得制造业逻辑让位给信息逻辑,具体表现为"在经济领域,产品具有越来越高的信息性质,不仅服务业的产品如此,物质性产品的构成亦然……同时,随着微电子元件在当中所占的比例越来越大,生产工具也变得日益信息化。最后,生产过程本身也变得不再是劳动密集而是更信息密集或知识密集、更'设计密集'的过程。尤其在微电子和生物技术等前沿部门,更是如此。这些被做得很灵活的产品具有越来越强的被建构的(constructed)实体的性格:它们似乎不再是'物'(objects)而更像是'工艺品'(arte-facts)"[②]。也就是说,作为商品的物品被附上了更多的信息成分,

① 关贸总协定与中国企业编写组:《加入关贸总协定后的中国企业》,改革出版社1993年版,第55页。

② [美]斯各特·拉什:《信息批判》,杨德睿译,北京大学出版社2009年版,第48—49页。

消费的过程从主要消费物过渡到主要享受其中包含的信息并获得心理上、精神上的满足，即所谓"体验经济"；由这类在信息界流转的经济活动所形成的价值在整个经济体系中所占的比重越来越高，对经济发展的作用和功能越来越大，这就是虚拟经济在今天这个时代所显示出来的巨大魔力，也是经济领域中兴起信息主义的重要原因。

第一节　虚拟经济的信息本质

信息革命推动经济发展，创造新的经济奇迹，已是不争的事实，以至于导致了"经济属性"或"经济活动方式"的改变甚至"革命"，这样的经济被称为"信息经济"，这样的历史阶段被称为"信息经济时代"。在这样的时代，新的经济强国的崛起无不与抓住新的信息革命的机遇相关；财富的增长从主要依赖物品到主要依赖信息；财富的无限性不取决于物而是取决于信息。

信息经济的一个最重要方面就是所谓"虚拟经济"，信息革命极大地推进了虚拟经济的发展。

狭义上讲，虚拟经济是指以金融系统为依托的虚拟资本的循环运动有关的经济活动；广义上则是指满足心理需求的生产（如音乐、传媒作品等）有关的经济活动。[①] 成思危对虚拟经济提出的定义是："虚拟经济是指与虚拟资本以金融系统为主要依托的循环运动有关的经济活动，简单地说就是直接以钱生钱的活动。"[②] 由此引申出来，虚拟经济主要指与实体经济（Real Economy）相对应的货币经济（Monetary E-conomy）而言的，是指资本价值的独立运动。我国经济学者就是在这个含义上研究虚拟经

---

① 宋可为、赵峦：《广义虚拟经济时代的经济增长理论》，《厦门大学学报》（哲学社会科学版）2009 年第 1 期。

② 成思危：《虚拟经济与金融危机》，《管理科学学报》1999 年第 1 期。

济的，因而常常把与货币经济有关的股票交易、金融保险以及金融衍生工具的流通等经济现象称作虚拟经济。这样，虚拟经济活动大多是以金融系统为依托进行的，相对独立于实体经济的一种虚拟资本独立化运动和价格决定的经济形态。其本质内涵是虚拟资本以增殖为目的进行独立化运动的权益交易。

不少学者认为，今天的经济类型已经进入"广义虚拟经济时代"，这是一个商品经济的新时代，这个时代不只是物品的稀缺促进经济增长，而且差异化的生活也将拉动人们的心理需求，并推动经济的增长。具体说来，在这种经济中，生产要素发生了很大变化。实体经济时代，以劳动、资本、资源作为主要的生产要素；而在广义虚拟经济时代，恐怕还要加上一个以信息态为表现的"人气"。实体经济时代，以最大限度地创造和获得物质财富为经济发展的最终动因，其手段是增加生产制造能力和提高效率；在广义虚拟经济时代，则是最大限度地发掘生活题材，捕捉能够紧扣人们心弦的人文信息成为推动经济发展的关键因素；其手段是通过嫁接各种信息要素，并以此打造"人气"。而且，它不是一般的"依靠人"的经济，更是"人心靠人心的经济"；如强调所有行业都是娱乐业的"体验经济"；发现最好卖的商品是商誉、品位和文化，又如认为商品价值的提升主要地是源于虚拟价值的变化，而虚拟价值的变化与其说目的在于满足市场，不如说是人们的心理需求不断诱导了这种变化的形成。市场上的一个"热"接着又一个"热"，就是在不同或相同的商品上不断附上新的文化卖点，表明广义虚拟经济是一种向实物商品不断附加上由文化信息构成的虚拟价值的经济形态，或者说，这样的经济活动主要是在利用信息资源创造虚拟价值，也就是在原有的价值形态上容纳入新的价值媒介，甚至所销售的主要是非物质化的价值。以信息态为表现的文化无疑是这种虚拟价值的来源。故这个经济时代的一个重要特征，归根结底表现为由向自然界要资源转为向文化信息要资源，文化信息资源的重要性超过自然资源，并有取之不尽用之不竭的特点，题材与人气的文化寻租（品牌）成为这个时代的普遍现象，故现代企业非常注意产融结合的经营模式，力求"依靠心理需求的题材所打造的虚拟价值这一栀崭新的风帆驶向无垠的蓝海"①。可见，广义虚拟经济是创造和满足心理需求的经济，具有的是信息本质而非物质本质，抑或说它至少是一种信息（的功能）大于物质（的功能）的一种经济形态，也可以说是产品的信息价值大于物质性实用价值的经济现象。

虚拟经济是人类经济发展到一定阶段的必然产物，随着社会的物质生产力极大提高，衣、食、住、行等物质性的"刚性需求"可以很容易得到满足，于是精神性、心理性的"乐"的"柔性需求"急剧增长，由此延长或形成了新的经济链条，虚拟经济就是作为这一经济链条的体现而兴起和日趋强盛的。

虚拟经济主要关注的是凝聚在商品中的虚拟价值而不是实用价值，虚拟价值所满足的主要是人的精神或心理需求。在虚拟经济或虚拟价值为主导的消费中，人们从对产品的物质性使用为主到对产品的信息性使用为主——产品的美感、品牌效应、炫耀功能等，都是对产品的信息性使用，也就是使用物品所附加的信息价值，造成心理上的满足。这样，不仅有"客观的劳动"、更有"主观的认识"对商品进行赋值。

虚拟经济中有一种重要的类型，就是在资本世界中通过风险性的投资来追求增值，其中需要的是一种特殊的知识：对虚拟资本市场的了解，对市场行情及其走势的判断，以及在合适的时候作出决策（甚至产生出专门的"分析师"）的信心、勇气等，是多层次、多领域信息状态整合的结果，是知识、能力甚至意志性格的信息化和资本化。

虚拟经济使得以前不能被交换的虚拟价值进入交换领域，尤

---

① 林左鸣：《广义虚拟经济与微观层面的企业经营实践》，《新华文摘》2010 年第 11 期。

其像"品牌"所具有的价值更是难以计算，而这种价值正是建立在人们的"信任"之类主观基础之上的，因此品牌的竞争实际上就是信用的竞争，就是建构特定信息状态的竞争。而品牌崇拜实质上就是信息崇拜或符号崇拜。

即使是物质产品，也从对产品的物质性使用为主发展到对产品的信息性使用为主，如产品的美感、品牌效应、炫耀功能等，都是对产品的信息性使用。拿名牌来说，"越是名牌越可以高价，越是高价就越像名牌。在品牌消费心理的惯性推动之下，品牌可以很快成为一种时尚一种符号一种顾客得以满足的心理感觉"[1]。所以消费者对商品的精神文化附加的东西更加关注，力求通过使用物品所附加的信息价值，造成心理上的满足。

高科技产品也是附加了更多信息性的产品，其信息性就是凝结在其中的脑力创造、专利、发明过程中所付出的智力和智慧等等，其价值增值的主要部分还是来自信息的成分。在现代经济活动的价值链中，形成了"U"字形的利润分布结构，U字的两端分别代表研发和营销，其底部则代表制造，也就是说整个价值链中表现为"信息活动"的"研发"和"营销"占据了巨大部分的获利，而代表"物质活动"的"制造"只能获得微薄的利益，这也是"信息经济"的某种含义：价值的增长主要不是通过体力劳动，而是信息知识的投入，或者说物质性体力性的制造活动的经济价值越来越低，这也是中国长期作为"制造大国"从而虚拟经济不发达所造成的"中国人勤劳而不富有"的重要原因之一。

还可以说，虚拟经济尤其是金融经济的价值主要地不是物质性的劳动创造出来的，而是精神性的信息活动创造出来的，并且所创造出来的是虚拟价值。某种意义上也是说，在虚拟经济中，物的价值主要不再取决于成本，而是取决于信息，尤其是人的心理需求方面的文化信息。这些导致社会的财产也主要由实体财产

---

[1]　韩少功：《第二极危机》，《读书》1998 年第 2 期。

变为信息财产："实体财产关乎的是现在，而信息财产关乎的是未来。"① 经济活动主要是交换满足人们心理需求的虚拟价值，财富主要是在人心和文化的土壤上流转。一个能传达出某种信息的好听的故事就能带来无穷的商机，如那只能预测足球世界杯比赛输赢的"章鱼帝保罗"，就被有的商人用来作为商品的图案或标志而大赚了一把。这也显示了信息性的虚拟经济所包含的人文性：其中的计价方式不再是严格按照科学的标准从成本和各项支出去生成，而是一时的人气和兴趣这类人文因素起了决定性的作用。

虚拟经济极大地改变了经济活动的特征，由于商品的虚拟价值空前放大，使得经济的铁律仿佛变成了虚拟价值越大、交换价值就越大。有些劳动并不创造价值，甚至创造负价值；有些价值则并不是由劳动创造的，而似乎是被赋予的。（对于文物之类的东西）其价值的增加并不因劳动的增加而增加，而是被赋予的。比如，股票作为一种特殊商品——上市公司的价格，更多地体现为一种期待，它与人的心理的判断有直接关系。商品的虚拟价值成了世界经济交响曲中最活跃的主旋律。

或者说，虚拟经济的兴起使我们进一步明确了商品在价值上的又一种"二重性"，这就是它的物质性使用价值和信息性"虚拟价值"，或简称为商品的物质性价值与信息性价值，并且看到了后者日趋重要的发展方向，这也是虚拟经济的信息本质的一个侧面。有鉴于此，有学者认为：经济学各流派都想确定自己的绝对价值论，但是却没有意识到，在某些领域，绝对价值原本就是不可能找到的。对所有软财富而言，比如知识产权、信息产品、金融虚拟资产，人类主观认识变化对软财富价值的影响远远大于软财富"内在价值"的波动。或者说，金融资产的价值首先取决

---

① ［美］斯各特·拉什：《信息批判》，杨德睿译，北京大学出版社 2009 年版，第227 页。

于其群体性认知，其中对未来的预期具有绝对的重要意义；其次
取决于其所在的参照系，最后才是由软财富本身的内涵价值决
定；① 更一般地说，虚拟经济使得经济的虚拟化，就是指经济的
信息属性或内容意义上的信息化更突出，成为深层次的信息经济
而非实体经济或实物经济。

正因为如此，所以"在广义虚拟经济视角下……一个国家为
保持自己的经济强势地位，必须首先做强自己的货币，掌握印钞
权，维持高度发达的股市和期市，成为世界人气最充足供应之
地，掌握并保持全世界对本国的信心……要掌握虚拟经济主导
权；在虚拟经济的一般形态领域，大量输出文化产品，制定并输
出标准，利用信息不对称掌握贸易规则优势和知识产权注册优
势，企业则处于价值链高端，制造中心外移。两个领域，追求一
个目的：打造国家期值，并把期值通过交易形式不断变现，维持
强势"②。

第二节　从虚拟经济到金融决定论

1. 虚拟经济中的金融

虚拟经济即使不定位为金融，也主要被定位为金融，尤其在
本质上要归属于金融——以钱生钱；更确切地说，金融衍生工具
是广义虚拟经济的狭义形态。"不可否认的是，金融以其规模和
作用在虚拟经济中占据核心的地位，在虚拟经济的运行中具有决

---

① 藤泰：《金融哲学和认识论革命》，http：//data. book. hexun. com/chapter -
3419 - 1 - 2. shtml，2008 - 10 - 02［2010 - 08 - 01］。

② 林左鸣：《虚拟价值引论——广义虚拟经济视角研究》，《北京航空航天大学
学报》（社会科学版）2005 年第 3 期。

定性的作用。"① 两者之间的这一关系也包含这样一个道理：经济的由物本向虚拟的转型，在很大程度上会集中地通过金融表现出来：金融在经济中的作用日益强大，甚至已成为现代经济的核心，其中所折射的是信息在经济中的作用日益强大。所以虚拟经济所具有的魔力，很大程度上是金融的魔力；虚拟经济中的信息的功能和作用，也充分体现在金融之中。

金融是商品货币关系发展的必然产物。金融是从物质部门中分离出来的，但其重要性在后来甚至超越了某些物质生产部门；目前，人类社会处于传统的货币经济向金融经济转化的过程中。

金融的必然性与必要性尤其体现在人类的经济从生产决定消费的经济类型转型到消费决定生产的经济类型之后，这时，金融对于促进消费从而促进生产，起着决定性的作用——其跨时空价值交换的可能性，使消费者可以将未来的收入提前到今天去消费，大大增强了消费能力，为生产提供了动力。当然，更不用说它本身早就具有的融资功能对促进生产从而促进经济的作用了。

今天，金融经济被视为虚拟经济的代表，作为新的经济时代的标志。在一些经济研究者看来，人类的经济形态依次经历了三个时代：农业经济时代、工业经济时代和金融经济时代。人类经济形态的变迁过程，也就是金融在经济发展中的作用日益突出的过程，在此过程中，金融在经济运行中的地位发生了质的变化，从作为中介为实体经济服务的"仆从"，转变为决定着实体经济的机会与风险的"君主"。在金融经济时代，现代大企业的经营，远不止是一个生产适销对路的商品并实现其销售的研—产—销的过程，同时其又是一个持续进行资本吞吐、资源配置和结构聚合与裂变的资本运动过程。② 在这个过程中，"赚钱"的方式就是设

---

① 王爱俭主编：《虚拟经济与实体经济关系研究》，经济科学出版社 2003 年版，第15页。

② 田瑞锋、孙玉甫：《金融经济时代的资本运营》，《郑州航空工业管理学院学报》（社会科学版）2007 年第 2 期。

计、创造各种金融产品和利用金融杠杆进行各种资产的交易。

2. 金融决定论

金融的重要作用被提升为一种理论主张，就形成所谓的"金融决定论"。这种主场通过如下种种侧面得到了鲜明的体现：

金融决定富裕的程度。一个国家有没有"钱"不取决于它有多少金银，而是取决于它能不能将各种未来收入流和"死"财富作证券化、票据化，也就是取决于是否有发达的金融制度和机构。美国如此之大的资产是靠金融杠杆创造的，也是靠金融杠杆来推动其运行的。如果将美国全部未到期资产市值与其 GDP 相比，就得到美国整体经济的"虚拟化度"（也是其杠杆化度），它已经达到了 30—40 倍的水平[①]，所以它才是世界上最富裕的国家。

金融决定国家的兴衰。金融交易除了让华尔街、金融界赚钱之外，对社会也产生了巨大的贡献、创造了不菲的价值；大国的崛起在很大程度上也是取决于金融业的兴起，已经发达起来的国家，例如西方，主要是靠金融掠夺而崛起的，金融性的资本及其相应的制度起了决定性的作用。当然也有所不同，那就是不同国家的崛起需要不同的金融手段，例如英国和美国的崛起所依靠的金融手段就不同，例如英国依靠的是债务、银行和保险（以支持海外贸易），而美国依靠的是风险资本（以支持科技创新），如果"忽视金融技术对美国经济的根本性贡献"，"如果离开美国式的金融资本模式，我们真的很难理解为什么美国的创新、创业能量这么大"[②]。

金融也决定人的安全感、富足感和幸福感，以至于人的创新

---

① 刘骏民：《利用虚拟经济的功能根治我国流动性膨胀——区别经济泡沫化与经济虚拟化的政策含义》，《开放导报》2010 年第 1 期。

② 陈志武：《金融的逻辑》，国际文化出版公司 2009 年版，第 29 页。

精神。如中国人为什么有了钱还感到不富有？就是因为金融体制的滞后，由于显性金融保险、信贷、养老、投资产品无法跟上，中国人在钱多的同时，可能反而对未来感到更不安，不仅使中国的内需无法增长，使中国经济增长继续依赖出口，也让中国人的幸福感下降。金融还决定人的创新精神，例如，"如果没有股票市场这一加快财富实现速度的机器，美国不可能有二十几岁就成亿万富翁的盖茨、戴尔等神话般的财富故事，过去100多年里是一个个这样的故事激发了千千万万个美国年轻人去创新、创业，美国人的创新精神不是天生的，而是靠股市激励出来的"[①]。

金融还改变了资本主义国家的阶级现状。由于财富向虚拟价值集中，社会上没有引起人们对基本生活物品的争夺。在资本主义世界，许多年没有发生过20世纪30年代初发生的将牛奶倒入大海的生产相对过剩现象了。资本主义经济危机没有那么频繁地周期性地爆发，相反能够保持垂而不死，腐而不朽。无产阶级没有出现绝对贫困化，无产阶级好多成了拥有不太多的股票的有产阶级，这正是虚拟经济出现而导致的结果。资本主义国家阶级矛盾没有加大的原因也是金融造成的：通过在股市上一定股票数额的占有，"无产阶级"被逐渐改造成"资产阶级"，这一现象被称为资本社会化。资本社会化缓解甚至是消灭了劳资矛盾。今天的分配不平等，更多地体现在非实物财富分配的不平等，而没有过多地体现在实物财富，特别是基本生活物品分配的不平等上，是包厢里观赏一场球赛和看电视转播的差别，是拥有大量古董和拥有几张小额股票的分配差别，而不是一个拥有无数的牛奶不得不倒入大海，一个却没有牛奶喝的分配差别。[②]

金融还能决定在政治纷争或战争中，一国战胜另一国。例如

---

① 参见陈志武《中国人为什么勤劳而不富有》，中信出版社2008年版，第33页。

② 晓林、秀生：《看不见的心　广义虚拟经济时代的到来》，人民出版社2007年版，第53—55页。

英国战胜法国就是最好的事例：英国之所以在 18 世纪开始远远
超过法国，并最终在 18 世纪末期的战争中战胜法国，其关键就
在于英国有更发达的金融技术和金融市场。道理很简单，中世纪
欧洲战争不断，慢慢地大家都要靠借国债发展军力，谁能借到更
多、更便宜的钱，谁就拥有更强的军队。①

金融决定今后中国的命运。今后中国经济的价值增量不会再
主要来自传统意义上的物质"生产"，而是来自金融交易、财富
投资管理、医疗健康、文化艺术、休闲养生等服务业。也就是
说，在"生产型国家"里，物质生存还是一种挑战，"东西"的
"生产"是主要的价值创造途径；在"财富型国家"里，物质生
存不再是一种挑战，机械化的工业生产能力已超出人生活需要的
"东西"，如果再扩大生产，就会创造"负价值"。在这种社会里，
新的价值创造活动主要来自提供更好的金融安排、把人们各种未
来风险规避好、让财富由更好的保值增值载体来承载、提供更多
扩展人生体验的途径，等等。

3. 金融决定论就是信息经济决定论

金融决定论或金融万能论实质上是一种经济信息主义，因为
金融无非就是一种货币信息流，这就是所谓的"金融的信息性"。

金融首先是一种信用活动，或信用转让，这种活动的本质是
金融工具的交易，它是货币流通和信用活动以及与之相联系的经
济活动的总称，广义的金融泛指一切与信用货币的发行、保管、
兑换、结算，融通有关的经济活动，甚至包括金银的买卖。信用
就是一种信息态，一种心理连接的纽带，一种"认可"状态的相
互关系。这种信用体现在"承诺"之中，例如作为信用交易的金
融交易中，放款人付出资金后并没有从借款人那得到对等的实

①　陈志武：《金融的逻辑》，国际文化出版公司 2009 年版，第 260 页。

物，而只是得到了一个在未来可以获得收益的以金融契约形式存在的承诺；又如股票也仅仅是一种承诺，当你买来股票时，"买来的又不是什么看得见、摸得着的商品（如汽车），而只是一纸票据，你既不能试试这个产品有多好，又不能摸摸看它是否是真实的，买的仅是一种承诺"[①]。股票和债券等本身并没有什么价值，它们只不过是获得未来收益的一种权利凭证，即附有某种信息的一纸证明。

甚至追溯到金融的起源形态——货币那里，也可以表明金融在"基因"上的信息性。金融是信用货币出现以后形成的一个经济范畴。而作为货币的"钱"的有用性本来就是建立在互相承认其"价值"的信息纽带之上，离开了这种信息纽带，钱就一无所用。如一个人在荒岛上，有的是钱时，既不能从中榨出水分，也不能从中提取营养，更无法帮你摆脱困境，因为它不能吃，不能喝，不能用来建造避难所，更不能帮你逃脱野兽的魔掌。同样的道理，一张存有100万元的信用卡，或一张价值100万元的股票当它们离开现代社会（比如到了一个尚存的原始部落），它就什么也不是，什么也不值。[②] 货币之所以既有来源又有投向，它是以信息为传导机制的；货币之所以存在，仅仅是由于它包含有信息即被直接或间接地"埋进"信息。[③] 现在，信用卡取代了货币乃至支票，信用卡代表的不是纸币的储存量，而是数据库中的电子信息，数据库则又是纸币储存量的代表，"货币"这一词语如今则是指银行电脑部门所藏磁带上的氧化物的构型。[④] 使人真正体会到"金钱就是流动的信息"，而金融的运作、货币的运动无

① 陈志武：《非理性亢奋》，中信出版社2008年版，第39页。
② 林左鸣：《虚拟价值引论——广义虚拟经济视角研究》，《北京航空航天大学学报》（社会科学版）2005年第3期。
③ 郭福才、李秀芝主编：《现代金融信息经济》，吉林大学出版社1991年版，第12页。
④ ［美］马克·波斯特：《信息方式》，范静哗译，商务印书馆2001年版，第22页。

非是信息的"飞来飞去"。如果货币的出现本身就包含了使财富逐渐地被虚拟化、符号化的使命，那么今天电子信息化的货币在行使价值量的标尺时，就更是显示出了虚拟信息的特征。

金融是货币的流动，而货币本身的出现就是一场"信息革命"，它使得要通过"物流"才能实现的价值交换（异地货物交换）转变为通过符号信息流就能实现，故它本质上是一种信息手段。在齐美尔的货币哲学中，指出货币是一种价值符号，一种抽象的经济价值的代表，也可以看作是表达一般等价物的信息，是携带人们约定信息的价值符号，它"对于我们只有通过它所承载或用符号表达的陈述才有意义"[①]，在发挥其功能的过程中它消解了物质性，是履行交换功能的载体，到了纸币尤其是电子货币时，货币只是数字，只是银行的网络系统中被认可的数字，交易尤其是金融交易通过转账完成，在各自的账面上改变一下数字，人们不再质料性地使用货币，而是信息性地使用货币，"作为流通币的实在体消遁于无形"[②]。

货币的信息本质还表现为，当"东西"是固定的时候，它值多少"钱"，所反映的就是人们对该"东西"的评价、认可或需求等主观性，亦即信息性。而今到股票、债券之类的金融工具时就更如此，它们作为金融资产通常是没有什么生产成本的，其价格取决于人们在市场上对它的估价，也就是取决于人们对这类资产未来收入的预期，其价格可视为由人们的"观念支撑的价格系统"。这也如同凯恩斯早就说过的，股票价格乃是代表证券价格之平均预期，而这种预期是由人们的心理决定的。

金融的信息特性还表现在："金融交易的内容是无形、无味、无色的支付许诺"，股票也是一种金融交易，一种将现在和未来连接起来的信息纽带，"噪音和虚假信息是决定股票与上市

---

① ［德］G. 西美尔：《货币哲学》，陈戎女等译，华夏出版社 2007 年版，第 56 页。

② 同上书，第 6 页。

公司之间的距离的核心要素"①。股票、债券、基金、期货等都是"金融合同",是基于信用基础上的信息认同关系的建立,体现的是人和人之间的一种经济信息关联。由于金融交易不是现货交易,所以一定要有互信为基础,有相应的制度作保证,而这些都是广义的契约关系,是血缘等"先天的"物质性关系之外的一种"后天"的信息关系。所以金融交易本质上离不开信息纽带。

从金融的整个演化过程中我们可以看到:商品的货币化,货币的纸币化,纸币的符号化,纸币符号的电子化——是经济财富信息化的历程,而且最后实现了电子信息化——电子货币、网上交易等;也使得经济财富的变化获得了摆脱物质财富严格约束的相对自由。

作为信息态的"人气"在金融中所起的决定性作用,如股票的涨跌、债券的价值;类似厉以宁所作的比喻:股票市场跟天气不一样,如果所有的人都说下雨,它该晴天还是晴天;如果所有的人都认为股票要涨,股票就真的会涨了。甚至对于股市来说:一言可兴市,一言可衰市,更表明股市的信息性。人的主观性极大地介入其中。

一旦将经济活动和经济关系更多地从物质层面过渡到信息层面,一方面使得其受物质性"硬制约"大大减少,甚至形成金融的自我发展,货币资本的自我增值,即信息脱离物质的自我扩张,于是其增值速度就大为改观;另一方面就是所谓风险性增加。这也是"精神"世界的特点:可以无拘无束信马由缰,但也可能犯"脱离实际"的唯心主义错误。

可见,金融在经济活动中有神奇的魔力,这种魔力一定程度上就来源于它超越物质性的信息性,信息的"自由奔放"一定程度上造就了金融的神奇功能。金融产品的"信息化"更使其如虎

---

① 陈志武:《金融的逻辑》,国际文化出版公司2009年版,第138、161页。

添翼，不受约束："这种不受约束的客体的理想型并不是工业制品而是信息与通信产品。"①

通常还认为金融的魔力来自"贪婪"，我们也可以称发生在金融活动中的贪婪为"金融性贪婪"。一定意义上金融最助长贪婪，或者说最能煽起贪婪的是金融，所以最贪婪者也出自金融界，且集中在华尔街。如果说实体经济性的贪婪总是有限的贪婪，那么金融性贪婪则是近乎无限的贪婪，是一种来源于资本的永不满足的扩展欲和吞噬性，即马克思所说的"一种无止境的和无限制的欲望"。用"中性"一些的语词也可称之为对高风险所带来的高收益的追逐，某种意义上这些均是"体验"的需求，正是这种需求导致广义虚拟经济的兴起，也使得金融作为追求无限财富的"体验"有可能行动化。"比富"成为一种获得体验的信息状态，账面上的财富数字作为一种信息可给某些人带来无穷无尽的"享受"，使人对于"体面"的体验向无限的高度伸展；再抑或对"事业成功感"或不断"追求"的"充实感"加以不断拓深的体验。正是这些精神性的状态、心理性的需求，成为金融魔力的取之不尽的源泉，似乎也印证了正是"信息界"的"能动性"导致了"实在界"的生生不息的运动！

信息经济从而金融杠杆的重要性乃至决定性作用，还表现为它是一种"消费欲望"主导的经济，它是从生产主义型经济发展到消费主义型经济后的必然产物。技术水平的提高、劳动生产率的增长，导致生产能力的过剩，由过去生产决定消费的单向式关系发生"转型"，经济的增长不再取决于能生产多少产品，而取决于消费者有多大的消费需求，于是刺激消费者的消费需求就成为经济增长的关键，这就是消费主义的兴起或消费主义时代的

---

① ［美］斯各特·拉什：《信息批判》，杨德睿译，北京大学出版社2009年版，第107页。

到来。

"消费需求"或"消费欲望"说到底无非是一种信息,制造出消费者的需求欲望说到底也无非是一种"造信息"的活动,从这个意义上来说,"信息经济"也获得了它的另一种深层含义:那就是如何开发消费者的需求信息。包括广告在内的各种推销方式都属于开发消费需求的手段,并且借助当代信息技术不断翻新。

消费主导性的经济还会导致金融工具更加重要和花样翻新。因为刺激消费欲望后,消费者如果没有支付手段,毕竟还是不能变成现实的消费行为。而各种金融工具此时应运而生,为消费者提供超前消费及今天花明天才能挣来的钱的可能性,也就是为消费者提供贷款消费的途径,这样可以极大地扩大消费需求;而且金融机构为了使自己能够有更多的可供贷款的来源,采取了各种"创新"手段来扩充这种资源,使更多的社会资金通过间接的或直接的方式被"融"入贷款消费之中,"间接"的方式就意味着中间环节的增多。

就是说,金融决定论或金融主义出现需要一定的物质和技术条件,即生产不再是经济增长的瓶颈,消费需求才是瓶颈。消费上去了,生产才能上去,经济才能发展,从生产驱动的增长模式发展到消费驱动的增长模式。消费主义随后是金融主义,靠借贷促进消费。某种意义上就是印证着今天流行的一种说法:越富越需要金融,越穷越需要生产。

如果说钱可以让整个世界转动起来,而金融则让整个世界飞转起来。其中体现了信息的作用,即信用信息的作用。

金融的功能在于,它可以使得跨时空的价值交换成为可能,使得信用信息的交换成为可能,从而也使货币功能的无穷放大成为可能,由此推动世界飞转的能量被不断释放出来。现代金融证券市场的发展从根本上加快了财富增长的速度。使未来的财富也能转变成今天的资本,从而增加资本总量、加快资本周转速度。

这即是现在亿万富翁这么多的原因之一。①

于是，经济活动中实体经济的唯一重要性被消解，所谓信息经济、虚拟经济的重要性日渐凸显，而其中金融起到了枢纽和核心的作用，以至于爆发出巨大的经济魔力，其中所体现的是一种新的信息帝国中的经济哲学，可概要称之为"金融主义"或"金融决定论"。金融如果是一种与实体经济对应的虚拟经济，那么金融决定论其实就是虚拟经济决定论，从而是经济领域中的信息决定论或信息主义。这样，金融的魔力就是信息的魔力。

第三节　虚拟经济主导的(资本)信息主义

如前所述，在虚拟经济中，金融活动日益呈现出信息主义的特征。

一方面，金融的本质就是一种信息运作，金融就是虚拟经济，而虚拟经济就是信息性的经济，即与实体经济（或称之为物质性的信息）相对照的一种经济。金融的信息特征体现为："各种形式的金融产品都只不过是一系列具体规定和约定的组合，金融产品的创造在原则上就不受具体的物质条件如原材料、生产设备等的限制。金融产品的这一特点使金融市场的各个参与主体，在法律许可的条件下，根据投融资的需要，可以自由地加以创造。这是金融产品随着经济的发展，得以大量涌现和越来越脱离现实的物质基础的原因。"②

另一方面，信息技术导致金融革命，金融业一直是应用现代信息技术最为领先的领域。金融业的信息化无论在广度上还是在深度上都急剧地加快了发展的步伐。从个人理财的方式、金融中

---

① 参见陈志武《中国人为什么勤劳而不富有》，中信出版社 2008 年版，前言，第 3—5 页。

② 参见段进朋主编《货币金融学》，中国政法大学出版社 2006 年版，第 408 页。

介和各种金融服务机构的业务模式，到金融市场的组织和操作，都发生了深刻的变化。金融市场的各个组成环节都"上网"了，不仅降低了成本，而且正在构造一个更有效率的金融市场。这也是货币的一般信息化发展到货币的电子信息化：货币本来就是一种信息符号，货币的信息化是指货币被当代信息技术加以改造，成为一种电子信息，一种电子信息化的货币，它更适合在计算机中处理，在网络中传输、交易等等。此时，电子数字脉冲取代了支票和现金的流通及纸币凭证的传递，在虚拟信息空间内，资金的流动、货币的流动和纸质票据的流动，都转化成数字化信息的流动，这种高流动性提高了资源的配置和再配置的效率。信息货币也开创了无纸金融即网络金融，由此形成了如同彼得 F. 德鲁克所说的"象征经济"：一种由资本、信贷和资本流动所构成的网上资本经济，它由通过虚拟的通讯网络跨国界流动的信息和资金所组成。这些数字化的信息没有物理存在，只是按照一定的逻辑和规则，在虚拟的网络空间流动。数以百万计的投资者、交易者、银行家、经纪人、套汇商、分析员、决策者、企业家和政府官员，都从全球各地的网络终端感受金融信息的虚拟流动，并参与到这个抽象流动的控制过程之中。"网络使证券市场、外汇及其他投机性票据的交易呈现指数级增长。无国界资本流动甚至可以左右世界经济大国的货币政策目标。"①

当现代金融交易的网路空间运行时，就使得金融的功能被信息技术所成倍放大，金融活动成为计算机网络系统中的一种信息流，可以瞬时变化，在网上交易的成败甚至取决于零点几秒的敲击键盘的时间，故对信息技术的掌握决定了金融活动的效果。价值符号或价值信息的载体从固态（如纸币和证券）变为电态——显示在计算机屏幕上或储存在磁盘中的数字串，当然，也是由在

---

① ［美］丹·希勒：《数字资本主义》，杨立平译，江西人民出版社 2001 年版，第 20 页。

导线中飞来飞去的电流所运载。还有，当代的许多金融衍生工具也是信息技术提供了可能性。

如果信息技术对金融的装备是金融经济的一种信息化的话，那么在信息时代金融经济还发生着另一种信息化，那就是金融货币经济向"金融信息经济"的发展，后者是一种金融信息密集型的金融结构经济，是金融信息与货币资本结合的结构经济，其特点是货币形态信息化，即货币的运动为信用信息的运动，而不是现金交易。在这样的经济活动中，工商企业交易的结果，是银行信用信息的转换，而不是黄金或白银的实际转让，于是金融产业大体也成为处理货币资本与金融信息的信息产业。在金融经济的发展与活动中，起决定作用的不仅是货币资本，而且包括金融信息，且在某种程度上，金融信息在现代金融经济中的作用与功能已大大超过货币资本。因此，在西方有人认为，货币价值论正在被信息价值论所取代，进而信息市场"取代"资金市场，信息价值取代货币价值，信息导向取代货币拉动，货币价值的核心在于金融信息的价值与使用价值，货币经济效益的提高在于金融信息的投入与产出。[①] 这就使我们看到，作为虚拟经济的金融中的一切活动，都不过是信息的流动，是网络中代表货币数字的信息的交换：我们的工资是被打到我们的银行卡上的，个人的开支大多也用支票、信用卡成银行通用的汇票付款的，家用电费、房租、税款等都是用计算机及通讯网络自动结算的，国家和政府也是用信用信息来支付预算的。在信息经济中，货币本身不过是价值符号的储存，但具有对金融资产的信用信息。电子计算机自动控制和处理存贷、投资和结算业务，使货币失去了"商品"意义，而成为纯粹的信用信息了。[②] 这样的信息金融还形成了"信息金融生产力"，它是指通过人类对以信息货币资金为主的金融资源能

---

① 郭福才、李秀芝主编：《现代金融信息经济》，吉林大学出版社 1991 年版，第 12、32 页。

② 同上书，第 14 页。

动融通活动，促成各类物质要素及知识产权优化配置而形成的那部分新增社会生产力。

可以说，金融信息经济是金融经济本身的发展产物或阶段，信息时代的金融经济从货币经济（或"金融货币经济"）发展为金融信息经济，后者是对金融信息的操作活动，是对金融经济的实质性信息化或再度信息化的结果，实际上也是金融信息部分取代或实质性超越货币职能的一种经济活动。如果货币交易已经是一种信息活动的话，那么金融信息就成为信息的信息。这样，在网络金融领域流通和风行的表面上是货币，实际上却只是信息和信息流，网络金融上的市场运作便表现为对信息和信息流的操作和投机。货币形态的这种异化，以及虚拟资本空间的形成表明，在全球信息化的背景下，信息已成为引导资本流动的关键因素，信息本位已经开始取得对于社会、经济和一切活动的控制权。①

在这样的背景下，虚拟经济中的"资本"也成为名副其实的"虚拟资本"，它实际上就是资本的信息化。作为一种金融资产，它是将货币资本再度符号化为各种票据或数字，是一种以债券和股票等有价证券形式存在的资本，是实际资本的第二重和第三重存在，甚至是一种有价格而无价值的商品，因此具有虚拟的性质。这种资本远离实物，其基础是资产化产品，其形成的经济活动是虚拟经济。

在这种视界中，"金融是否创造价值"已不成问题。过去认为只有劳动创造价值，交易不创造价值；而现在是，劳动只创造微少的价值，交易才创造巨大的价值，尤其是金融交易创造更大的价值，所以金融出巨富，最想赚钱的都云集于金融界。而交换出价值，又是根源于需要出价值：只要有需要，东西和证券就有价值。有需要的东西才有效用，于是，是效用而非成本决定价

---

① 张新华：《诠释信息革命——信息政治研究纵横》，《毛泽东邓小平理论研究》2002 年第 3 期。

值，而效用具有主观性，即信息性，所以股票的价值随着股民的信心、需求等主观状态而波动……①而需要从而效用又从何而来？从"认识到其意义而来"，即从信息而来；从广告和营销中来，从各种信息活动中来，某种意义上就是从信息中来。这种需求信息是可以刺激和创造的，这就是前面所说的"造信息"的活动。

可以说，在虚拟经济中，虚拟价值主要不是由劳动创造的，其价格也不像实体经济那样遵循价值规律，而是取决于虚拟资本持有者和参与交易者对其未来权益的预期，广义地说取决于由人们附加到产品上的认识——评价、信心、希望、认可、赏识等，也就是说其价值是由附加的信息所创造的。于是，"产品"的含义也发生了变化：经济活动为的是让产品"最大限度地产生虚拟价值，产品不再被看作是物品，而成为人们之间互换心理需求的载体，是一个承载着价值、信念的文化产品（所以品牌消费中的品牌崇拜无非是一种信息崇拜）；企业不再是单纯的物品制造所，而是文化生产、制造、销售的单位。国际贸易中交换的不再是货物，而是文化"②。对产品定标准、对文物做鉴定、对成果作评价，这些"信息权"成为比物质性体力更有价值的"资本"。谁掌握和垄断了这些信息权，谁就可以对产品附加上自己所需要的信息，也就是附加上可能是天价的虚拟价值，从而在经济活动的分工中处于价值链的最高端。这或许也是"一言九鼎"的当代经济学诠释。

在虚拟经济活动中，通常并不见实物的交换，只是价值符号的转移。当资本变得越来越信息化、虚拟化、抽象化、符号化后，它又反过来成为比实物资本更真实、更强有力的存在，它带动实物资本的流动和扩展，导致一个由模型、符码和控制论所支配的信息和符号居统治地位的时代。在这种信息资本的运作中，

---

① 陈志武：《金融的逻辑》，国际文化出版公司2009年版，第5页。

② 晓林、秀生：《看不见的心　广义虚拟经济时代的到来》，人民出版社2007年版，第37—38页。

人们不能触及实在的资本，在象征符号的幻象体系中交易和炒作，发财或赔本。这也是（符号的）能指的功能脱离所指的扩张，以致"符号已经是生产力本身"①，这就更强化了金融的符号性："金融市场以及一切'符号'或'衍生工具'的功用都在于他们能够及时地将各种有关的信息反映在符号指数的变化当中，让市场上各行为主体（金融资产的投资者们）在交易过程中加以消化，使人们的投资意向被揭示出来。"② 20 世纪 80 年代，美国著名经济学家彼德·德鲁克撰文指出："世界经济中第三个重要的变化是出现了'符号经济'：资本活动、汇率和信用流动。它代替了商品和服务流动的'实际'经济而成为世界经济的飞轮。这两种经济看来日益相互独立地运行，这是最明显的然而最少被理解的变化。"③

世界经济在性质上这些根本改观必然导致奠立在信息主义基石上的新财富观和价值观。在《中国人为什么勤劳而不富有》一书中，作者就着重阐释了这一看法，他认为财富的非物质化而精神化、符号化的特点使得"生产东西才创造价值"变得不一定成立，因为金融交易的过程中并没有产生新的"东西"。正因为这种传统的"价值"观念，随着中国金融业的兴起，越来越多的中国人会难以接受金融从业者所赚取的高收入。而如果没有金融行业的根本性发展，中国难以过渡到"财富型国家"行列。在虚拟经济主导的时代，以"制造东西"、"种植粮食"为核心的传统意义上的"生产"活动已不再是财富创造的主旋律了，在这种社会里，新的财富创造活动主要来自提供更好的金融安排、把人们各种未来风险规避好、让财富由更好的保值增值载体来承载、提供

---

① ［美］曼纽尔·卡斯特：《网络社会的崛起》，夏铸九等译，社会科学文献出版社 2001 年版，第 9 页。

② 张晓晶：《符号经济与实体经济——金融全球化时代的经济分析》，上海人民出版社 2002 年版，第 5 页。

③ ［美］彼得·德鲁克：《变化的世界经济》，冯举、刘世庆译，载《经济体制改革》1986 年第 1—2 期。

更多扩展人生体验的途径，等等。新的价值主要通过提高资产的配置效率、提高个人和家庭一生一世的经济安全、拓展个人的人生体验来创造，这些活动都不生产"东西"，但在后工业社会里，这些"非东西"却比"东西"更有价值。与此相关，决定一个国家富不富有的因素不再是"地大物博"和"生产量"之类的实物因素。比较一下各国的贫富悬殊现状才发现，原来"地大物博"、物资丰富只能给一个国家提供优质的"先天条件"，但这些并不是"先决条件"。日本、美国与新加坡的经验说明，一个国家更重要的财富是其能促进财富创造的制度机制及与其相配套的自由金融创新体系，这种制度财富是无形的，但它比有形的"地大物博"更重要、更"值钱"。①

"雅虎法则"也是这种新财富观的一种表达：从传统的工业货币价值观看，收入是指物质资产的实际收益，而股票价格应是前者的名义形式，但它代表的不是"物质资产"，而是"物质资产＋信息资产"，信息资产包括品牌、预期市场占有率、用户信息与规模、未来市场需求控制等无形资产。事实上，后者更加起着决定性的作用。在工业文明向信息文明过渡的进程中，网络经济的新规则是：财富货币转移方向将是在信息资产支配物质资产中形成的名义价格对传统财务收入保持较高比率的地方，只要有投资者追捧，网络股的定价可以脱离一切基础，充分的想象空间和未来的海市蜃楼才是它定价的基础。如果说，GDP 表现为交换价值的总和，那么，传统经济学所描述的社会总财富（GDP）中虚拟价值的涌入，就是我们这个时代所有经济活动和经济现象中最本质的变化。于是虚拟财富成为财富中最活跃也是最主干的部分。这也会使得"亚当·斯密可能怎么也想不到一场英超联赛的总收入所创造的 GDP，几乎可以和英国所有面包房全年创造的

---

① 参见陈志武《中国人为什么勤劳而不富有》，中信出版社 2008 年版，第 37—41 页。

GDP 相差无几。我们这个时代，经济活动方式和经济现象出现了不可思议的变化"①。

虽然不能说财富从此不需要物质生产为基础，但这样的财富观确实使得财富的物质基础减少了重要性，使得财富更多地是信息性的："世界上什么最有价值？是黄金、白银还是钻石？都不是。最有价值的是信息，它可以使货币增值变为资本，成为价值的核心……当前世界上最缺少的不是资本，而是将其加以最有效运用的信息……"② 这无疑体现出虚拟经济中的信息主义的价值取向。

既然信息在财富的配置中起了如此重要的作用，那么如果信息不对称，就会造成新的"经济鸿沟"，一个明显的事例就是虚拟经济背景下所形成的国际贸易中信息流和物流不对称：在虚拟经济时代，欠发达国家一方面把大量的优质商品运到发达国家，另一方面，还要用换来的外汇购买发达国家的政府债券，结果是他们只得到了一定的心理满足而已。在国际贸易中，大量出现了"虚拟"换实物，这种使用价值和虚拟价值的不对称，反映在国际贸易上则是信息流和物流不对称，实际上西方强国更多的是用"虚拟"（信息流）换取了发展中国家的实物（物流），正是利用这样一种不对称，西方强国大获"四两拨千斤"之益。③

当代虚拟经济使得资本不断被信息化，形成了强大的"信息资本"。信息资本在现代社会中的日趋普遍和重要，使得"社会的信息化"不再只是指社会普遍采用信息技术和信息产业成为日益重要的产业，不仅是技术的信息化，不仅是生产的信息化，也包括资本的信息化，交换、流通、管理和消费等社会活动的全面

---

① 晓林、秀生：《看不见的心　广义虚拟经济时代的到来》，人民出版社 2007 年版，第 7、2 页。

② 郭福才、李秀芝主编：《现代金融信息经济》，吉林大学出版社 1991 年版，第 14—15 页。

③ 吴秀生、林左鸣：《以广义虚拟经济的视角定位"新"经济》，《经济体制改革》2006 年第 2 期。

信息化，即信息资本的社会地位和作用的空前突显。这样，社会进入信息时代，也意味着资本进入以信息资本为主要形态的时代。就是说信息资本的社会化是社会的信息化的一个组成部分，当信息资本成为整个资本形态变化的象征时，所导致的就是"资本信息主义"——一种对待资本现象的信息主义态度，并带来了所谓新的"资本神话"：信息资本成为自资本主义诞生以来最具威力的"价值"增值的"加速器"，开拓新的信息资本成为财富增长的第一源泉，驱使不少人投身于从资产价格的快速变化中去获得巨大的资本收益，即从事具有"投机性"的虚拟经济活动。从虚拟资本来说，20 世纪 70 年代初，金融资本的发展使得货币脱离黄金，世界货币体系也开始不受物质生产增长约束的时代，而诸如股票、债券等各种金融衍生工具的发展，使得总体上的信息资本急剧膨胀，虚拟经济脱离实体经济的疯狂增值，数倍乃至数十倍于实体经济的规模，并取代物质生产部门成为世界资本主义经济的主体。在这种背景下产生资本信息主义就是不足为奇了。

从经济哲学上看：由于虚拟经济中各种"产品"的价值很大程度上取决于人的主观认同（包括信心等），信息的价值与物质的价值极其不成比例，巨量的信息价值（虚拟价值）附着在少量的甚至也不实用的物品之上，而这种价值又完全是取决于某种"认同感"，使得经济活动的本质似乎也发生了迁移：从以"看不见的手"所主导的经济转向以"看不见的心"所主导的经济[1]，也就是从一种客观性很强的活动正在变成主观性很强的活动，也使得经济运行的"客观规律"越来越要和人的心理规律相结合；这也表明，经济活动中物质性的刚性的方面日益多地渗入信息性的柔性的方面。还有在生产能力过剩的"冗余时代"，由于需求

---

[1]　晓林、秀生：《看不见的心　广义虚拟经济时代的到来》，人民出版社 2007 年版，第13 页。

决定生产，信心决定需求，金融决定实体经济等，使得信息资产支配货币资产，信息资产按照自己的逻辑，创造自己的市场和财富。于是，也使得"财富"的增长依赖于"信心"的增长，依赖于信息的功能，从而构成经济学信息主义的解释力。如果说，柠檬市场理论揭示了诚信对于经济和市场的重要性，而金融危机现象则凸显了信心对于经济的重要性，它们都显示了（人的主观）信息状态对于经济的价值和意义。进一步，在虚拟经济中如果资本比商品更重要、知识比资本更重要、信心比黄金和货币更重要，是否表明了一般意义上的"信息比实物更重要"？是否从经济领域中印证了"信息本体论"？

第四节　过度虚拟化的经济困境

如果说实体经济、物本经济或工业经济等均是围绕人的物质需求而展开和发展的，那么虚拟经济主要是围绕人的心理和精神需求即信息需求而展开和发展，由此形成两者之间的复杂关系。

一般来说，虚拟经济对实体经济具有双重作用。其积极意义在于对实体经济的促进作用，还包括对经济发展方式的改变。我们传统的发展模式，只是在"物质材料"或"能量"上做文章，而很少在"信息"上做文章。后者无疑是"转变发展方式"的重要方面。我们知道，在银本位或金本位为基础的实物优位的经济中，财富增长速度太慢，经济发展动力不足，所以纸币出现以前的世界经济的增长十分缓慢。金融的本质就是使财富虚化，以摆脱实物的制约而获得更大的增值自由。其消极作用在于，当虚拟经济的发展落后于实体经济时，便会产生金融抑制现象，导致资金的低效运用和市场分割，并进一步影响到实体经济的发展。当虚拟经济脱离实体经济过度膨胀时，则会引发过度投机和金融泡沫，从而对整个金融体系稳定和实体经济发展产生不利影响。

换句话说，人类可以从虚拟经济的发展中受益，也可能受虚拟经济的过度发展所害。

从本体论上看，金融意义上的财富，一定意义上只是信息或虚拟上的数字。在虚拟经济活动中，透过对虚拟资产的炒作可以实现货币资本"账面价值"的增值，因此货币资本真正实现了从货币资本出发而不需要与物质生产相关联就又回到货币资本的过程。于是，同是"财富"的数字，但数字背后的实在基础有可能大不一样。虚拟经济中的资本市场日益成为一种纯粹的信息流世界，其中金融使财富信息化，成为一种信息财富，虚拟财富；金融财富如果全部兑现为实物财富，必然造成其贬值，进而是整个财富世界的贬值；于是金融所造就的虚拟财富，"仿佛是一个带上了光环的土星，实实在在的星体并不大，是那炫眼的光环大"①。

比如，对财富可以有这样一种虚拟经济模式的算法：今天，一个北京普通工人打一天工，收入至少 55 元。根据今天的物价，相对于乾隆盛世时期，中国人的真实收入翻了几番。②

但是，社会的总财富尤其是实物财富能这么算吗？如国家能有 $32 \times 365 \times 13$ 亿斤大米作为实物后盾吗？更何况其他高收入者加入进来之后整个数字还会增加到不知多少倍！

因此，金融财富一定意义上无非是"计算"出来的财富（是一种"算法游戏"，一种"计算主义"的财富观：计算出财富），是信息世界中存在的财富。金融越是起作用的地方，财富的信息性、虚拟性就越是增强，而实物性就越是减弱。所以，金融泡沫、资财泡沫、经济泡沫，本质上是一种信息泡沫，当这些"所指"中只有信息或主要只是些信息（如信念、期望、欲望之类）

① 林左鸣：《虚拟价值引论——广义虚拟经济视角研究》，《北京航空航天大学学报》（社会科学版）2005 年第 3 期。

② 参见陈志武《中国人为什么勤劳而不富有》，中信出版社 2008 年版，前言，第 2 页。

时，就成为由"虚物"而不是"实物"支撑起来的财富上的华丽景观；而经济中的泡沫部分通常就是通过金融方式而虚胀起来的价值部分；而金融方式从本质上就是信息方式。经济在这里变成了一种纯粹的信息流，一种脱离物流的信息流，可以急剧膨胀，但脱离了实体经济究竟意味着什么？

例如，通过"炒作"使物或股票升值的本质是什么？当然是因为人所赋予的信息对那些对象的"价值"起了"决定性"的作用——但通过炒作而升值的价值，又难免不具有"虚高"的性质，人不可能都满足于虚高的追求中，一旦超过一定数量的"变现"行为就可以导致虚高的价值狂跌；这就是炒作中的虚在的信息泡沫与实在的物质财富之间的微妙关系。对于股票来说，只有"买多于卖"才能升值，一旦"卖多于买"就会贬值，设想永远只有"买多于卖"吗？永远不将股票变现可能吗？那又反而失去了"炒股"的意义。所以股票中的财富主要还是一种信息财富，它和现实财富之间的关系，尤其是其"市值"中远远高于现实财富的部分，究竟如何认识，或许正是"虚物与实物"关系的一个表现。

但股市中的财富又不纯粹是一种"主观财富"，不是炒股者头脑中想象的财富，作为一种"客观信息性的财富"，这里是不是类似于波普尔所说的"世界3"中的现象？于是可称之为"世界3财富"？这种非实体性的属性也形成了所谓"财富的脆弱性"：几乎所有的美国财富都以有形和无形资产的形式存在，这些资产的价值又都取决于它们未来所能带来的现金流，但这些现金流的多少最终受制于制度机制和金融创新。因此，当你拿掉这些制度与经济体系时，那些资产就不值几个钱了。[①]

现代金融使得资本化和证券化的泛化，使得金融的发展早已脱离了"为实体经济服务"的性质了。它们作为投机赚钱形式的

---

① 陈志武：《中国人为什么勤劳而不富有》，中信出版社 2008 年版，第 42 页。

意义早已超过了为实体经济融资的意义。炒作，投机赚取差价是所有虚拟经济活动的核心，为实体经济服务却正在沦为附属目标。在美国，实际资本的存量已经越来越不重要了，倒是股市、债市以及房地产市场越来越决定着美国经济的兴衰。这就形成了所谓金融的自我发展，货币资本的自我增值，信息脱离物质的自我扩张。发达国家对资产证券化等衍生品金融工具的过度使用，导致的虚拟经济的过度膨胀；"金融的发展已经偏离了以发展经济的最终目的，而脱离实体经济过度膨胀发展。脱离了实际经济的金融发展带给我们的只能是频繁的金融动荡和对实体经济的冲击。"①

这样，以虚拟资本为主要标志的信息资本成为经济王国中新的上帝。尤其在今天，"当信息摆脱了物质包装，几乎不受任何限制就在网络空间移动且倍增时"②，信息的经济魔力就更是神乎其神，似乎"一切形态的财富盖源于信息的运动"③；虚拟财富的增值就像信息的增值那样可以在一定程度上"随心所欲"，只要在信息的意义上承认（如对某种债券的"认购"就是一种承认），其增值过程就可以完成或实现。金融上的买卖行为在直接性上不再与实物财富挂钩，而是在信息空间中的"我行我素"；人的经济活动能力似乎被还原和简化为信息能力，这也印证了乔治·索罗斯的金融哲学：在某种意义上，哲学家应该是最彻底的金融家，只有唯心主义的哲学家才能使财富变成观念性的信息而脱离实际地疯长，然后反过来制约实际的实体的财富。

可见，过度脱离实体经济的虚高的虚拟经济规模，实际上是将具有虚在性质的信息要素过度注入经济要素或经济过程的结

---

① 丁浩：《关于金融本质及其演进和发展的思考》，《经济研究导刊》2009年第3期。

② ［美］马克·波斯特：《第二媒介时代》，范静哗译，南京大学出版社2001年版，第40页。

③ ［加］马歇尔·麦克卢汉：《理解媒介》，何道宽译，商务印书馆2000年版，第94页。

果；虚拟经济的扩张是和"信息经济"时代的到来分不开的；金融的魔力一方面是煽动消费欲望即刺激消费信息的本来功能，另一方面则是金融作为虚拟经济所具有的信息的性质，本来就有可能脱离物质的限制而"狂魔性"地扩张，它不再像物质性经济或实体经济那样只能"一步一个脚印"地"实实在在"地发展，信息的性质（无论是消费的欲望还是虚拟的本性）使得金融在一定意义上似乎可以"天马行空"地疯狂飙舞，当然也隐含着泡沫破灭后的危机到来的极大风险。这恰恰是因为信息比"资本要无政府主义得多，资本还能被隐形的市场之手或者其他形式的政治力所管制，信息却经常脱离市场逻辑，它免费同时充斥在每个角落，你的计算机屏幕与 WAP 手机可能会打开市场的机会之门，但它们远远不仅是一个市场，各种信息朝它们涌来，完全不理会供需法则。信息可能是无可管理的"①，此时的事物总是"倾向于逸出控制之外——这就是信息社会的病灶所在，就是它使得信息社会总免不了也是错误信息的社会"②。这就是金融的"魔力"的双重性，亦即信息经济或虚拟经济的双重性。

虚拟经济与实体经济之间相比较的总体特征被概括为四个方面：高度流动性、不稳定性、高风险性和高投机性四个方面。③两相比较，实体经济就更具有"科学性"、客观性、刚性。"经济科学"基本上是对实体经济的总结；而虚拟经济更具有人文性、主观性、柔性，这些特点导致或进一步具体表现为虚拟经济的未来结果难以为人所准确把握（经济人的狂想、激情以及种种意想不到的机会都可能介入），还有在虚拟经济中交换的是承诺，但承诺并不总是可靠的；作为金融契约的有价证券也是不完备的，

---

① ［美］斯各特·拉什：《信息批判》，杨德睿译，北京大学出版社 2009 年版，第 236—237 页。

② 同上书，第 227 页。

③ 参见王爱俭主编《虚拟经济与实体经济关系研究》，经济科学出版社 2003 年版，第 4 页。

此外，金融市场上恶性金融投机现象的存在，凡此种种都增加了虚拟经济的不稳定性和风险性，而这也正是人文现象的共同特点。

例如，如果用金融或虚拟经济的手段来实现对消费的刺激，就意味着风险的增大，因为只要那些一环套一环的借贷链条中的一个环节出了问题，就会导致整个金融链出现问题，甚至"危机"，这就是美国的"次贷危机"所导致的"金融危机"的惨痛经历。

虚拟资本的价值以人为中心，受主观状态的影响，如品牌的信誉、公司的信用、追星的信念、投资（如炒股）的信心等都能影响相关对象的价值。这就使其与实物资本相比具有不稳定性，其价值甚至大起大落，经常呈现不规则的波动。这也是前面所讲到的，在信息经济中，尤其是在虚拟经济中，人的心理因素的影响更大，经济效应的主观性增强。与此同时，货币的虚拟化也进一步增强了虚拟经济的不稳定性。金本位被取代后，货币失去了实物资产的依托，逐渐虚拟化。货币虚拟化使得货币价值和货币数量决定的人为成分加大，币值本身的不稳定加剧了虚拟经济的不稳定。总之，各种复杂因素的影响使得虚拟资本的价格变动无常，由此也导致了风险性的急剧增加。

就是说，虚拟经济赋予了人类的经济活动新的时代特征，人的创新能力，"决心、行为和积极性"成为首要财富，因为它们是虚拟资本增值的前提。对个体来说，一方面有了新的机会上的平等，似乎人人都可以成信息资本家，但同时又更容易产生贫者越贫、富者越富、资源分配两极化以及社会隔离加剧的现象。此外，风险性、大起大落、泡沫经济等也与之相伴，"金融危机"成为随时悬在人们头上的"达摩克利斯之剑"，并从负面显现出它对实体经济的巨大影响：导致包括实体经济在内的全面的经济危机。这就显示出信息资本对经济起巨大作用的资本信息主义的理论和实践所具有的双重性。

"金融产品的'非物质化',还使金融产品连纸制的凭证都不需要,采取电子计账等形式,使金融资产及其市场管理的难度越来越大;金融创新带来了金融产品的泛滥,使投资者识别和运用各种金融产品越来越困难,虚拟经济的复杂性突显。"① 这种复杂性导致了严重的信息不对称、知识不对称,进一步造成虚拟经济中的盲目性和风险性。当金融家们通过"金融创新"推出许多金融衍生工具,并告诉人们那种东西会有很大的收益和未来的价值时,其中就已经埋下了风险的种子。前些年来,华尔街最丰厚的利润出自于那种充满"异国情调"的各类住房抵押贷款证券的包装和交易,那些衍生证券的实际操作比买卖房子复杂至少10倍,设计这些金融创新产品的人,是美国最优秀、最聪明的人,他们为华尔街所雇用。他们使得这些金融创新衍生品的花样繁多,什么:Covered call, Naked put, Straddle, Strangle, Butterfly, Iron condor,这样反串,那样对冲,将风险漂亮地包装起来,成了美丽的罂粟,使得高盛、美林、摩根士丹利和雷曼兄弟这些华尔街公司能保持难以想象的高利润;而这些资产的普通购买者和纳税人则承担着为其中蕴涵的风险买单的责任。

今天虚拟经济在一些场合被过分看重,形成金融功能的无限制扩展,使经济有可能走向过度虚拟化,过度远离实体经济并贬低工业经济的价值,过度地将经济活动只变成一种信息活动,由此也将硬产业的"软化"推向了"弱化",并且走向产业结构中硬产业的过度软化,从而过度依靠"软实力"而放弃硬实力,过度看重信息服务业尤其是金融业而看轻传统的经济部门尤其是制造业。这无疑是经济信息主义盛行的一种表现,也是产业发展中信息财富加快增长但风险日益增大的过程,从而也是产业与经济泡沫化的可能性增加的过程,甚至可以说,金融危机就是产业发展的过度信息化所致,就是产业或资本信息主义过度膨胀所致。

---

① 参见段进朋主编《货币金融学》,中国政法大学出版社2006年版,第408页。

　　这也导致了所谓"产业信息主义"，它意味着，产业的信息化尤其是信息产业能解决产业的一切问题；产业活动中信息要素的价值远远大于物质要素的价值，甚至已不成比例地看待和操作这两种因素的关系，如产品中"品牌"的价值与其中实物资源和劳动的价值就常常是一种不成比例的关系，其重要原因就在于商品的定价权及利益分配权是掌握在代表"品牌"持有者利益的产业信息主义者的手中。由此导致对一切非信息产业的轻视，尤其是对制造业的轻视，于是在某些信息经济发达国家，宁肯进口粮食和工业品，也不愿发展农业生产和制造业。马克思早就指出："货币主义和重商主义把世界贸易以及国民劳动中同世界贸易直接有关的特殊部门当作财富或货币的唯一真正源泉划分出来"①，而产业信息主义更有过之，他们轻物品制造而重信息操作，实际是玩一种空对空，也导致产业结构中，虚拟经济产业的获利程度远远大于实体经济产业的获利，进一步导致"经济人"的投机心理，也增加了金融风险、金融危机的发生率，不利于科技和实业的发展，不利于经济的健康而全面的发展。

　　而实际情况是，产业的信息化必须是有物质基础的信息化，虚拟经济不能过度脱离实体经济，这实际上反映了信息与物质的一种本体论关系：不能离开物质来谈信息，不能脱离物质来发展信息。实体产业永远是虚拟产业的载体和基础，制造业等质能型经济部分永远起着基础的作用。信息经济对经济增长的作用，并不是对经济存在的作用，在经济增长中的决定性作用并不意味着对于经济的存在也起决定性的作用。对于经济的存在来说，信息经济永远要以"第一产业"和"第二产业"为基础，离开了农业、工业制造业等，信息经济就如同"皮之不存，毛将焉附"。例如所谓"体验经济"就不可能真正离开"物品经济"。"体验经济"无非是强调人的体验，留下独特的记忆，以及形成某种脑

① 《马克思恩格斯全集》第13卷，人民出版社1962年版，第148页。

中的信息状态。但体验经济背后的物质基础一点也不能忽视，如旅游后留下的对山川美景的良好回忆，那是离不开"旅游地"的实际的地质地貌地理环境的，不是仅凭语言描述或"三寸不烂之舌"就可以做到的；甚至，即使是"虚拟世界"给人留下的神奇记忆，也离不开实在的物质技术和由此造就的声光电影等人工物所构造的"刺激源"。

就是说，无论如何，虚拟经济中的虚拟财富使人感觉到的毕竟只是一种虚拟实在感，信息资本（尤其是虚拟资本）作为实物财富的虚拟实在形式，虽然能给人以拥有财富的实在感，但和实物给人的实在感的本体论基础是不一样的。虚拟实在感能得到越多的公众的认可，这种实在感就越坚实，所以在哈耶克看来，虚拟资本有些是虚假的货币或空头汇票，它不再单纯是虚幻的刺激根源，而是扭曲和危机的根源。

正是在这个意义上，在信息被随意地称为产品、资源、资本、通货，赞美之词已无任何限制的情况下，如果把信息产业提高到压倒一切的极端重要性，如果对其他产业的重要性随意贬低甚至无视其存在，就形成一种排他性的极端的信息主义。2008 年发生的金融危机说明了因过度的"金融创新"而产生出来的日趋远离真实的货币资本的"金融衍生品"作为财富时的不可靠性，也说明了经济发展不能仅仅指望虚拟经济的振兴。那么是否说明在经济活动中仍然要坚持"物质本体论"？或者说，过去在虚拟经济不断走向"辉煌"的光环之下，是聚集了越来越多的人不断走入经济信息主义；而自从世界性金融危机爆发后，他们又意识到仅有信息资本是不够的，传统经济学家认为虚拟经济的繁荣不过是"虚火上升"，有泡沫经济成分，这部分价值不应归于虚拟经济，而且早晚要掉下来，因此正在走出经济信息主义。当然，新经济是否只是在分配旧经济的财富、而不是在创造新的财富？虚拟经济的高收入是不是真正由信息价值创造的收入？如何才算是回归更全面的经济视野？经济信息主义的合理性与有限性具体表现在哪里？这些都是需要我们进一步思考的问题。

由于信息资本的增值模式不像实体经济那样是"资本——（实体）商品——资本"（资本的增值要通过实体商品的发展才能实现），而是"资本——资本"，是资本的自我增值，不通过因而也不造成实体商品界的增值，因此它常常看衰制造业等实体经济，就极可能导致制造业等实体经济走向衰落。这样一种模式的危害性还不仅仅体现在产业或经济本身，而且对人也形成一种不良影响甚至腐蚀作用，那就是更容易刺激人的贪婪性，使得从事信息资本运作的人越来越不满足于通过发展实体经济的方式来增长财富，而总是力求通过更神奇的金融手段来使自己一夜暴富。它还导致人才结构失衡，过多人才拥挤到金融业，不愿学科学和技术，因为搞科技既辛苦且报酬低，这既不利于科技等领域的发展，也会因为金融领域中的人才和智力过剩而造成该领域的畸形发展，以至于灾难性后果。因为从智力生态或人力资本布局的一般效果来说，任何一个人类活动领域，智力不足或智力过剩都是不利于该领域健康顺利发展的，而一旦某一领域中精英人才过度过剩时，其破坏性往往比人才不足更甚。

虚拟经济似乎总具有"脱离实际"的本能，金融大亨似乎具有使虚拟资本无限膨胀的"自发冲动"。而实体经济则需要对其有所制约。从虚拟经济决定论和金融决定论中，似乎也看到了美国经济的奇迹，但同时也可见其代价。美国如此之大的资产很大程度上是靠金融杠杆创造的，也是靠金融杠杆来推动其运行的。如果将美国全部未到期资产市值与其 GDP 相比，就得到美国整体经济的"虚拟化度"（也是其杠杆化度），它已经达到了 30—40 倍的水平。这也极易发生泡沫经济的危机，很多衍生产品，由于房地产价格暴跌，使其基础市场被破坏，所以导致了金融资产的大量缩水，于是奥巴马的新政之一，就是要从去工业化回归工业化，回归实体经济。这就是实体经济的终极制约性。2010 年 7 月 21 日奥巴马签署的金融改革法案，作为最全面、最严厉的一部金融改革法案，维护金融系统稳定和加强对消费者的保护，是金融改革法案的核心内容，法案将对资产支持证券实行更为严格的监管。法案给了政府监管者接管存在流动性问题的金融机构的权力，并要求金融衍生品交易增加透明性，同时禁止商业银行用自身资产进行风险对赌；"新法案意在加强消费者保护，使金融产品更透明，对投资产品加以监管，限制投机性投资"，据奥巴马自己说，因为这项法案，"美国人民将不再为华尔街的错误买单"，奥巴马说，这项改革将终止对大银行的救助，若一家大型金融机构应该倒闭的话，新法例提供了在不危害经济的情况下，当局剥离该机构的能力。今后没有企业会因其"大到不能倒"而得到某种方式的保护，今后也不会再用纳税人的钱来救助华尔街公司了！当然也有人认为在资本高度主导的国家限制虚拟资本的自由发展是一种悖论。

所以我们要重视金融的强大功能，但也不能过分崇拜它的魔力。

从总体上我们要看到，在一个大量生产和消费信息的社会，在一个经济活动的主导形式发生"信息转型"的社会，在信息化资本和资本化信息近乎主宰经济命脉的时代，经济信息主义的出现是不可避免的，其主要表现就是经济行为日益成为吸引眼球的行为（也是"信息经济"的另一种含义），对虚拟经济的过度崇拜，对金融业作用的夸大以及对制造业的冷遇，经济中信息的成分重于实体的成分，经济活动的本质向信息递归，经济运作的机制靠信息的机制来解释，经济发展的前景全部寄托于对信息的展望。在经济现象日益复杂的当代社会，经济信息主义确实将经济活动的新特征加以充分的揭示，但唯有不走向排他性的单一解释，才可能为我们理解新经济提供有益的启示。

虚拟经济从实体经济或物质部门中分离出来，虽然可以说它的作用已经超过了某些实体经济部门，但是否可以从哲学意义上说它已总体上超过了实体经济的重要性？其实，虚拟经济的魔力再大，也是依附于实体经济之皮上的毛，"皮之不存，毛将焉附？"没有实体经济，不可能有虚拟经济；实体经济出了问题，虚拟经济也必然出问题；虚拟经济虽然对经济的发展有巨大的促进功能，但必须是建立在实体经济有了一定程度发展的基础之上，尤其是实体经济解决了衣、食、住、行等基本的物质需求的基础上，一旦刚性的物质需求出了问题，经济的主题就毫无疑问将转到实体经济的发展之上。而且，有的虚拟经济是从实体经济直接转化而来的，比如房屋的买卖本是实体经济中的交易活动，但如果将房屋作为炒作的对象，使得房屋的价格最后与其实际价值毫不相关，房屋这个实体就成为了虚拟经济的载体。此时也可以看到，金融推动消费也需要基础，这就是在生产能力和产品过剩的物质基础上才能实现金融的上述神奇功能。

就是说，在追求经济信息化过程中，不能走向极端信息主义的深渊，去一味追求经济的虚拟化，追求脱离实体经济的资本的疯狂增值，这样极易导致经济的泡沫化及其破灭后的金融危机以及经济危机。这里所涉及的就是一个经济本体论的问题，即虚拟经济与实体经济的关系问题，也是虚在与实在的关系问题，信息与物质的关系问题，后者永远是前者的基础和载体，在产业发展的路径上也要遵循这样的关系。

第 六 章

追 问 信 息

　　当我们分析信息主义时，必然会碰到一个基础性的问题，就是所探讨的"信息"究竟是什么？例如在对经济信息主义的分析中，信息经济中的"信息"究竟是什么？目前，各个学科对信息的认识很不相同，数学家认为信息是概率论的发展，物理学家认为信息是负熵，通讯专家认为信息是消除不确定度的量度，而有的经济学家认为信息仅仅是经济管理中的统计数据，这些定义显然满足不了"信息经济"中对"信息"的要求。实际上，信息经济定义中所指的"信息"活动的含义并不清晰，也很难界定。那么信息经济中的"信息"究竟是客观的信息资源，还是技术性的信息化过程，或是信息产业的主导性地位？这就牵涉了有关"信息"的本体论问题，由此而通向了哲学，至少构成了信息经济哲学（如果可以有这门学科的话）所面临的一个起始性问题。再回溯到信息技术决定论，如果说信息技术决定社会现象还是比较好理解的，那么信息决定世界的"广义信息"就常常带来理解上的复杂性，而这种复杂性又很大程度上是来源于对信息这个概念理解上的种种歧义。这样，就难以避开对信息的解释——不能止步于说"信息不是什么"，而要就"信息是什么"表达看法。

　　更一般地说，当我们要对信息主义作哲学分析时，就更应该对信息的哲学含义有所规定。尽管我们对信息的哲学含义已经探讨了好几十年，但是迄今我们对此并没有取得多大的共识，如同著名信息哲学家弗洛里迪所说，什么是信息这个问题是信息哲学最困难和最核心的问题，尽管我们知道信息必须是可量化的、可加的、可储存和可传输的，但除此之外，我们对信息的特性似乎还是缺乏更清晰的认识，因此信息依然是一个难以定义的概念。①尤其是在哲学上信息概念引起了无数的歧义和争论，同时也产生了数不清的误解，以至于很难找到第二个词能像"信息"这样重要但对其含义的理解又如此不确切，如同罗斯扎克在《信息崇拜》中所转述的马克卢普的话所说："信息"一词已经脱离了其固有的意义，它被广泛地然而却是错误地使用着，以至于它作为一个"内涵广泛"但又"词不达意"、"模棱两可"、"使人误解"的概念而"开了术语史的先例"②，一些极端化的信息主义思潮也是基于这些误解产生的，而一些信息哲学或信息世界观所描述的"全新的哲学革命"似乎也缺乏清晰一贯的"信息"基础，这对我们恰当地理解世界造成了新的障碍，也是在一些领域走向极端的信息主义的原因之一。

第一节　信息是等同于物还是有别于物？

自从维纳提出"信息就是信息，不是物质也不是能量"③后，一般从哲学上就不再将信息等同于物质本身，当然也还有变相地主张信息是某种特殊物质的观点，如关于信息的"纯客观"的"本体论"定义中就隐含着这一主张，这种定义认为任何一个事物的运动状态以及状态变化的方式都叫信息。例如，花落、乌

---

① ［英］L. 弗洛里迪：《信息哲学的若干问题》，刘钢译，《世界哲学》2004 年第 5 期。

② 参见［美］西奥多·罗斯扎克《信息崇拜》，苗华健等译，中国对外翻译出版公司 1994 年版，第 9 页。

③ ［美］维纳：《控制论》，郝季仁译，科学出版社 1963 年版，第 133 页。

啼、气温变化、股市的起落等等，都是信息。信息是客观世界中各种事物的存在方式和运动状态，信息是一种客观存在，与我们主观是否感觉到它的存在没有关系。又如认为信息是以"场"的形态存在的物质，故称其为"信息场"，但这类将信息直接等同于物的看法并没有得到更多的赞同，也没有产生多大的影响。

无论从具体科学还是从哲学的层面，人们在将信息区别于物的同时，又承认信息的存在离不开物，必须以物质为自己的载体，完全脱离物质的"裸信息"是不可能存在的。但是，正是在从哲学上揭示信息的这种既不同于物、又离不开物的特性时，不少看法最后还是走向了将信息归结为物。

例如，在许多关于信息的哲学定义中，虽然并没有说信息就是物质本身，但大多会说信息是物质的"属性"、"状态"、"结构"、"形式"、"规律"等，像信息是事物之间的差异、是集合的变异度、是系统的复杂性、是物质和能量在时间和空间中分布的不均匀性、是存在于时空中的超时空存在、是物的影子……而最有代表性的是："信息是一切物质的普遍属性"[①]，"信息是事物运动的状态、方式"[②]，信息"是物质的特征参量，是物质与能量的取值"，是"物质的确定性、有序性、组织程度以及物质之间的差异性"[③]。"物质的实在状态（有关特征参量的取值）及其相关规律，正是信息的含义"，因此应该"把物质的'运动和变化的规律'理解为物质的'信息'"[④]；或者说，信息"表述它所属的物质系统，在同任何其他物质系统全面相互作用（或联系）的过程中，以质、能波动的形式所呈现的结构、状态和历史"。[⑤]

① 王雨田主编：《控制论、信息沦、系统科学与哲学》，中国人民大学出版社1986年版，第361页。

② 贾尚礼：《试论信息》，《理论研究》1987年第6期。

③ 石宝华：《论信息的本质及其作用》，《内蒙古社会科学》1990年第4期。

④ 罗先汉：《物信论——多层次物质信息系统及其哲学探索》，《北京大学学报》（自然科学版）2005年第3期。

⑤ 黎鸣：《论信息》，《中国社会科学》1984年第4期。

在这些看法中，信息虽然没有与物质本身直接等同，但却与物质的某一个方面直接等同起来，是变相地将信息归结为物质。

在这些变相的等同论中，最被认同的可能是"形式"、"结构"或"组织"说，即认为信息是物质能量的组织结构形式，信息交换和传递就是物质能量"结构形式"从一种物质能量系统向另一种物质能量系统的流动，因而被称为"形式的流动"（flow of form），这种"形式说"在维纳那里就是模式说和组织说：信息"本身就是一种模式和组织形式"①，"一个系统中信息量是它的组织化程度的度量，一个系统的熵就是它的无组织程度的度量"②。既然信息被看作是组织的程度，那么传统的"物质＝物体＋能量＋组织"这个公式，正为"物质＝物体＋能量＋信息"的公式所取代③。在弗洛里迪看来，信息对象是一种结构性存在，"信息实在论"（information realism）是"结构实在论"（structure realism）的一种形态。视信息为组织、结构或形式的观点也为国内的学者所赞同，如认为"信息是物质与能量的存在和运动具备的形式"④，"物质系统内部的结构称模式或组织形式，信息同物质系统的内部结构密切相关，结构决定信息，信息是结构的表征，结构不同则信息不同"⑤，如此等等。

上述关于信息的界定至少会引出这样一个问题：究竟是结构、组织和形式本身还是关于它们的表征（被反映出来的结构或被认识了的形式等）才是信息？两者是显然不同的，其一，如果"表征"是信息，就可以走向对信息的"认识论理解"，此时，如果说结构和形式就是信息，那么对于结构和形式的认识又是什么？再则，如果只将信息和结构、形式等联系起来，即使加上

① ［美］维纳：《维纳著作选》，钟韧译，上海译文出版社1978年版，第7页。
② ［美］维纳：《控制论》，郝季仁译，科学出版社1962年版，第11页。
③ ［苏］A. 索科洛夫：《信息是现象，是功能，还是假象？》，舒白译，《世界哲学》1991年第2期。
④ 陈一壮：《再论信息的本质》，《河北学刊》2008年第5期。
⑤ 石宝华：《论信息的本质及其作用》，《内蒙古社会科学》1990年第4期。

"反映"之类的限制来表明它不是这些结构、形式本身，那么如果所反映的不是对象的结构状态而是质料之类的状态，那么这样的反映所得是信息吗？因此，从形式和质料皆为物质的层面来说，也不能在界定信息时只见形式而不见质料。其二，如果因为结构不同导致信息不同就认为结构是信息，那么同样的理由：质料不同也会导致信息的不同，岂不是质料本身也就是信息吗？就是说，结构能决定信息，难道质料就不能决定信息吗？为什么只将结构视为信息而不将质料也视为信息呢？这里明显地存在解释的不对称，从而是无法接受的解释。至多可以说结构对应的是结构信息，质料对应的是质料信息。同理，对于维纳的第二段话，很容易理解为"组织化"（结构、形式等的同一序列概念）本身就是信息，但如果联系到"度量"来理解，即只有对组织化的度量才是信息，而"度量"就是一种特殊的认识，即走向量化的认识，由其所得到的是量化的信息——信息量，那么其中隐含的，便在于"组织本身"并不是信息，而只有对组织的认识才是信息。

在我们今天的哲学概念中，物质的结构和形式就是物质的要素（质料）的排列方式，是物质本身的一个方面。我们知道，改变了物的结构和形式就改变了物质本身，即它们与物质是直接同一的；但信息则与物不是直接同一的，改变了关于物的信息，并不能直接改变物，例如无论我们将冥王星看作是行星还是非行星——由此形成了关于冥王星的不同信息，但冥王星作为物质（无论是质料还是结构方面）都没有丝毫的改变。

视"形式"、"结构"为信息也与我们今天理解的信息相龃龉，例如作为语义的信息是非广延性的存在，它是"与笛卡尔所谓的'广延物体'的任何以往形式都不相似"[1] 的东西，所以是

---

① ［美］马克·波斯特：《信息方式》，范静晔译，商务印书馆2000年版，第3页。

"看不见"、"摸不着"的一种无形的"虚在"。所谓"看到"或"听到"什么信息，其实那并不是"信息"，而是信息的载体，信息本身则是神经中枢对这种载体所形成的刺激加以"意义"性的"理解"，这种"理解"中存在的意义是我们用任何仪器都不能直接观察到的，即不具有广延性。但"形式"和结构则是有广延的，通常是可感的，直接与空间分不开，是实实在在的一种存在，甚至在"形式"的最早提出者亚里士多德那里，形式也是实体，并且是第一性的起决定作用的主动的实体，相比之下质料只是第二性的被决定的被动的实体。在这个意义上更不能将物的结构、形式与信息混为一谈，即"无形"的信息不能被归结为"有形"的形式、结构等等物质本身的组成部分。

由此，也不能一般地说信息是物质的属性。除了上述的原因之外，还因为属性是由负载属性的主体所决定的，如"导电是金属的属性"就是如此。如果说"信息是物质的属性"，就会"有什么物质就会有什么信息"，关于物的信息就是统一的而不会有歧义。但如同前面所举的事例，同一个冥王星为什么会有"它是行星"和"它不是行星"两种不同的信息呢？显然信息不是单是由物质来决定的，所以不能将信息简单地归结为物质的属性。

上述的混同从总体上属于将信息归结为"物质对象"的情形，即把信息所要表征的东西（物质或物质的某种侧面）当作了信息本身。除此之外还有另一种典型的混同：将信息和传输信息的载体混为一谈，从而将信息归结为传输信息的物质媒介。如通常认为人类感官感觉不到的 X 射线、紫外线、红外线、Y 射线等，均是潜在性的信息；还有的人把信息变成了载有代码、符号、序列的电信号，例如，将书上的文字、十字路口的红绿灯本身都看作是信息。其实，符号、声音、文字、图形图像等都是信息的载体，其本身并不是信息，只有从中理解和辨识出来的意义才是信息。在上面的误解中，信息大有被载体化的趋势。载体化就是物化的一种方式，信息一旦被物化，就不再是信息本身，而是信息的某种表现方式，所谓物质"发出信息"，无非是"发出辐射"，而辐射本身并不是信息；将信息的表现方式当成信息本身，与将信息当成物质本身是一回事，是一种"得形忘意"、失去意义从而失去真正信息的活动。

还需指出，严格地说，"载体"分为两种，一种是信息的载体，如符号、信号等；另一种是符号或信号的载体，如纸张、导线、电波等，所以，载体所"载"的不一定直接就是信息，而常常是信号。但由于信号毕竟"载"有信息，所以无论哪一类载体，我们从归根结底的意义上又认为它是"载"有信息的，而将信息区别于载体，不仅要区别于书本、导线这样的"硬载体"，还要区别于符号、信号这样的"软载体"，以及由这样的软载体构成的文章本身等，在这个意义上，"信息不是叙事、不是论说、不是小说、不是电影、不是诗歌、不是建筑、不是艺术、不是工艺品——尽管它在这所有的东西当中与建筑和工艺品（设计）有最多的共同点"①。如果不作这些区分，就仍然会把握不住信息的真义。

总之，信息不是脱离于物的，但却是有别于物的，任何物自身，以及物的直接属性（如结构、形式）等，都不能视其为信息，因为那样的现象都不能与物本身形成区别，都会在最后将信息归于物质本身。由此，在揭示信息的哲学含义时，一个最起码的原则就是，在不脱离物质的情况下，一定要体现出信息相对于物质的"区别性"或"特殊性"来，从而不能直接或间接地以及变相地将信息归结为物；凡是能导致这样地理解的现象，都不是信息。还原论的或物理主义的信息观所最终导致的都是取消信息的存在。

---

① ［美］斯各特·拉什：《信息批判》，杨德睿译，北京大学出版社 2009 年版，第113 页。

第二节 信息是既成的还是生成的?

在追问信息的哲学含义或"信息究竟是什么"时,还蕴含"信息究竟在哪里"这样一个问题。通常认为信息是"对象的信息",因此信息就在对象之中,于是"信息总是某种已经现实存在的东西"①。换句话说,作为对象的物本身是"凝结"着信息的,说得复杂些就是"'相互作用之物以其结构和状态的相应改变凝结了其在相互作用中所同化或异化的信息"②,所以物才能向我们"发射"、"发出"信息,并形成像电流、气流那样的"信息流";由此导致这样一些想当然的或习惯性的看法:信息是"质量和能量的系统"所"发射出来的","一切物质形态作为信息的载体都是一个信息'发射'装置,世界上各种物质形态以不同的形式向周围环境发射信息"③。这个过程也被说成是对象的信息向我们的"自我显示":"信息,就是该事物运动的状态和状态改变的方式的自我表述/自我显示"④;或"信息是物质自身显示自身的属性","它是物质(直接存在)存在方式和状态的自身显示"⑤。这样,信息就应该是为物所固有的或内在既成的东西。前面提到的关于信息是结构和形式的主张就自然体现了这一看法。

首先我们来分析"发射说"。凭借常识我们就知道,能够被"发射"的,一定是某种具有"实在性"的东西,"虚"的东西是不可能有被"发射"的现象的,而信息就是一种区别于实在的"虚在",所以至少它不可能有直接的被"发射"的现象。我们常

---

① 刘长林:《论信息的哲学本性》,《中国社会科学》1985 年第 2 期。

② 邬焜:《试论信息的质、特性和功能》,《安徽大学学报》(哲学社会科学版) 1996 年第 1 期。

③ 石宝华:《论信息的本质及其作用》,《内蒙古社会科学》1990 年第 4 期。

④ 钟义信:《信息科学原理》,北京邮电大学出版社 2002 年版,第 50 页。

⑤ 邬焜:《信息哲学》,商务印书馆 2007 年版,第 45、46 页。

常从广播电台、电视台向外"发射"节目而推之，信息是可以发射的，像节目先在于发射就在广播电视台中存在一样，信息也是先在于从物中发射出来时就在物中存在着的。然而，事实是，广播电视台向外发射的并不是节目本身，而是负载着信号的无线电波；推而广之，能够从物质中"发射"出来的，不是实物，就是各种辐射的波，都是"物"，而不是能够和物形成区别的"信息"。信息本身没有质量、能量或空间广延，凡引起感知的"发射物"都不是信息；相反，信息是被某物所引起的感知，是物的被感知化，而感知化的物已不再是原来的物了，而是"信息化"了的物，即信息状态的存在。任何对象能发送给我们、并作用于我们感官的，从直接层面来说都是"运动着的物质"或"载体"，无论是声、光、电，还是符号、图像，它们本身并不是信息，只有接受者对其感知、解读、释义后，才使之转化为信息，如果不进行这样的活动，它们就只能是纯粹的物质现象。

从信息与物质的不同特性上看，如果信息是对象"发出"来"送"给我们的东西即某种"发射物"，对象在质量上就必有损失，尤其是"宏观信息"就更是如此。但我们知道，即使对象在没有任何质量与能量损失的情况下，我们也能获得关于对象的信息。这说明，我们从这些发射物中"得到"的信息，并不是它们本身"携带"的，而是我们"分析"出来的，而这样的"分析"对"发射物"来说是可以毫发无损的，所以对象及其发射物才可能不会从物质上有任何损失。这也表明，信息只是在有"感知能力"的获得者那里才存在。

信息的"发射说"还蕴含着这样的看法：信息是既成于物质内部的东西。如果信息是事物所固有的，有事物就有信息，可以推出"没有某种事物"就没有该事物的信息。但是，其一，有些不存在的事物我们照样有关于它们的信息，甚至我们还有关于"无"的信息，那就是我们对"无"的赋义；其二，有些"事物"如"UFO"是不是真实的事物我们还不知道，既有肯定其存在的说法，也有否定其存在的说法，那么它们都是关于 UFO 的信息吗？即关于某物是否存在都还在争议中的"事物"如果都"有"信息，如何能将信息视为是已有事物所固有的呢？

信息的"发射说"将信息视为物质中"本来就有"即对象自身固有的东西，它从对象中"流淌"出来，碰到"人"后，人就得到了那对象的信息，就像原封不动地得到某物那样，我们也可以"原封不动"地得到该物所附带的"信息"，意味着我们只是被动地接受这种客观的既成的东西，这就解释不了为什么相同的对象在不同的接受者那里可能产生出不同的信息，即不同的接受者（也包括同一接受者在不同的状态时）面对同一对象时往往会获得不同的信息，从而说明信息不可能仅仅是从"原物"中"发射"出来的。也说明信息不是"对象中的信息"，而永远是"关于对象的信息"。如果信息是固着或凝结在对象中的，那么人接受信息，无非是载体中的信息像某种"流射"一样打入人的感官，这就从认识论上回到了古希腊的"流射说"，这样理解信息，必须要走向认为信息是某种"精细物质"的老路上去。

信息的发射说所隐含的信息寓于对象中的"既成说"还面临语义上的悖论：如果说对象中"存在"着信息，就是说广延性物中存在着非广延性的东西。而我们知道，除了神经中枢这种特殊的物质具有产生非广延性的信息之功能外，其他任何物质现象都不具有这种功能，即使通常被认为可以处理"信息"的计算机也是如此。严格地说计算机所处理和传输的只是一些物质性的机器编码，即信息的载体，如果将这些代码当作信息本身，就会认为机器中"有"信息，等于说"机器懂得编码的意义"或"机器会思维"一样，其实机器并不懂得符号的意义，只是根据符号的形式来操纵符号，所进行的只是对信息代码进行形式上的变换和处理，从语言学的角度看只是语形层面的运作，而并未进入到作为信息的语义层面，所以计算机和人工智能专家以及大部分哲学家都认为，计算机不能进行创造，不能输出人没有输入的东西，也就是不能创生信息。此外当信息编码进入并被储存于计算机中时，就成了通常的"数据"，即物理性的符号串，而它们只有在输出后才可以再度被感知为信息，就是说只有信息代码产生出语义和语用效应后，才是真正意义上的信息。总之，广延性内部存在的，还只是广延性，所以对象中不可能天然地凝结着某种不具有广延性的信息。

这样，对象或物质本身并不固有什么信息，信息不是既成于对象中的，所以不可能由对象"发出"信息，也不能说对象中"包含"信息，甚至说物质"携带"信息或媒介中存在着"信息流"等说法也是不确切的，这些说法都是在有意无意地将信息还原为物质；当然，说"符号携带信息"是大致成立的，因为符号中有人的赋义；推而广之，自然物只有变成符号后，才能说其"携带信息"。

然后我们来分析"自我显现说"。信息的"发射说"及其蕴含的"固有说"或"既成说"还必然会走向"自我显现说"。

信息的"自我显现"给人造成的明显感觉是，对象都是有自我意识的能动主体，如同"公布"或"发布"信息的行为都是有主体的行为一样，于是任何事物都是无时无刻不有"表现欲望"的表达者或表演者，就像尼采所说的它们总是带着"强力意志"，在进行着"挤进"我们视界的努力。那么谁最后被我们所感知到呢？恐怕只有用达尔文的生存竞争说来加以解释：那些"显现能力"强盛的对象"打败"那些显现能力弱小的对象而被我们所感知。"自我显现"在这里用拟人化的方法来说明信息的哲学含义，而实际上，由于"显现"本身就是一个认识论范畴，只有在主体的认识活动中才会发生对象的所谓"显现"或"出场"，在这个意义上对象绝不可能有脱离主体的"自我"显现或自身自动地"出场"，即使"静观"似的"格物"，也必须有"格"即"观察"的认识活动才能使对象显现出来，当然不是对象在那里"自动"或"自我"显现。

"显现"也是"表现"，于是信息也可以被理解为事物"表现出来"的现象。即使从这个意义上信息的产生也是孤掌难鸣的，因为从康德所说的"现象即表象"的角度看，信息作为现象也是人摄取和反映的结果，广义地说，是信宿摄取和反映的结果。即使是"被动地接受"，如果毫不注意，或没有理解或释义能力，没有意向性，那么信源的刺激无非是噪音，而不是信息。于是也可以说，信息是刺激和反映的共谋、共生现象，是摄取和理解的产物。所谓"没有人的主观干预下客体自身自动地'施放'出来的信息"即"自在信息"① 是不存在的。即使有所谓"自在之物"，也不会有"自在信息"，有信息的地方一定有物质，而有物质的地方不一定有信息，因为一旦有信息，就标志了认识者在对物施加认识，就标志着该物纳入了人的认识范围，从而才产生了"关于该物的信息"即认识，因此就标志了感知者的在场以及使对象以信息的方式显现，这说明信息并不是产生于对象的孤芳自赏似的"自我显现"之中。

"可观察对象"与"不可观察对象"的区分也可以说明这一点。如果信息是由对象自我显现出来的，就不应该有不可观察的对象，因为任何信息不可能永远不会自动显现出来，如果真有那样的信息，我们也不能断定那就是信息，就像永远不说出来的话我们无法断定那就是"话"一样。但由于人的直接感觉能力的限制，确实存在着不能直接观察的对象，例如电子，使得我们不能获得关于电子的直观信息，而关于电子的直观信息并不跟电子作为对象实在相等同，而是我们希望"直观"电子的产物，当这样的产物不能出现时，我们就转向通过仪器和思维去获得。这样，无论是什么对象的信息，都离不开人的创生。其中，可观察对象由人的感官创生，不可观察对象由人所创造的仪器和思维创生，前者导致由经验语句负载的信息，后者导致由理论语句负载的

---

① 杨富斌：《信息化认识系统导论》，军事科学出版社 2000 年版，第 206 页。

信息。

信息的"自我显示"说和"发射说"一样，还导致消极的直观反映论。因为既然对象可以向我们"自我显示"出来，我们还要去进行能动的"发掘"信息的活动吗？结果只能是，"信息一到，认识便自动完成"。但实际上，如果我们不"动脑"，不能动地进行理解和辨识活动，是任何信息也得不到的。这就如同脑死亡的植物人，可以被动地接受作为物质的食物而维持生命，但"接受"不了任何的信息，因为他/她此时不再具有感知和辨识的能力，因此在其神经系统中产生不了任何信息，即使他/她是生活在各种信号源源不断刺激（如亲人对他/她的千呼万唤）着的"信息的海洋"中也是如此。

这样，对象本身是没有什么信息的，所谓"对象的信息"，无非是我们"关于对象的信息"。由此也引出"信息形成的机制是什么"这样一个问题。上述的分析表明信息不是事物本身就有，不是在对象中先在地既成的东西，而是在特定的活动中生成出来的，是一种"有中生有"的结果，是从一种有（物质的实在之有）生出另一种有（虚在之有），而"生"的机制就是主体或信宿对"前有"的感知、辨识等。所以，如果问"信息置身于何处？"就可以说信息置身于感受者与对象的相互作用中，即主客体的相互作用中，是在这种相互作用中"突现"或"涌现"出来的。一句话，信息是生成的，而不是在物中先在地既成的。

第三节　信息是自然性的还是建构性的？

承认信息是物质的属性、是物质中既成的固有的，就必然导致承认"自然信息"的存在，从而主张信息具有自然性。然而，真的存在所谓"自然信息"吗？抑或：信息是我们把某种东西"当成"的现象，还是本来就存在的现象？于是又涉及关于信息之哲学含义的另一个问题：信息是自然物自动产生出来的、还是主要由人来充当的信宿建构出来的？或者说，信息主要地是一种自然现象，还是一种人工性的存在？

承接上节的分析我们看到，信息并不是物本身中存在的，存在的只是信息的载体；即使承认物质有信息的特征，这种特征也不是自在性的，而是为我性的。普特南曾举例说，蚂蚁在沙丘上爬行过后偶然留下一个酷似丘吉尔头像的印迹，而实际上印迹与丘吉尔头像没有任何联系。"那条线'本身'并不表征某个确定的东西。""任何物理对象本身无法指称此物而不指称彼物；然而，心中的思想显然确实能够指称此物而不指称彼物。"① 这里也可看到信息产生的"非自然性"或"思想性"。所谓自然对象"有"信息或者"携带"信息从而认为存在着"自然信息"，都是不确切的说法。当我们说符号携带信息时，其中的信息既是人的赋义，也是人的释义；但"自然对象携带信息"，是否就只是"释义"而无"赋义"？如果不释义还有"义"吗？如果没有，就只能承认信息具有建构性，抑或说"信息在接受者的头脑之中"，"是人造物"。②

在认为有"自然信息"的看法中，往往是把自然现象本身当成了自然信息：如绿色的树叶——自然现象，当成"树叶是绿的"——关于树叶的信息，而后者实际上是对前者的反映，在色盲者那里则不具有这样的信息，而是别的信息。在此本人同意陈忠的观点：并不存在所谓的自然信息，而只有自然的运动，宇宙中充满自然运动，只有那些被人认识到、又经过人的精深加工的才能成为信息。人们常说阳光中包含了太阳内部结构的信息，而人类出现之前太阳就存在好多亿年了。我们体会，他们指的这些

① 普特南：《理性、真理与历史》，童世骏等译，上海译文出版社 2005 年版，第 1、2 页。

② F. Dretske. *Perception*, *Knowledge and Belief*. Combridge, Combridge University Press, 2000, p. 211.

与其说是自然信息，不如说是太阳与外界的某种相互作用，如电磁作用、引力作用等。它们的确是不依赖于人而存在的。但是一到阳光给我们的启示时，那就已经不自觉地把人作为"信宿"和"主体"了，因此在信息的形成中不能不看到"人"这个主体的作用。① 进一步说，认为自然的声、光、电携带什么信息，无非是人用自己的意识将其信息化的结果，而"将对象信息化"与"对象的信息"不是一回事，后者意味着对象本身有信息，而前者意味着对象的信息是人为建构的结果。主张自然有信息的信息世界观，往往是在两者不分的意义上，或者以自然的信息化取代自然信息的意义上，来理解自然信息的存在的。实际上，X 是不是信息，或是否携带信息，并不取决于 X 本身，而是取决于接受者是否具有将 X 信息化的能力。"自然信息"产生的认识论和方法论根源在于，本来是用信息方法或信息化视角分析自然现象，结果反过来把自然现象本身就看作是信息，这和前面把信息等同、归结为物本身的看法是一脉相承的。

由此我们也可以得到关于信息的一种哲学含义：信息就是将对象信息化后得到的东西；由于唯有思想才能使物理性的存在被信息化为信息，所以信息是一种思想对对象的建构。因此，自然信息就是信息化了的自然，自然物的信息就是信息化了的自然物，只有具有信息化功能的主体，才能造就（building）、建构（constructing）或制造（making）出信息。而且，信息也是交流中的信息，或为了交流而被创造出来的东西。无论是创造还是交流，都是建构活动，因此在这个意义上信息也不是自然先在地存在的，而是交流中或为了交流而建构。树的年轮是自己表现出来的信息吗？不是！实际上它是被人联系和分析出来的，离开了人，就不存在有年龄意义的所谓"年轮信息"；DNA 是信息吗？也不是！实际上那是一堆分子，所谓"遗传信息"也是人的一种

---

① 陈忠：《信息究竟是什么》，《哲学研究》1984 年第 11 期。

说法，或人的一种描述方式：对 DNA 的信息化，用弗洛里迪的话说，就是使事物在信息系统中得以呈现："任何事物均可以在信息系统中得以呈现，从一座建筑物到一座火山，从一片森林到一顿晚餐，从一个大脑到一家公司，而且任何过程均可以按信息的方式模拟出来：加热、飞翔和编织。"[①] 由此还可以知道，即使对象是唯一的，但由于信息化是多样性的，所以信息化后或在信息系统中出现出来的对象就不是唯一的。

还可以认为，对象的信息化可分为主动和被动两种，前者是对象作为主体所进行的表现和表达活动，后者是对象作为客体而被主体所信息性地"摄取"，是被主体所分析、认识和把握。唯有可称为主体的对象，才有信息表达的问题，对于"主体"的过渡阶段或前主体阶段来说，动物有前信息表达，高等动物有接近于原始人的信息表达。

这样，在自然界，所谓"自然信息"无非是子虚乌有的皇帝新衣，是我们把一些本不是信息的物质（如光线、声音等等）说成是信息，因此在这种"误解"中，"自然信息"是被我们说成的东西，而不是本来就有的东西。对这种误解加以校正，那么就应该看到，"自然信息"实际上是被我们"想成"的东西，是我们对各种物质性的自然现象加以感受、辨识和"提升"后的现象。所以，当我们问信息的差异性来自于信息主体还是信息客体、来自于信源还是信宿时，其回答就是两者都有"贡献"。

这样，如前所述，所谓"自然信息"并不是自然本身有什么信息，而"关于自然的信息"，是作为信宿的人的头脑中留下的感知自然的某种人为建构起来的"虚在"，其表明的是我们关于自然的"知道"，即关于自然我们知道些什么。以"山雨欲来风满楼"为例，我们通常将"风满楼"视为"山雨欲来"的"自

---

① ［英］L. 弗洛里迪：《信息哲学的若干问题》，刘钢译，《世界哲学》2004 年第 5 期。

然信息"。但实际上"风满楼"本身并不是什么自然信息，只是一种自然的物质运动现象，是人将其与"山雨欲来"关联起来，"知道"了其先后相继的一定概率的联系，于是才有了"信息"（一种预测性认识）的性质；否则，如果没有人的把握，"风满楼"永远成为不了"山雨欲来"的信息。在这里，倒是可以借用休谟的话来说，信息无非是人对上面两种现象之间的"习惯性联想"，亦即一种思维的建构。

这样的特性表明，信息不具有自然物那样的纯客观性，即使有"客观信息"，如被人赋义后离开人而独立存在的那些载体（符号、磁盘等）中的信息（所谓世界 3 现象），但那也不再是"纯客观"的了，而是被人的主观性"染指"的现象，因此信息是离不开主观世界的建构的。之所以需要看到这一点，是因为"信息客观性的科学光环，导致它本身被扭曲成某种具体事物"①，进而再通过将这种具体事物"客观实在化"而成为本体论依托，从而走向本体论信息主义。

甚至信息的存在必须建立在信息活动者具有一定能力的基础之上，"这种能力是习得的，是依赖于记忆、目的性以及在一个交流系统中运作的能力，这也被称为与一种信息状态相协调"，"信息成为个体的认知手段，但它也只能在一种社会语境中发挥效用。信息是一种社会的产物"②。于是，"信息必须要根植于社会关系之中"，"信息根植于其中的社会环境具有与信息本身同等的重要性"。③

在这里，视信息具有社会建构性时，也是放弃了对信息存在的本质主义的理解，甚至使得我们对信息与物质之间边界的清晰

---

① ［美］丹·希勒：《信息拜物教》，邢立军等译，社会科学文献出版社 2008 年版，第24 页。

② Ian Cornelius, Information and Its Philosophy. *Library Trends*, Winter2004, Vol. 52 Issue 3, pp. 377 – 386.

③ ［美］约翰·希利·布朗等：《信息的社会层面》，王铁生等译，商务印书馆 2003 年版，"权威人士评语"部分第 2、3 页。

性也会持怀疑的态度，那就是两者之间的界面常常是模糊不清的，这就如同"对象"与"被认识的对象"之间的界面常常是模糊不清的一样：我们所谈论的"对象"其实都是我们所"认识的对象"，以至于一切对象都是我们所认识的对象。这也是人们在"物质"和"关于物质的信息"之间陷于模糊的原因，本来是关于物质的信息，我们视为了物质本身，于是将信息也就视为了物质本身，以至于物质就是信息本身，自然就是关于自然的信息本身。可见，从建构主义而非本质主义去观察这一问题时，既可以看到信息的建构性，也可以找到为什么认为自然本身有信息从而存在所谓"自然信息"的认识论根源。

第四节　信息是泛宇宙现象还是属人现象？

在"信息为物所固有"的看法中，必然得出信息普遍存在的结论：只要有事物存在，只要事物在运动，就存在信息。由于绝对不运动的事物是没有的，所以信息是普遍存在的，"信息属于物质，只要有物质的地方，就一定有信息存在……信息以物质为载体……物质的普遍性以及物质运动的规律性决定了信息的普遍存在性"[①]，"在地球以外的广阔宇宙中，通过多层次物质携带的信息所实现的自然控制作用，是层出不穷的"[②]。也就是说，不论有没有接受者，信息都是存在的，在没有人之前，就有一个信息世界客观地存在着，这也是被前苏联学者索科洛夫所称谓和否定的"泛信息主义"：信息"过去存在并将永远存在"，"物质世界的一切因素和系统中都毫无例外地包含着"信息，"信息贯穿于

① 倪波等：《信息传播原理》，书目文献出版社1996年版，第21—22页。
② 罗先汉：《物信论——多层次物质信息系统及其哲学探索》，《北京大学学报》（自然科学版）2005年第3期。

人的生命和社会的各个'时期'",等等。① 一句话,"信息充满了整个宇宙"②,信息在世界中无处不在、无时不有。

认为信息是一种泛宇宙现象的理由还在于:因为"有相互作用就有反映,有反映就有信息,相互作用的普遍性决定了信息的普通性"。而反映的一般方式就是物和物在相互作用中留下的印痕:"印痕与作用物体的属性相似,但不是等同,印痕中包含的相似性是以被作用物体特有的反应和变形对作用物体属性的再现,是被反映出来的作用物体的属性。应当承认它们就是存在于被作用物体上的关于作用物体的信息。"③但显然,印痕就是印痕,它是物质性的存在,如天外陨石落到地球上时将其撞个大坑,大坑就是印痕,但并不是什么信息,只有对大坑加以分析从而对其"知道"了些什么时,才获得了"关于大坑的信息",否则一个人掉到这个大坑里就是掉到信息里了?而且,如果认为物质间相互作用的印痕就是信息,那么这样的信息(例如那个大坑)就应该具有唯一性,因为那个大坑是唯一的。但事实上关于那个大坑的信息很可能是多样性的。

前面所说的"信息的显现"实际上就是信息的被开发、被摄取,它不是一种主动性的存在,不会由对象自动流射出来,即不会自行显现出来,而只能是被信宿所把握的东西,即信息是信宿所反映的信源的性状。实在只能是"被"信息化,而不可能自主地信息化。只有人才能主动信息化,即信息地展现自己;而作为无信息能力的对象及物,只能被人信息化。如果信息是信息化的产物,那么一切信息都是一种被动存在,它作为对象的"显现",其是否显现和显现的程度与信宿——通常是

---

① [苏] A. 索科洛夫:《信息是现象,是功能,还是假象?》,舒白译,《世界哲学》1991 年第 2 期。

② 刘长林:《论信息的哲学本性》,《中国社会科学》1985 年第 2 期。

③ 同上。

人——的开发和摄取能力即认识能力有关，从这个意义上，即使信息是关于对象的，也是属人的，这也意味着一切信息都是人对对象的非中立性改变，所谓作为对象之"真值"的信息是不存在的。这样，一定意义上甚至可以说人是信息存在或不存在以及这样存在或那样存在的尺度，所以不断改变信息出现方式的并不是对象本身，而是人，即人的状况决定对象的信息状况。于是信息也是与人的意向性联系在一起的，人可以从无信息的对象中看出信息来，如前例所说蚂蚁碰巧在沙滩上爬出丘吉尔的头像来，再如远处的岩石看上去像一尊卧佛等等，就是看者的意向性单向造成的；如果信源也是有意向性的人，那么在接受者那里所形成的信息，则是信源和信宿的双向的意向性造就的。这样，信息无非是人把握物和对象的一种方式，是人对客体属性、功能和一切状态的一种把握，无主体则无信息，信息不应有"无人"的特征。

科学中的信息概念常有"无人"的特征，或者说信息的"非人化"尤其体现在将信息概念的"科学化"过程中，而一些人从哲学上探讨信息的特征时，又乐于直接将科学对信息的这些特征移植过来，于是也形成了对信息的哲学含义的无人化处理。

"信息"本来是一个日常概念，和人的生活与经验紧密相连，它无非是我们所看到的一切和想到的一切，以及我们所表达的一切，前者是我们作为信宿时所触及的信息，后者是我们作为信源时所建构的信息。但后来，经科学家的"提升"，信息逐渐成为一个"科学概念"："大多数人总以为信息是指发生在谈话过程中谈话者和受话者之间的交流。而出身于贝尔实验室的申农则对连接谈话双方的电话线中会发生什么变化更感兴趣。在他的论文中，信息论的基本概念——噪音、冗余度、熵——汇集在系统的数字表达式中，作为二进制数的信息量的基本单位的比特也第一次出现了，它是一个纯计量单位，它使所有通讯技术的传输能力都可以量化。"① 于是最后在申农那里，信息成为两次不确定性之差，在维纳那里，信息是系统的组织程度、有序程度的标志；在年哈特莱那里信息是选择通讯符号的方式，并且用选择的自由度可对其计量；在阿希贝那里，信息的本性在于事物本身具有的变异度。此外，还有的人说信息是物质和能量在时间与空间中的不均匀分布，是负熵，是事物系统的组织性程度，是被结构化的数据，是"比特流"等等。他们在给这个词增加了以前没有的数学精确性即"科学性"的同时，渐渐地也变得与人的日常生活和用法相脱节。这些专注于对信息的"科学解释"或"技术性说明"的努力，也形成了一种"祛魅化"地理解信息的进路，使信息成为一个脱离人的"纠缠"的客观可度量现象。例如按申农的观点，信息"不再与陈述的语句意义有联系。相反，信息开始成为通讯交换的纯数量单位"，只要有人愿意传输，即便是对人毫无意义的噪音也可以是"信息"②。因此在申农那里，"减少不确定性"虽然是针对人而言的，但对"所减少的不确定性"的度量又是排除了人的，使得"信息"最终还是不属人的。

科学性的信息观通常以客观性为诉求，由其所看待的信息通常是独立于信息的接收者，独立于人们能否对其予以观察或抽取。在这样的视野中，信息先于信息接收者而存在，并对所有接收者产生相似的影响；信息具有客观的基础，它与观察者无关，与情境无关，所以信息对所有人都是有效的和确定的，信息的意义作为确定的感觉形式是早已确定了的，这种观点被称为信息的客观主义，或者科学主义。③

如前所述，科学性的信息要消除不确定性和追求精确性，而

---

① ［美］西奥多·罗斯扎克：《信息崇拜》，苗华健等译，中国对外翻译出版公司 1994 年版，第 8—9 页。

② 同上。

③ 参见王素、汪胤《从经验主义到现象学：一种新的信息哲学观》，《上海交通大学学报》（哲学社会科学版）2007 年第 3 期；武夷山：《两种基本的信息观》，《科学时报》2009 年 2 月 6 日。

从人文的视角则包容这种不确定性和模糊性：为什么在信息交流中会有"言外之意"？为什么会"话中有话"？为什么同样的话，不同的人说出来有不同的效果？这些都是信息"背后"的人文因素造成的。具体来看，其中的争议之一："科学的"信息概念之一就是"消除不确定性"，因此必然引起的思考是：增加不确定性的是否为信息？如人类学家向我们介绍这样一个有争论性的：以前学术界以为人类只有 30 万年，现在说是 30 万年还是 300 万年出现了争议——于是你的信息量是多了还是少了？你是获得了信息还是获得了负信息？有时候获得了确定性的答案后反而就没有信息了。进一步我们还可以看到：没有问题或疑问或不确定性，就没有产生信息的源泉了。再就是，消除不确定性有时就是消除了信息，对不同意见的压制从而消除争论，也是消除不确定性的一种形式——是社会领域中的消除不确定性，但同时也消除了这方面的信息，它导致了信息上的"万马齐喑"。还有不确定性的不可穷尽性问题，常常是消除了一种不确定性，又会引来另一种不确定性，如原子的构造的不确定性，可以用原子核和电子来消除，但原子核和电子又导致关于其构造的信息的新的不确定性。凡此种种，表明单一的科学的信息概念不能简单地移植作为一个哲学概念来使用[①]，哲学上的信息不应该是一个纯科学概念，而应包含人文含义。甚至可以说，凡是人使用的信息，都带上了人文的特性。哲学的信息概念必须是科学的信息概念与人文信息概念的概括，而信息的"属人性"就是这种概括后的产物之一。

　　信息的属人性不仅表现为作为信息之"科学性"的必要补充的"人文性"，而且更从深层上表现为"人本性"：无人或无主体则无信息，严格意义上的信息都是人为的或为人的；物质世界可以有无人的状态，但严格的信息世界，就一定是属人的世界；换

---

　　① 申农本人也意识到"不能指望一个单一的关于信息的概念能够令人满意地对一般领域的各种可能的应用负责"，参见弗洛里迪《信息哲学的若干问题》，刘钢译，《世界哲学》2004 年第 5 期。

句话说，信息是"我们"参与而形成的，进一步，它只属于能读懂它的人。

维纳的信息观中也有这一方面的展示，他认为"信息这个名称的内容就是我们对外界进行调节并使我们的调节为外界所了解时与外界交换来的东西"①。这个意义上的"信息"是离不开作为人的"我们"的，其中就间接包含了"没有人就没有信息"的人本主张。这也是"信息"的初始语义：信息均作消息讲。汉语如此（指人们在交往中互通情报、消息的意思，如"梦断美人沉信息，目穿长路倚楼台"，"雁过故人无信息，酒醒残梦寄凄凉"等等），所以有的学者按《说文解字》的方式来分析"信息"：可将"信"分解为"人"和"言"两字，"息"则分解为"自"和"心"两字，于是"信息"一词，可以进一步解释为："尽管听人所言，还须经自心体会。"② 于是信息无非就是言传的消息和心想的事情，若合取两个字的偏旁部首，则可见信息与"人"、"心"有关。在这个意义上，"信息仅仅存在于信息活动者（informee）的心智之中"，甚至也仅仅只能在具有知道信息是正确的能力的信息活动者中才能传递信息。③ 对信息的度量也是如此，人的不确定性决定信息量的不确定性，同一句成语，饱经风霜的老人和未涉人世的幼儿读出来是不同的。所以信源中不应有什么"标准"的信息量，每一次解读和释义行为都可能建构出不同的信息量。这也说明，同样的信息，经过不同的修辞，会达到不同的效果，因此"信息"的含义与内容如果也是"被接受"、"被理解"的含义与内容的话，就在相当程度上是个"软概念"，和修辞及其产生的具体效果紧紧联系在一起，而不纯粹是经由科学

---

① ［美］维纳：《人有人的用处：控制论与社会》，陈步译，商务印书馆 1978 年版，第9页。

② 秦殿启：《论叙事学理论对信息学研究的启发》，《情报杂志》2006 年第 3 期。

③ Ian Cornelius, Information and Its Philosophy. *Library Trends*, Winter2004, Vol. 52 Issue 3, pp. 377－386.

分析能完全表达的。修辞、解释等对信息内容的影响乃至决定，就体现了信息内容的人文性。

西文亦如此，根据"知识产业理论"的创始人马克卢普（Machlup）的考证，英语中的"information"源于拉丁语中的"informare"（in + formare），意为"置于形式中"（to put into form），即形式被赋予物体之中，并且是人将形式赋予物体中，使得物可以被理解，甚至可以因此而解释宇宙的秩序，由此信息与人的心智联系起来，衍生出思想、指令和概念等意义，基于此，"提供信息"（Informing）带有"给予知识或指令"的意思，或者更通常地就是"告诉（某人）某事"的意思，于是"信息"就涉及告知或被告知的东西，这也是我们常识中关于"信息"这个概念的基础①；从维基百科所列举的用来说明信息的近义词中也能看到这种"属人性"的痕迹，这些词是：通信（communication）、控制（control）、数据（data）、形式（form）、指令（instruction）、知识（knowledge）、意义（meaning）、精神刺激（mental stimulus）、模式（pattern）、理解（perception）和表现（representation）等等。②

当我们说"自然信息"（其实是自然现象）的意义要由接受者来理解和解释，具有属人性，从而并不具有真正意义上的"自然信息"时，也可能会看到有些"信息"也有非属人性，如有的"自然信息"也能被动物正确的理解，像对"地震信息"的正确理解；甚至人工信息也有非属人性，如信号被家养动物所理解。然而，这里的"理解"只不过是初级形式的"理解"，是人的那种"高级理解"的前身或生物学基础，或者说是一种与"准信息

① Frits Machlup, Semantic quirks in studies of information. In Frits Machlup & Una Mansfield（Eds.）, *The study of information：Interdisciplinary Messages*（641 – 671）. 1983, New York：John Wiley & Sons.

② "information", http：//en. wikipedia. org/wiki/Information, 29 August 2009,［2009 – 08 – 31］.

活动"相联系的"准理解活动"。

因此从狭义或严格意义上讲，信息是一种属人现象，而广义上是一种属进化出神经系统的生命现象。所以回到"信息置身何处"的问题时就可以说：信息并不是像物质那样普遍存在的现象，并不是哪里有物质哪里就有信息，因此并不是物质的普遍属性，它至多存在于生命体与环境的相互作用中，而严格地存在于人对外界的感知和辨识活动中，是在这些活动中突现出来的。在以人为中心的信息观中，不存在所谓"自然信息"，只存在"关于自然的信息"，自然不向我们"发出"信息，我们只能向自然"摄取"信息，也就是将自然信息化并加以把握。这样的因人而生的信息，也给我们留下了如下的广阔空间：追求信息的灵活解释、人性基础、语境及其微言大义等等。

第五节　信息是本体论范畴还是认识论范畴？

上述问题最后归结为一个核心问题：信息是一个本体论范畴还是一个认识论范畴？一般主张信息既是一个认识论范畴，也是一个本体论范畴，从而有所谓"本体论信息"和"认识论信息"，其中本体论信息是最根本层次上的信息，它不以认识主体的条件为转移。这一观点的典型代表，是钟义信教授的"广义信息论"，该理论将信息分成若干层次，其中"本体论层次的信息"被他定义为事物运动的状态和状态变化方式的自我表述/自我显示；认识论层次的信息则被定义为指主体所感知或表述的关于该事物的运动状态及其变化方式，包括状态及其变化方式的形式、含义和效用。① 具体地说，一个事物的本体论信息与是否有认识主体的

---

① 参见钟义信《信息科学原理》，北京邮电大学出版社 2002 年版，第 49—52 页。

存在无关，也与是否被主体所感知无关，可见，本体论信息是事物运动直接产生的结果，只要有"事物"的运动，就会产生相应的本体论信息。而这里所说的"事物"，既可以是外部世界（包括自然界和人类社会）的物质客体，也可以是人们主观世界的精神现象；这里所说的"运动"，泛指一切意义上的变化。于是，本体论意义的信息是一种普遍的存在。哪里有事物，哪里存在事物的运动，哪里就有本体论的信息存在。[①] 也就是说，"本体论信息无论有无信息接受者，它都客观地存在着"[②]。从这种角度看信息，信息就是一种客观存在的现象，是事物的运动状态及其变化方式，不停运动着的事物不断产生本体论意义上的信息。当然也有不少研究者选取了认识论的角度，如认为信息是客观世界一切事物存在和变化状况与人的认识能力的交换。这个定义中包括两个要素：第一是客观事物，第二是人的认识能力。不过，在牵涉到信息的认识论定义与本体论定义的关系时，不少人通常将前者看作是对后者"加以限制"、加入"约束条件"的结果，这个约束条件就是"必须要有主体"（如人、生物或机器系统），从而是次于本体论定义的一种定义，因此只是起"陪衬"作用。

如果认识论的信息是对本体论的信息加上约束条件的结果，那么这种"约束条件"是本来就应该的，还是额外的？于是认识论的信息定义与本体论的信息定义，哪一个定义的解释力更强？

如果认为这种"约束条件"不是可有可无的，人只有在这种约束条件下才能获得信息，信息也只有在这种约束条件下才"呈现"出来，才"是其所是"地"是起来"或得以存在，那就是承认认识论信息的存在，并且是唯一的信息类型，它是认识主体和本体论物质（而不是什么"本体论信息"）相互作用的产物，那就是走向一种对信息的真正的认识论解释。或者说，如果承认

---

① 钟义信：《自然语言理解的全信息方法论》，《北京邮电大学学报》2004 年第 4 期。

② 洪昆辉、杨娅：《论信息存在的复杂性》，《云南社会科学》2005 年第 6 期。

信息是一种建构，那么认识论信息定义就不再是次于本体论信息的定义，而是关于信息的终极定义，乃至唯一定义，也就是信息只能从认识论的角度去加以阐释。至于人之外存在于客观事物中的所谓"信息"并不是信息，而是属性。属性本身并不是信息，只有对属性的认识和理解才成为信息。说到底，信息是我们看出来、听出来和想出来的东西，是我们面对对象感知和思考出来的东西，而不是"本来就有"的东西，对信息只能做认识论的解读而不能做本体论的解读。而本体论意义上的"信息"都可以用其他词来代替，如习惯上常说的"DNA 信息"就可以用"DNA 物质"来代替，正如分子生物学的信息学派并不比其他学派（如生化学派和结构学派）更优越、更有说服力一样。总之，需要"把信息看成是个功能性的概念，而不是看作现实世界中的客体……它存在于认识主体的意识领域"①。

即使承认有"本体论信息"，这种本体论信息就是事物本身的"呈现"，那么"呈现"有固态吗？一事物在视力正常的人那里和在盲人那里的"呈现"是一样的吗？在人和蜻蜓眼里的呈现是一样的吗？于是，这里的"呈现"是只取决于事物本身，还是也要取决于呈现的"接受者"？从而是两者的"合谋"？如果是后者，显然就不存在什么作为"本来面目"的本体论信息，任何信息，只要成为了"信息"，就是一种认识结果，就是认识论信息。也就是说，任何事物的信息都是"关于事物的信息"，是事物的"呈现化"，即"现象化"，而现象就是表象，就是人的认识。在这个意义上，从表面上看，信息无非是物质表面的泡沫，从真实性看，信息只能是大脑深处的激流。

不少信息哲学研究者把"有意义"列为信息定义的充分必要条件，认为哲学所关注的信息不应该是一个技术概念，而是"有

---

① ［苏］A. 索科洛夫：《信息是现象，是功能，还是假象？》，舒白译，《世界哲学》1991 年第 2 期。

意义的信息"①，这就更使得信息与认识内在地关联起来，如认为"信息是那种给定了合适的接受者就能产生出知识的用品"②，"信息是以有意义的形式呈现给接受者的数据"③，信息是"具体物质（确切地讲是物体）、能量的取值（参量）或取义（暗喻）"④，这里的"取"及"产生出知识"显然是一种基于实践的认识活动。同时，不存在没有信息主体的信息，数据不具有独立于接受者的语义，而意义只能存在于主体的心智之中，离开了认知主体，世界就是物质—能量的世界，信息也无从谈起。信息的界定从根本上说取决于主体的界定，缺少合理的主体界定，就无法得出有意义的信息定义。就人类信息活动而言，人类作为主体是信息和符号存在的先决条件，⑤ 当这一视界认为"信息是一切物质和能量存在的意义"时，由于"意义"是人对对象（自然物或符号等）的理解（或如维纳所说我们同外部世界交换的内容），于是信息就是对象中所包含的人的理解，没有理解活动时就没有信息。克劳斯的看法也呼应了这一观点："什么是信息？纯粹从物理学方面看，信息就是按一定方式排列起来的信号序列。但光说这一点还不足以构成一个定义。毋宁说，信息必须具有一定的意义，必须是意义的载体……由此可见，信息是物理载体和语义构成的统一整体。"⑥ 所以，从认识论意义上说，客体只是产生信

---

① Patrick Grim, etc., Information and Meaning: Use-Based Models in Arrays of Neural Nets, *Mind and Machine*, 2004, 14, p. 43.

② Dretske, R., *Knowledge and the Flow of Information*, MA. MIT Press, 1981, p. 47. See Olimpia Lombardi, What is information, *Foundation of Science*, 2004, Vol. 9, p. 116.

③ Jennifer Rowley, What is information? *Information Services & Use*, 1998, Issue 4, Vol. 18, p. 248.

④ 黄小寒：《从不同领域信息学的比较研究再论信息的本质》，《自然辩证法研究》2005 年第 12 期。

⑤ 吕公礼：《语言信息新论》，中国社会科学出版社 2007 年版，第 67 页。

⑥ ［德］G. 克劳斯：《从哲学看控制论》，梁志学译，中国社会科学出版社 1981年版，第 68 页。

息的"信源",而主体才是决定"信息"之成为"信息"的关键性因素。

当注意到"意义"对于信息的意义时,"信息"这个概念的使用范围甚至比"information"的另一汉译词汇"资讯"还要狭窄。在现代汉语中,通常中国大陆将 Information 译为"信息",台湾地区译为"资讯"。就此译名而言,信息和资讯可以画上等号。然而,从汉语的一般使用上观察,信息和资讯的语义并不完全相同。比方说,当伊拉克人和美国人收看同一则战争新闻时,我们可以说:"他们接收到相同的资讯,可是解读此新闻获得的信息却不一样。"如果说"他们收到相同的信息",则语义不明。在此例中我们可以了解,资讯一词的语义是指传播过程中直接收到的讯号本身,而信息则指接收者理解该讯号后对该讯号速表的意义。为了避免词语的歧义,可以认为资讯指 Information 的形式(form),而信息则指此 Information 所承载的内容。①

如果承认一切意义都是由解释而生成,而意义又与信息具有等价性,那么就是说一切信息都只能在认识中形成。不仅认识离不开信息,而且信息也离不开认识。用"知道"来看:信息是信宿被告知的东西,没有赋义者时,这种"被告知"就是"获知",有赋义者时,就是信源"想要告知"的东西和信宿"被告知"之间的交集。英国著名系统理论家切克兰德(Peter Checkland)简洁地表述了"信息=数据+意义",由于不同的人具有不同的价值取向、信念和期望,因此,不同的人从相同的数据中,可能产生不同的信息。也就是说,人们通过将意义附于数据,就产生了信息②,这里的数据就是载体,也可以广义地理解为对象。于是推而广之:信息是接受者对对象赋义的产物,赋义后的对象,就

---

① 谢清俊、谢瀛春:《一个通用的资讯(信息)定义》,载姜璐编《信息科学交叉研究》,浙江教育出版社 2007 年版,第 32 页。

② Peter Checkland, Sue Holwell. *Information, Systems and Information Systems: making sense of the field*. Chichester: John Wiley & Sons Ltd. 1998. p. 90.

不再是孤立的物，而成为事件、过程、结构、关系，即使仅仅是"那里有一张桌子"，也不再是桌子本身，而是起到一种"告知"的作用，表明"我发现那里有一张桌子"，"我们有桌子可用了"等意义，而这就是信息，不同于物自身的"纯粹存在"，而是与"我们"关联的信息！

由此可以说，信息是释义和（或）赋义的产物。这尤其典型地体现为以符号形态表现出来的信息，其中包含了对符号的赋义和释义的双重活动。赋义和释义是人的自觉行为，它使得信息是先行约定的后续效果，使得信息总是同"意义"联系在一起的，而"意义"又总是同认识活动联系在一起的，尤其是同"理解"联系在一起的，所以也有将信息定义为"被接受和理解的消息"[①]。当然，并不是所有的信息活动都是既有赋义者也有释义者的完整过程，如可能存在有赋义者但无释义者的现象，其表现于某些作为"私人作品"的谁也读不懂的记号或符号之中，它们未被释义或者不能被释义，别人即使触及到它们也不解其信息。这在一些古文字、古符号的意义"失传"时也会出现，可统称这类现象为赋义与释义之间的脱节，而脱离了释义的赋义不是完全意义上的符号行为。

此外也可能存在无赋义者、但有释义者的现象，如对自然物的理解。它表明，凡被赋义的物质现象都成为符号，而未被赋义的现象就是非符号现象，对这样的现象的"释义"已不是严格意义上的释义，而是对对象物的感知，形成的是感知信息；当然，在此基础上可以加深对对象的理解，挖掘出其更多的价值和意义，但在进行这样的"加深理解"时，无疑要使用语言符号手段，就要以另一种方式涉及释义了。在如上的意义上，既无赋义者也无释义者的"信息"是不存在的，说宇宙中有大量自生自灭

---

① "information is a message received and understood"，"information"，http：// en. wikipedia. org/wiki/Information，29 August 2009，［2009 - 08 - 31］.

的"自在信息"是不成立的，信息必须是在认识中形成的，或者
是形成于人与人的交流中，或者是形成于"格物"的活动中，前
者是既有赋义也有释义的双向的认识活动，后者是只有释义的单
向的认识活动。如果认为自然物有信息，而信息又是与意义联系
在一起的，那么就是认为自然物也有意义和目的，类似于承认有
"天意"之类的东西；也类似于将自然物人格化。

所谓"正确的信息"与"错误的信息"也表明了信息的认识
论性质。信息有正确与错误之分吗？在我们的日常用法中，无疑
有"X向我们传递了错误（或正确）的信息"的说法，如果有本
体论信息的存在，那么会不会有"自然实在向我们传递错误信
息"的情况？例如乌云密布被解读为天要下雨的信息，但结果却
未下雨，于是我们就会认为那"信息"是错误的信息。然而，如
果仔细思考就会发现，那"信息"如果是错误的，这种错误似乎
并不产生于乌云本身，而是产生于人的解读，即人对乌云导致下
雨的有些因素还未充分把握。由此，作为自然现象的乌云并不主
动地向我们传递任何信息，无论是正确的还是错误的信息，只有
人去解读或解释那乌云的"意义"时才产生了所谓的信息，也才
有了所谓"正确的"或"错误的"信息。

本体论信息又被一些学者称为"实有信息"，认识论信息为
"实得信息"。显然，一切信息都是"实得的"，而不是"实有
的"，"有"和"在"是相同的（都为 Being），故"实有信息"
就是所谓的"实在信息"，这也违背了信息的本来意义：虚在而
非实在，有别于物而非物本身。这也是在本章第一节所指出的，
在"实在信息"的说法中，包含了将实在当成信息、将信息当成
实在（物质）的误解。当然，如果这里的"实在信息"是"关
于实在的信息"而不是"实在本身的信息"，问题就回到了前面
所说的："关于"就是辨识后的东西，就是认识现象。

如果视信息为反映者对被反映者意义的辨识，那么信息活动
就是一种"辨识活动"，即使是刺激反应，也是对刺激源意义的

辨识，辨识其"有害"时就避之，"有利"时就趋之和取之，所以"辨识"也可能发生在高等甚至低等生命身上，不过较之人的辨识，动物的辨识要简单和低级得多。而一般动物的"处理信息"，无非是一种神经细胞的"刺激反应"。"本能的反应"是对原始意义的辨识，于是成为原始的信息活动，如被刺痛时的避开，这也类似于说"信息是反映出来的事物属性"①，抑或是探测（到）的差异，如此等等。

这样，信息就是信宿"阅读"载体时所得到的东西，严格意义上的信息就是人对对象的释义所得。信息作为认识论现象，简单地说就是"知道了"；对象是否"有"信息，就是信宿是否能产生出关于对象的信息；在这个意义上，也不存在"自在信息"，只有"为我信息"，当自在之物从认识论上变为为我之物时，就是变成了信息。当我们说有限对象"包含"无限信息时，也只能从认识论上理解为：人能无限地认识对象，获得关于对象的无限多的信息，因此所真正表征的，并不是一个本体论上的信息量问题，而是一个认识论上的认识能力问题。总之，信息是一个认识论范畴，并且只能是一个认识论范畴。

认识论还包括对实践的研究，而控制行为就是属于实践范畴的现象，故信息也可以扩展到广义的控制行为上，因此控制论就成为说明信息特征的一个重要维度。控制论主张生命机体（或团体）之所以需要信息，是为了保障它得以随着周围环境的变化而进行调整或控制，以使它继续存在和进一步发展。所以"信息是生活主体和客观环境相互交换的内容，是控制系统用来控制受控对象的东西"②。而真正懂得"意义"的控制，狭义地说是人的活动，广义地说是有智能现象的生命活动，于是，借鉴信息哲学家弗洛里迪的说法："是否可以说，信息位于第三世界，可以由

---

① 刘长林：《论信息的哲学本性》，《中国社会科学》1985 年第 2 期。

② 陈一壮：《信息的哲学定义和信息功能的历史演变》，《河北学刊》2006 年第 1 期。

智能生物以智力的方式存取，但却不是本体论意义上依靠它们（柏拉图主义）呢?"[①] 而进一步看，需要信息的原因是为了保障控制，而信息只有当其用于（或者它有可能被利用于）控制的目的时，才具有某种价值。这也是信息系统创始人戴维斯（Davis）为代表的信息观点所主张的：信息是那些实际可察觉的、有价值的并经过处理的数据，它对接收者当前的或潜在的行动或决策有意义[②]。而其中"决策"就是一种控制活动或行为。在没有反映系统、感应系统和控制系统的无机世界中，既不存在信息，也不需要信息；只是上述这些"信息系统"出现后，才出于其需要而产生了信息。于是，信息也是"通过符号系统传播的一种刺激"[③]，这就使信息与神经联系起来，因为只有针对神经或神经系统，才有所谓的"刺激"，为的是产生出相应的"反应"——控制。

再将控制和认识联系在一起，如果对对象的感知、辨识和释义属于狭义的认识的话，那么说获取信息的目的就是为了进行控制，无异于说认识的目的就是为了实践，于是辨识对象获得信息而用于控制，就形成了一个相对完整的广义认识过程，从这个过程也可以看到信息的认识论属性。

相反，本体论信息观所蕴含的则是这样一个理解的链条：有本体论信息，因为物本身有信息，因此信息具有自然属性，信息可以离开人而独立存在，信息具有或可以具有纯客观性……而我们知道只有物质或能量才具有这样的纯客观性，由此本体论信息最后只能将信息还原为物质，才符合上述特征，否则，"虚在"的信息如何可能是纯客观的呢？这种虚在如何可能离开人而存在

---

① ［英］L. 弗洛里迪：《信息哲学的若干问题》，刘钢译，《世界哲学》2004 年第 5 期。

② Davis G. , Olsont M. *Management Information Systems*: *Conceptual Foundations*, *Structure and Development*. New York: McGraw-Hill, 1985, pp. 200 – 204.

③ 崔保国：《信息社会的理论与模式》，高等教育出版社 1999 年版，第 16 页。

呢？本体论信息实际上最后是取消了"信息"作为一种可以区别于物质存在的权利。所以，只要还想保持信息与物质的区别性和特殊性而不将信息最后归结、彻底还原为物质，就必须拒斥所谓的"本体论信息"，而只承认有"认识论信息"。

本体论信息观也是本质主义信息观，所谓本质，就是指事物内在的质的规定性，是事物自身固有的、决定其性质、面貌和发展的根本属性，是一事物成其为自身、并区别于他事物的依据。因此，本质主义信息观就是要在事物自身中去寻找信息的存在，而不是将信息看作是在认识过程中形成的。

第六节　信息究竟是什么？

归结前面的分析，从哲学含义上我们可以明确"信息不是什么"的几个方面：信息不是物质和能量本身，也不是结构、形式等等物质的这种或那种形态及组成部分本身；信息还不是物质所固有的或内在既成的东西，从而也不是从物质中"发射"或"自我显示"出来的东西；信息不是纯粹的自然现象，它既不是对象的自然属性，也不是自然对象的固有属性，从而也不是可以离开人或主体而独立存在的纯客观现象或无处不在的普遍现象，故不存在什么"自然信息"；而所有这些归结起来就是不存在什么"本体论信息"，或者说信息不是一种"本体论现象"，从而也不是一个本体论概念。与此相应的，在理解信息的哲学含义时，需要打破信息的自在性、自为性、自然性和实在性承诺。

以上也可视为一种反向理解"信息究竟是什么"的思路，或者说，在上述分析的基础上，我们可以将前面的探讨加以"正向"的归结：信息是一种非物质的存在，是信宿或广义的反映者对对象意义的辨识和感知，也是广义的控制系统的一种机能，尤其是神经系统的一种机能，是辨识和控制活动中的一种主体性建构；信息是主体赋义的结晶，也是信宿的释义所得；狭义地讲，信息是一种属人的认识现象，从而是一个认识论范畴。那种将信息视为一种本体论上存在的东西、凝结于物中的某种实在现象，实际上是用物理主义看信息的结果，是在哲学上简单移植物理学和通讯技术中对"信号"等理解的产物①，从哲学上理解信息显然不能局限于这个角度。

哲学上的信息应具有两个重要的特征：认识论性和属人性，并且两者之间具有内在的关联：信息作为认识论范畴，就必然具有属人性，亦即一切信息都是属人现象，某一现象只有和人关联起来之后才可能成为信息，因此属人的信息就是全部信息；离开人来谈信息是不可想象的。信息什么也不是，不过是人和对象的一种关系——一种信息关系，一种扩大了的反映和认识关系；而说到底，信息就是人的"感知"、"反映"、"知识"等广义的心智现象，借用海德格尔的术语，可以认为信息是此在（人）处理存在的一种方式，是被此在在"虚在"的层次上把握了的存在者。正如人的哲学（人学）反对那种见物不见人的哲学视野一样，哲学信息观也应该是一种反对只见信息不见人的信息哲学。

哲学上信息的属人性特征也使得我们在理解信息的含义时不能与它在生活世界中的"日常用法"完全脱钩。那些过于"科学化"和过于"本体论化"的理解使"信息"离它的日常用法（如"消息"）越来越远，反倒使其失去"生活世界"的基础，显然这也不是哲学的信息概念所应该追求的。而一旦回归生活世界，信息也就是一种很好理解的现象了，并且可以与许多面向大众的辞书和字典中关于信息的定义相对接，如"信息就是谈论的事情、新闻和知识"（《牛津辞典》）；"信息，就是在观察或研究过程中获得的数据、新闻和知识"（《韦氏字典》）；"信息是所观

---

① Olimpia Lombardi, What is information, *Foundation of Science*, 2004, Vol. 9, p. 124.

察事物的知识"（《广辞苑》）；"信息是通信系统传输和处理的对象，泛指消息和信号的具体内容和意义，通常需通过处理和分析来提取"（《辞海》1989 年版），如此等等。

当然对信息的属人特征的理解也不能与其生物学基础完全割断。通常认为动物中尤其是高等动物中存在着"信息交流"现象，如果从人本信息观的角度，这至多是人的信息交流的初级阶段，类似于动物感知、动物心理与人的感知和思维的关系一样，前者是构成后者的"生物学基础"。由此一来，动物中存不存在信息现象，与如何看待动物中存不存在意识现象一样。一些动物经过人的训练甚至可以具备一些初步的与人交流的信息能力，这些或许可视为"准信息现象"。推而广之，我们还可以认为蜜蜂间的"交流"所用的也是这种"准信息"，如此等等。

"准信息"现象也可能存在于人自身的一些信息行为中。信息只有在交流中才是真正意义上的信息，也就是需要在信源和信宿之间传递才有现实的信息，在人和人之间"对话"才出现可观察的信息活动，所以也有这样的说法："信息是由于群体成员间的互作用而涌现出来的。"[①] 但我们也可能看到只有发送者（信源）而无接收者（信宿）的信息活动，如我们作为地球上的智慧生物通过太空飞船向可能存在的地外文明发送的信息；还有，我对空无一人的群山振臂呼喊一声，抒发了我的情感，但没有信宿接受，这一声就可能称不上完整的信息，但又不能说完全不是信息，而是可以称之为"准信息"。当然，对这种"信息活动"还可以有另一种解释：自我既充当信源又充当信宿，使得信息只在自我身上循环，这就是所谓的信息的"内部传递"活动，当作为信息主体的个体处于"信息处理"、"信息加工"的状态时，多是进行着这样的信息内部循环活动。

对信息的哲学含义加以上述的追问和分析，可以避免信息的

<hr>

[①]　武夷山：《两种基本的信息观》，《科学时报》2009 年 2 月 6 日。

泛化，并避免走向本体论信息主义。

对信息的泛化一方面是对其存在的泛化，将其无处不在化，也把信息说成是无所不包的东西，形成了间接意义上的"一切皆信息"，它替代了"一切可表现为信息"的说法。这种存在的泛化所导致的是取消了信息与物质的区别性，由于它最终被与物质混为一谈，所导致的是适得其反，恰恰是消解了信息存在的价值，这一点在前面已有阐述。

另一方面，将信息作为一种无处不在的物质的普遍属性，往往是为了将信息作为万能的解释工具，从而导致"信息解释"的泛化：将一切从物质或能量层面还解释不清楚的机制都归结到信息之上去：从过去的"力比多"到今天的"信息比多"，信息成为能够解释一切的法宝，甚至说"山顶上的石头比山脚下的石头拥有更多的信息量，因为前者的熵小"①。由此走向方法论信息主义：信息无所不是，信息无所不能，有了信息无往不胜，信息方法被看成是解释乃至解决一切问题的"灵丹妙药"。其实，当我们用"信息"来解释物质和能量层面上所不能解释清楚的东西时，我们往往并不能获得什么"真正的信息"。将"信息"视为万能的解释装置，结果常常会适得其反，用信息什么也解释不了。方法论信息主义一定程度上使信息成了一个"大口袋"，成为解释力贫乏的避难所，以至于一切说明不了的都归结到信息那里：什么都没了，总还有信息，什么都化约了，总还有信息，什么都分析掉了，总还有信息。信息成为一个强制性解释的万能词，也是逃避清晰解释的遁词，如同麦克卢普所说，信息成为一个"适用于一切目的的遁词"（all-purpose weasel word）②。

对信息的泛化也导致"信息"的"空洞化"："这个词获得许多无所不能、包罗万象的定义，认为它会为人类带来各种好

---

① ［苏］A. 索科洛夫：《信息是现象，是功能，还是假象？》，舒白译，《世界哲学》1991 年第 2 期。

② 吕公礼：《语言信息新论》，中国社会科学出版社 2007 年版，第 19 页。

处。一个无所不包的词汇最终必然一无所指，而其空洞无物只会使人不知所云。"① 可见，泛化信息并不能给信息带来更重要的地位和价值。让信息回归其本来的含义才更能凸显信息的价值和作用。

一些泛化信息的学者也力求避免在本体论上与唯物主义相矛盾，因此在世界的起源上并不否定物质的本体论地位，所明确主张的仍然是唯物主义的世界观，但在解释世界上一切现象的机制、原因时，则"言必称信息"，无论是宇宙的演化，还是生命的起源、进化以及本质，都归结为信息的"主导"。这样，信息虽然不是终极实体，却是终极原因，"通过它便可解释世界，它们已经形成一种元学科，具有统一的语言，这种语言已在包括哲学在内的所有学术领域畅通无阻"。这样的看法将信息视为"最强大的概念语汇"，以至于"只要我们无法对某系列事件达到完整理解和不能提供一种解释，就可以依靠信息的概念。在哲学上，这意味着任何问题实际上均可由信息的术语重新表述"②。就是说，信息正在成为一切解释的"元解释"，"今天，我们看到的是信息的神话，它正在压倒更为充实的解释"③。这样，信息具有了无可取代的崇高地位，其地位超过了物质和能量；甚至有了信息，就可以无中生有，给人类带来所需的一切，"好像单纯的信息可以拼凑出任何东西"④，在此基础上完全可以走向"世界的本源是信息"的看法，成为哲学上彻底的世界观信息主义，从而最终走向了本体论信息主义。

---

① ［美］西奥多·罗斯扎克：《信息崇拜》，苗华健等译，中国对外翻译出版公司1994年版，前言，第V页。

② ［英］L. 弗洛里迪：《什么是信息哲学》，刘钢译，《世界哲学》2002年第4期。

③ ［美］约翰·希利·布朗等：《信息的社会层面》，王铁生等译，商务印书馆2003年版，第32—33页。

④ ［美］西奥多·罗斯扎克：《信息崇拜》，苗华健等译，中国对外翻译出版公司1994年版，第14页。

虽然如同申农所说，"不能指望一个单一的关于信息的概念能够令人满意地对一般领域的各种可能的应用负责"，但对信息的哲学含义的探讨，至少可以为我们对哲学信息主义的哲学地位提供某些启示。而在这里，我们获得的最大启示是：尽管"信息概念的使用是 20 世纪下半叶哲学领域最成功的事情"①，但在这种"成功"的背后，还有许多未尽问题留待我们在 21 世纪进行更深入的探讨。

① Frederick Adams. The Informational Turn in Philosophy. *Minds and Machines*, Nov. 2003, Vol. 13, Issue 4.

第七章

信息哲学中的信息主义批判

信息的哲学含义构成了信息哲学的主要内容，信息哲学在探讨信息革命的哲学意义时，通常都要对信息的含义加以哲学解释，但几乎不同的信息哲学研究者都有自己对信息的不同的解释，形成不同的哲学信息观，进而又形成不同的信息哲学。不同的信息哲学对信息的含义和其他种种信息问题进行哲学探讨时，不可避免地要和信息主义发生关联，虽然他们并不一定都会坚持本体论上的信息主义，但在方法论、认识论和价值论上的信息主义通常则是很明显的，当然也有少数学者还是明确主张本体论信息主义，还有的是主张变相的本体论信息主义，尤其是涉及对信息革命的哲学评价时，就更是如此。他们认为信息进入哲学的视野从而形成的信息哲学，导致了一种"新的哲学范式"，甚至导致了一种"全新的世界观"和"全新的哲学革命"。在这种以信息为基点、依托的"全新世界观"和"全新哲学"中，我们看到了信息被赋予十分神奇的功能，其背后则是不同侧面的信息主义立场。对这类信息主义的分析必须深入其内，才能透析出问题和悖谬所在。同时也体现出我们对信息主义的一种哲学定位。

第一节　信息革命是否导致了全新的世界观？

为了强调信息问题的重要性，尤其是在哲学层次上的重要性，有学者主张："信息给人们带来了对世界认识的全新图景，这就在整体上改变了人们世界观的具体样态。"① 这样的看法既是信息主义的一种典型观点，也反身表达出：如果持信息主义的立场，就可以形成一种全新的世界观。

我们的分析可以从"信息不是什么"开始。

当"信息"成为一个使用频率最高的术语之一后，人们对"信息是什么"的兴趣随之急剧升温，使得信息的定义如雨后春笋般地涌现出来，但是，虽然迄今有不下 200 多个关于信息是什么的定义或说法，但却没有一个能够得到大家的公认，也就是几乎难以从正面上取得关于信息的共识。在"信息是什么"问题上的众说纷纭，使得信息尽管已经成为当代哲学的一个核心概念，但却并没有形成对这个概念的哲学共识，然而，控制论的创始人维纳关于"信息不是什么"的说法却为大家所认可："信息就是信息，既不是物质又不是能量。"② 对这个否定式的说法几乎不存在什么分歧，说明目前这个角度对信息所加以的说明才是令人信服的，也说明信息确实是物质、能量之外的另外一种现象，或者说是区别于物质和能量的一种基本存在。

"信息不是什么"从根本上说明了信息是不能等同于质能现象的另外一种现象，甚至被认为是与物质和能量并列的客观世界的三大要素，相应的技术——材料技术、能源技术、信息技术——则被视为当代社会的三大支柱技术。

虽然信息与物质和能量有千丝万缕的联系，但只要是认定为信息现象，就一定存在着物质和能量所不具有的特征。例如：信息的可共享、并在共享中可增值的特性，就是物质和能量所不具有的。这就是通常所说的，物质和能量均是越用越少，而只有信息是越用越多。又如信息不具有任何"实体"的属性，所以也不

---

① 邬焜：《信息哲学问题论辩》，西安交通大学出版社 2008 年版，第 42 页。
② ［美］维纳：《控制论》，郝季仁译，科学出版社 1962 年版，第 133 页。

具有空间的广延性。

信息作为哲学范畴所具有的"不是物质"或"不是物质本身"的归属，在一般的意义上并不引起什么"世界观"的变革。因为如果将信息视为归根到底依赖于物质的东西，即坚持唯物主义的"信息观"，那么由此所构成的世界观仍然是唯物主义的，并没有引出一种"全新的世界观"。

但问题是，许多哲学家并不这样看待信息，而是从"信息不是物质"中引出了"信息"与"物质"并列的关系，更有甚者视信息比物质更根本，由此而形成的信息观确实可以导致以物质为基石的世界观的"全新变革"。

例如，还在 20 世纪 80 年代，就有苏联学者提出信息是"第三者"，即认为信息既不是物质，也不是精神（意识）现象，而是独立于物质和精神之外的第三范畴、第三种现象；是既非物质又非意识的"第三态"，"它的天职是消灭唯物主义与唯心主义之间的对立"，他们在《机器的意识控制论的形而上学》（1957）一书中，把维纳的命题加以引申：既然信息不是物质，也"不是精神或主观的东西"，同时，又不可将信息分开，一部分划给主观，一部分划给客观。因此，他们提出："与物质和意识并列，可以假定第三种根本的东西，即信息。"为了论证这一点，他们认为传统的两分法把事物分为物质性东西与精神性东西是"太粗糙"、"太原始了"，就像二值逻辑要被三值逻辑所代替一样。因此斯托伊克进一步明确地说："把整个现实还原为意识和物质时，还剩下一种根本的东西"，这种东西既不是物质，也不是意识，而是信息[①]……克劳斯对此既提出了批评，同时采用了其中一些合理的成分，肯定上述提法有助于理解心身关系的中介作用。他写道："如果 M（心）与 B（身）是绝对划分为两类的，它们之

---

① ［德］M. 斯托伊克：《哲学根本问题和信息概念》，《自然科学哲学问题丛刊》1979 年第 1 期。

间没有任何过渡，没有任何中介，没有任何共同点，他们之间也就不可能有任何相互作用。"①

于是，在这个层次上理解信息时，通常就会提出"是否需要范式转换"的问题，即"超越"唯物与唯心的对立，因此不少人认为，由于信息现象即不属于物质也不属于精神，所以传统的唯物论及其本体论的基本范式（即作为哲学基本问题的物质与精神范畴）已经无法包括和确认信息现象的本体论归属，使得信息也就被传统本体论的基本范畴排除在外，亦即不再适宜用唯物唯心加以分析。在论及类似的现象"虚拟实在"时，也引出了这样的观点：虚拟存在"把真实的世界与虚拟的世界之间的界限变得异常模糊，以至于从根本上改变了我们的认识方式，因此哲学物质观就不能再以物质和精神的关系来硬套虚拟现实，而应该考虑用新的范畴去反映它的本质"②。

信息哲学家弗洛里迪的如下问题更是明确反映了这一趋向："信息——不同于物理/物质和精神（假定人们可以用笛卡尔的二分）——是一个独立的本体论范畴吗？……如果信息不是一个独立的本体论范畴，它向哪个范畴还原？如果它是一个独立的本体论范畴，它与物理/物质和精神之间具有什么关系？""是否可以说，信息位于第三世界，可以由智能生物以智力的方式存取，但却不是本体论意义上依靠它们（柏拉图主义）呢？"最后他认为在西方哲学的框架里很难为"信息"在本体论上找到一种可以为人接受的可能，因为长期以来西方哲学处于心物二元论的"人格分裂"之中。③

也就是说，信息与物质能量不同，并且与精神意识也不同，

---

① ［德］G. 克劳斯：《从哲学看控制论》，梁志学译，中国社会科学出版社 1981 年版，第 64 页。

② 王路军：《网络影响的哲学问题研究追踪》，《人民日报》2001 年 8 月 11 日。

③ ［英］L. 弗洛里迪：《信息哲学的若干问题》，刘钢编译，《世界哲学》2004 年第 5 期。

使得如果我们将看世界的"基点"或出发点选取了信息，就可以形成不同于"物质世界观"（唯物主义）或能量世界观（唯能主义）以及精神世界观（唯心主义）的新世界观——"信息世界观"。就如同哥伦布发现新大陆一样，信息概念的提出似乎使我们发现还有一个不同于物质世界和精神世界的信息世界，而且是一个更真实、更基本的世界，对这个"新世界"的把握当然就形成了一种新的世界观。

可见，"信息不是什么"某种意义上给信息留下了更大的哲学解释空间，这种"不是"也就包含"超越"乃至"统一"它所"不是"的东西，包括"传统"意义上的物质和精神，例如，由于它横跨物质和精神两大类现象，所以具有两者的双重属性，甚至成为兼具物质和意识双重属性的"中性"现象。作为物质与意识之外的"第三者"，使得信息具有了特殊的功能，"信息正是联结认识与实践、客观与主观、物质与意识的重要中介。信息成为生物界、人类社会、机器体系等广泛领域普遍联系的纽带，成为沟通自然与社会、物质与精神、此岸与彼岸的媒介，是信息亦物质亦意识、非物质非意识的特殊属性决定的。作为物质与意识之外的第三个哲学基本范畴，信息的这种特殊存在形态对信息所具有的中介纽带作用和矛盾整合功能有决定性影响，而且信息的中介属性和整合功能是其他事物或现象无法代替的独特存在……所以我们说，正是信息的非物质非意识、亦主体亦客体的特殊属性，成全和造就了客观世界与主观世界的联系，而且借助于信息的中介作用和整合功能实现物质与精神、自然与人类的无缝连接和水乳交融"[①]。这无异于说"世界统一于信息"，的确用信息造就了一种"全新的世界观"。"信息世界观"，即用信息的眼光、从信息的角度去看世界，从而认为信息是世界的基础或始基，世界在本质上是信息等等。

[①]　陈建民：《论信息对主客体的矛盾整合功能》，《现代情报》2005 年第 6 期。

然而，如果坚持我们在第六章所采取的信息观，即认定信息不过是具有感知、辨识和控制机能的主体所进行的一种活动，那么信息在本体论上就并无新意，因为"信息不是物质和能量"并不能说明它是否独立于其他现象而成为一种全新的本体论现象；在看到信息不同于物质和能量时，也必须看到信息要依存于物质和能量；而这样的特点也正是意识或精神或心智所具备的。而如果在承认这样的信息观后还认为世界是统一于信息的，那么这样的世界观就无异于"传统的"唯心主义。

在"全新世界观"的主张中似乎面临两难的问题：是否要将信息还原为物质？如果还原，则信息的本体论地位就被湮没，"信息世界观"就无非是一种"物质世界观"；如果不还原，则信息的独立性又很成问题，或很难作为一种坚实的支撑去构造一种全然不同于传统世界观的全新世界观。即使认为信息主义提供一种崭新的世界观，也是在极端化地理解信息概念的基础上作出的。而那样的理解，如同第六章所分析的，是不能令人信服的。

不少学者主张本体论上的信息主义是一种唯心主义的哲学。如黎鸣认为，"人类对物质的认识从来就是从三个方面去把握的。这就是物质的惰性、运动性能和相互作用信息。三者的永不可分的时空渗透即是人们认识图景中的物质。这就是质、能、信息的三位一体。历史上的唯物主义事实上不过是唯实物主义，唯心主义则是唯信息主义的前身（信息的前身是力，力的前身是神），另外还有唯能主义。传统对于哲学的分类正在逐渐失去其合理的基础，新的物质观必然要求适应新的哲学观；而新的哲学也只能在新的"物质"土壤中发芽、成长、开花、结果。"[1] 夏甄陶也基本主张信息主义是一种唯心主义：有人把信息概念神秘化，说信息是比物质和意识的概念更为广泛的概念，"它的天职是消灭

---

① 黎鸣：《恢复哲学的尊严：信息哲学论》，中国社会出版社 2005 年版，第 63 页。

唯物主义和唯心主义之间的对立"。哲学上的唯信息主义者妄图利用信息概念作为武器消灭唯物主义倒是真的，所以他们洋洋得意地宣称，信息概念赐给唯物主义者"痛苦"，信息概念"证明辩证唯物主义是站不住脚的"。但是他们并不想消灭唯心主义，因为说信息比物质更为广泛，就表明物质是从属于信息的，而不依赖于物质并且超出于物质之外的信息，就只能是某种绝对精神之类的东西。难怪有人明白地宣称，信息是"非物质的精神实体的特性"。这就赤裸裸地暴露了唯信息主义的唯心主义本质。①

可见，即使将信息世界观贯彻到了哲学的根基上，也仍属于传统世界观中的一种。

从唯物主义的角度来看，迄今还没有发现可以有脱离任何物质载体的"裸信息"的存在，只有把这样的裸信息作为世界的基础，即把信息定义为可以脱离任何物质而存在的现象，才是"标准的"、"严格意义上的"信息主义世界观，才是一种"全新的世界观"，显然只要看到信息必须以物质为载体才能存在，就不可能赞同这样的世界观，因此，信息由于其"先天的"对于物质的依赖性，也不可能带给我们什么全新的世界观。

第二节　信息世界观是否改变唯物主义的形式？

"信息"从一个科学概念、信息论中"狭义信息"上升为一个哲学范畴即"广义信息"后，对信息的解释就经常会触及哲学世界观的问题，其既不是物质、也不是能量的属性，被看作是漂浮在唯物主义世界观万里晴空上的一片乌云。就连维纳关于信息不是物质和能量的说法也被认为是对唯物论提出的"警告"甚至"诘难"：如果唯物论者不能驱散这朵乌云，那么，就很难保证维

① 夏甄陶：《关于目的的哲学》，上海人民出版社1982年版，第70页。

纳的话不变为现实。① 就连一些唯物主义哲学家都感到迷惑："随着信息在社会生活中地位的日益提高，自然科学界和哲学界目前正在提出一个问题，即材料（物质）、能量、信息三者当中，何者更基本一些，重要一些……既然世界是物质的，而物质内部又有自己的结构，结构又表征着或包含着信息，那么，是否信息比物质更为基本，更为重要？"② 如果这些问题得不到圆满的解答，那么，谁又能够保证唯物主义一元论能够在唯心论和二元论的进攻中立于不败之地？形势确实严峻。但是，正像为了驱散飘浮在19世纪物理学上空的两朵乌云，促成了现代物理学的大发展一样，为了驱散飘浮在20世纪唯物主义哲学上空的这朵乌云，就必须极大地推进唯物主义哲学的发展。③

发展唯物主义的一个"典型方案"，就是将辩证唯物主义推进到"辩证虚物主义"，其根据是，恩格斯曾经说过，"甚至随着自然科学领域中每一个划时代的发现，唯物主义也必然要改变自己的形式"④。那么随着信息革命的发生，唯物主义也应该在当代发生根本性的变化，那就是从辩证唯物主义发展到了"辩证虚物主义"⑤。

"辩证虚物主义"的倡导者认为，辩证虚物主义是继朴素唯物主义、机械唯物主义和辩证唯物主义之后的唯物主义"第四形态"。信息时代的唯物论是一种虚物本体论，它使唯物主义关于"世界的物质统一性"得到了新的回答，那就是将信息和精神都归结为"物"（但是虚物而不是实物），这样，唯物论的"唯"

---

① 海龙：《信息子论：关于宇宙本体的新探索》，中国工人出版社1998年版，第1页。

② 王雨田主编：《控制论、信息论、系统科学与哲学》，中国人民大学出版社1988年版，第364—365页。

③ 海龙：《信息子论：关于宇宙本体的新探索》，中国工人出版社1998年版，第2页。

④ 《马克思恩格斯选集》第4卷，人民出版社1995年版，第228页。

⑤ 张青松：《虚物主导性与唯物论第四形态探讨》，《理论探讨》1998年第5期。

就不再只唯实物而不唯虚物，唯物论的"物"也不再是只讲实物而不讲虚物。这样一来，就改变了"传统的唯物论"所主张的"实物主义"或实物型的本体论，而传统的"也就是说物质与精神关系上的唯物论（及其形式）是不能反映信息现象及其时代精神的精华的"。于是我们就走向了信息时代的唯物论："虚物主义"或虚物型本体论，"这种信息时代的唯物论（即唯物论的第四形态）既承认虚物与实物是同在的，实物是物的基础物，同时也承认虚物是实物的主导物、支配物"。总之，世界是虚物主导化的世界，虚物和实物的本体论关系是"虚物主导实物"，这也是辩证法在信息时代的体现：唯物辩证法在新的时代既要讲实物与虚物的两点论，更要讲虚物主导和支配实物的重点论。

那么虚物为什么能主导实物呢？因为"虚"的东西更自由、更有创造性的"力量"：虚物是一种无形的存在，它在传递和运行中不遵守能量守恒定律，具有不确定量并在相互作用中自行增殖，所以才成其为无形的、无穷的、无限的力量。而且每一种虚物都主导和支配自己的对象性实物，因此它不仅是客观存在而且是第一存在即主导和支配其他实物存在的存在。① 其实就是因为信息之"虚"而可以主导物质之"实"，还有，如果把"规律"也看作是一种虚物的话，由于一切实物现象都受其内部规律即内质虚物的支配，所以实物宇宙实际上是一个虚物主导化的世界。

在这个称谓中，既要保持信息与"物"的关系，并且是与"唯物主义"的关系，又用一个"虚"作为"物"的前缀来使其区别于"传统的物"，起一种"怀旧的新奇"之效果。其新奇的地方在于：虚物主导实物、虚拟世界主导现实世界，即信息主导物质；其"怀旧"的地方在于，他认为虚物和实物的关系仍然是精神与物质的关系，尽管他认为前者取代了后者。

其实，这无非是在信息与物质之间的又一种折中观点：既认

___
① 张青松：《虚物主导性与唯物论第四形态探讨》，《理论探讨》1998年第5期。

为信息仍离不开物质，又认为"在一定意义上确实可以近似地讲信息是独立存在的，即它所依赖的物质成分可以忽略不计"，以至于两者中"'信息'与'物质'相比处于主导地位"[①]。

那么，这样的一套概念系统和观点看法，是不是令"唯物主义"改变了形式？具体说，"信息"作为"虚物"纳入唯物主义的视野后，是否就使"辩证唯物主义"改变了自己的形式而成为了"辩证虚物主义"？

其实，在自然界中是否存在"虚物主导实物"即信息主导物质，还是一个颇受质疑的问题，因为就连自然界是否存在信息即是否有"自然信息"都还是一个问题（即"虚物"是否客观地存在着还是一个问题）。而对于人工世界中的"虚物主导实物"，则早就在 20 世纪 50 年代国内学界讨论"桌子的哲学"时就涉及了，那就是一切人工制品作为"实物"的出现，肯定是受先于该实物而存在于人脑中的"观念"的主导的，这里的"观念"就是"虚物"，就是以主观信息的形式存在的关于人造物的构想。这种认识和实践活动中的"观念指导"，无非是意识的能动性的一种表现，这恰好是辩证唯物主义所主张的立场。而从"终极"的意义上说，从最初的"谁先谁后"的意义上说，虚物（信息）则是依赖于实物的。因此只要"虚物主导实物"不是不分场合一概而论的说法，那么它并没有超出辩证唯物主义的观点，更遑论是替代了辩证唯物主义的唯物主义新形态了。另一方面，如果通过将"虚物"归结为物的途径去解决世界的物质统一性问题，那就更是回到了"庸俗唯物主义"的老路上去了，也体现不出什么唯物主义的新形态来。

总之，如果将"辩证虚物主义"视为一种全新形式的唯物主义的话，就完全是从信息主义的视角看待"唯物主义"并将其加以"改造"的结果，因为作者就是将信息定义为（信源与信宿之

① 董光璧等：《信息、知识与社会》，《自然辩证法研究》1998 年第 5 期。

间的)"共振虚物"(如实物的物息符号与意识符号两种虚物的共振),并认为没有虚物观念就不可能适应和反映这个时代;并相应地以"实物与虚物"范畴取代"物质与精神"范畴。所以在"虚物＝信息"的意义上,所谓"辩证虚物主义"就是"辩证信息主义",而实质上就是一种信息主义的视角。

另一个发展唯物主义的方案是所谓"信息子"理论。

在《信息子》一书中,作者认为要找到一个概念来解决物质、能量和信息的关系问题,既要起到物质概念在唯物主义中起到的作用,又要取代"世界是一个物质的世界"这一古老命题中的"物质"概念——这就是"信息子"。建立在这个概念基础上的哲学理论既不否定唯物论,又要丰富和发展唯物论。

信息子理论的倡导者海龙认为,斯通尼尔(T. Stonier)在《信息物理学》一书中提出"信息子"(infors)作为构造万物的基础,由此形成的世界图景就是,"世界是由信息子构成的,世界是一个信息子的世界"[①],而海龙认为这个新概念能够起到原来唯物主义一元论哲学上的物质概念所起的作用,即能够起到取代"世界是一个物质的世界"这一古老命题中的"物质"概念,成为唯物主义一元论哲学赖以建立的唯一基石,而又不否定唯物主义一元论哲学大厦,并能使唯物主义一元论哲学大厦更加雄伟、更加壮观的作用。现在,这个概念终于被找到了,它就是——信息子。"信息子"这个概念,最早是由协同学创始人赫尔曼·哈肯提出的,但在哈肯那里,信息子指的是序参量,而在信息子哲学中,信息子却是一个最基本的哲学概念。这个概念的提出不仅实现了唯物主义哲学上的物质概念与自然科学上的物质概念的统一(即把唯物主义哲学上的物质概念统一到自然科学的物质概念中),使唯物主义一元论哲学有了自己的新基石,而且伴随着对

---

① Tom Stonier. *Information and the internal structure of the universe: an exploration into information physics.* London, New York: Springer-Verlag, 1990;以及海龙:《信息子论:关于宇宙本体的新探索》,中国工人出版社 1998 年版,序,第 3 页。

信息子研究的展开，还使唯物主义一元论哲学放射出新光彩。在这霞光的照射下，那朵飘浮在 20 世纪唯物主义哲学上空的乌云正在逐渐消散。①

信息子是如何"驱散"唯物主义上空的乌云的呢？

该理论的提出者认为，所谓信息子（x），是指信息赖以附着的各种不同类别（类型）的物质单元和各种不同类别（类型）的能量单元。从这个定义中可以看出，信息子具有两个基本态，即物质态和能量态，由此决定了信息子可以划分为两个基本类别：物质态信息子（x—w）和能量态信息子（x—n）。前者是指信息赖以附着的各种不同类别（类型）的物质单元。一个夸克，是一个物质态信息子；一个原子，是一个物质态信息子；一个分子，是一个物质态信息子；一个细胞，是一个物质态信息子；一个人，一个集体，一个国家，整个地球，整个太阳系，都是一个个的物质态信息子。后者是指信息赖以附着的各种不同类别（类型）的能量单元。某个能够传递核力的，被称之为胶子的玻色子，是一个能量态信息子；……②而且信息子的分类也完全是物质的分类，如物质信息子共分为六个信息层次：在从内到外的第一个信息层次上，蕴含着"粒子"的信息；第二个信息层次上，蕴含着"无机物质"的信息；第三个信息层次上，蕴含着"有机物质"的信息；第四个信息层次上，蕴含着"植物"的信息；第五个信息层次上，蕴含着"动物"的信息；第六个信息层次上，蕴含着"人"的信息。

这样定义的"信息子"被作者视为哲学的最基本概念，是建立唯物主义哲学大厦的新的基石。

可见，所谓信息子，无非是指某种物质具有信息的属性，或者指能够分析出信息的物质。而世界统一于信息，无非是讲世界

---

① 海龙：《信息子论：关于宇宙本体的新探索》，中国工人出版社 1998 年版，第 2—3 页。

② 同上书，第 4 页。

统一于那个作为"子"（如原子、电子）的物质，而并不是修饰"子"的信息，可见，这里并没有产生什么"本体论"的革命，也并没有使唯物主义产生什么根本性的变化，只不过，将以前的"世界统一于物质"命题变为"世界统一于具有信息属性的物质"（所谓"世界是由信息子构成的"），这类命题其实从物质的其他属性也可以衍生，如根据物质具有运动属性、时空属性，可以类似地说"世界统一于具有运动属性的物质"、"世界统一于具有时空属性的物质"，亦即"世界统一于运动子"、"世界统一于时空子"，如此等等，但所有这些说法的背后，仍然说的是世界统一于物质。

苗东升教授在为该书写的前言中评论道："信息子概念在哲学上可能是很有意义的。但无论哈肯的界说，抑或海龙的定义，我都觉得不满意。本书所说的信息子实际就是通常说的客观事物，从微观经宏观到宇观的一切客观事物都是信息子，如此引入信息子概念的意义令人生疑。"信息子的定义还有逻辑循环的毛病。一方面用信息定义信息子：信息子"是指信息赖以附着的各种不同类别（类型）的物质单元和各种不同类别（类型）的能量单元"；另一方面又用信息子定义信息：以社会成员作为参照物，"信息实质是关于信息子（包括该社会成员自身在内）存在和变化的那些常识或秘密"，这样的相互解释显然是不恰当的。①

第三节　信息哲学是否带来了全新的哲学革命？

更进一步，不仅有上面所说的信息使得唯物主义进入一种新的形态，而且还使一般的哲学也完成了完全意义上的"转型"，

---

① 海龙：《信息子论：关于宇宙本体的新探索》，中国工人出版社1998年版，前言，第10页。

导致了所谓的"全新的哲学革命"说法，其标志就是"信息哲学"的诞生：信息哲学被看作是区别于所有其他哲学的一种"元哲学"或"最高哲学"，它把信息作为一种普遍化的存在形式、认识方式、价值尺度、进化原则来探讨，并相应从"元哲学"的高度建构出全新的信息本体论、信息认识论、信息生产论、信息社会论、信息价值论、信息方法论、信息进化论等等，在这些信息哲学的大领域之下还可以再包括若干分支哲学，从而派生出第二、第三或更低层次的信息哲学学科。基于对信息本质的不同认识，信息哲学也可能产生众多学派。于是，"信息给哲学带来了无量的前途"，导致了"人类哲学形态的全新革命"①。与此类似，信息哲学的倡导者弗洛里迪也说："由信息与计算科学和信息与通信技术引起的实践与概念的转换，正导致一场大变革，这场变革不仅发生在科学领域，而且也发生在哲学领域。""信息和计算机的概念、方法、技术和理论已经成为强大的'解释学装置'"，"通过它便可解释世界，它们已经形成一种元学科，具有统一的语言，这种语言已在包括哲学在内的所有学术领域畅通无阻"；"信息哲学拥有哲学中前所未有的最强大的概念语汇之一"。"在哲学上，这意味着任何问题实际上均可由信息的术语重新表述。""这表明我们在与一种有影响的范式打交道，该范式可以按照关于信息的哲学来描述。""这将代表哲学的信息转向。"② 信息的本性造就了信息哲学可以作为"第一哲学"：信息所具有的普遍而独特的品格，这种品格恰恰是信息哲学成为区别于所有其他哲学的一种"元哲学"、"最高哲学"、"第一哲学"的依据。信息在存在论意义上的本质规定，是确立新的哲学基本问题、哲学本体论、哲学认识论、哲学价值和伦理观、哲学演化发展观等的理论前提，是信息哲学成为真正意义上的"元哲学"、"最高哲

---

① 邬焜：《信息哲学》，商务印书馆 2005 年版，第 14 页。

② ［英］L. 弗洛里迪：《什么是信息哲学?》，刘刚译，《世界哲学》2002 年第 4 期。

学"、"第一哲学"的先决条件。①

　　这种全新的"哲学革命"也通过其他的方式表达出来。由于信息是虚物，虚物也是虚拟世界中的现象，而关于它们的哲学也被称为"虚拟哲学"，它针对的是所谓"现实性哲学"，而"从现实性哲学转换到虚拟性哲学，这将是我们时代哲学研究发生的最为巨大的历史性转换"。"数字化时代的到来对主客二元式的本体框架和认知结构的消解，预示着现实性哲学需要向虚拟哲学转化"。"由于电脑网络这种新的生产操作方式比以往任何生产操作方式对人类思维方式变革的影响都更为深刻和广泛，因此，一场新的哲学革命是可以期待的"②。

　　也有用哲学的"信息转向"来表达这一意思的。当代信息哲学的问世并提出"信息转向"的初衷就是强调信息的基础性地位，而语言哲学、哲学解释学所倡导的"语言转向"、"解释转向"、"修辞转向"都应隶属于"信息转向"，只不过它们将信息狭义地理解为专属于人所有的语言符号信息而已，而它们的强表达就是要"呼唤"一种完全不同于以往哲学的"全新哲学"。

　　具体地说，站在信息主义的角度看待"信息"进入哲学的视野时从而产生出"信息哲学"时，往往会夸大这种"进入"的意义，将其视为哲学的一种范式转换，甚至是"全新的哲学革命"。因为他们根据"哲学是时代精神的精华"的论断，认为每一时代都有自己时代精神的精华，于是农业文明时代有农业文明时代精神的精华，工业文明时代有工业文明时代精神的精华，而信息文明时代也应该有信息文明时代精神的精华。这就是说，每一时代都有自己的哲学，它们不应该也不可能互相替代。③

　　然而，如果承认信息哲学作为信息时代的哲学就是全新哲学

　　① 程现昆、王续琨：《信息哲学：从历史走向现实》，《大连理工大学学报》（社会科学版）2005 年第 3 期。

　　② 陈志良：《虚拟：哲学必须面对的课题》，《光明日报》2000 年 1 月 18 日。

　　③ 张青松：《虚物主导性与唯物论第四形态探讨》，《理论探讨》1998 年第 5 期。

革命的标志，那么和"信息哲学"对应的代表先前时代的哲学又是什么？是不是工业时代的哲学就是"工业哲学"、农业时代的哲学就是"农业哲学"？我们知道，即使存在"工业哲学"和"农业哲学"，那也是在"部门哲学"的意义上使用的，由此"信息哲学"的称谓并能在"全新的哲学革命"意义上使用；而只能是"关于信息的哲学"或"以信息为对象的哲学"的意义上说的，在这个意义上，它无非是将过去未被重视的信息现象纳入到自己的视野。如果"信息哲学"对应的是"物质哲学"、"能量哲学"，那么信息哲学的兴起是否必定以另外的哲学（如"物质哲学"或"能量哲学"）的衰落为代价？显然，作为"物质哲学"的唯物主义的那些传统哲学分析视角和方法，仍然是信息哲学所不能不采用的，如在对信息进行哲学研究的时候，仍然要基于哲学的基本问题、基本范畴（如信息是否具有实在性、是一种什么样的存在）来对信息进行分析。这样，信息哲学即使有开拓性，它"开拓"的无非是一个新的哲学领域或分支哲学，而不是什么"全新的哲学"。就如同"生态哲学"、"女性主义哲学"等一样。

哲学上的"全新革命"似乎需要一个最起码的标准，那就是对传统本体论的突破，否则就谈不上"全新"，最多只能是"半新"。甚至一点都不新。也就是说，只有坚持本体论信息主义的信息哲学才是"全新"；而坚持唯物主义或唯心主义的信息哲学都不是全新；而真正坚持本体论信息主义的信息哲学，就只能视信息为超出物质和意识的本体，或认为信息是统一世界的基础，这样才能在本体论上形成对传统哲学的根本性改造，才可能"称为"所谓的"全新的哲学革命"。但这样的"信息哲学"似乎只是国外有个别哲学家坚持，而国内还少有明确主张"信息本体论"或"信息一元论"的信息哲学的。他们在强调信息哲学的"全新"性时，并不主张一种全新的信息主义本体论，即并不主张可以有脱离物质载体而存在的信息，也不明确认为先有信息后有物质、物质源于信息，甚至明确主张物质是信息的载体，信息的存在依赖于物质，也就是在哲学的根基上所坚持的仍然是物质本体论。当"本体论"都没有发生丝毫变化时，何谈"全新的哲学革命"？

目前，信息和物质之间的本体论转换，即原子和比特之间的"自由"兑换，还没有显现出实在的前景。说世界是物质的、是精神的，甚至是人的实践的，但不能说是"世界是信息的"，至少暂时还不能这么说。所以信息主义可以作为一种哲学视野，但不像唯物主义、唯心主义那样是最基本的哲学视野；或许可以像"实证主义"、"历史主义"、"意志主义"那样构成次一极的哲学视野，这一级的哲学视野所寻找的世界的"终极解释"，不具有普遍的公认的终极性，只具有持有者和赞同者的终极性。这样，可以把信息主义看作是一种哲学派别，它本身不是一种独立的本体论，但可以结合不同的本体论哲学，形成不同哲学基石的信息主义。就是说，它不能超越传统的本体论问题，也统一不了有分歧的本体论哲学，它自己反倒需要有更基础的哲学基石。如果持这种观点，那么哲学中的强信息主义的本体论立场就是值得怀疑的，或至少是没有充分根据的。信息哲学无论是不承认信息本体论，还是将自己的本体论建立在一种毫无根据的"信息本体论"基础之上，都没有也不可能完成一种"全新的哲学革命"。

还有，交叉学科能成为第一学科吗？弗洛里迪一会儿说"信息哲学是第一哲学"，一会儿又反复强调，"信息哲学不可避免地是交叉性学科"，"信息哲学被视为处于许多问题的交叉点上"，应像"生物化学或认知科学那样是交叉学科"。①

信息哲学对传统哲学尤其是形而上学来说，只能是"部门哲学"，因为即使承认信息是和物质（其实是实体）、能量一样构成

① ［英］L. 弗洛里迪：《什么是信息哲学？》，刘刚译，《世界哲学》2002 年第 4 期。

世界的三大要素，那么它也还是更大的一个存在领域（整个世界）的一个方面，因此它的研究对象总没有以整个世界为对象的一般哲学（形而上学）那样大，而只是其中的一个部分，即所谓"信息世界"部分，由此形成"关于实体的哲学"、"关于能量的哲学"与"关于信息的哲学"的几大局部哲学，从而和以整个世界为对象的哲学比较起来，以信息世界为对象的信息哲学理所当然就是针对传统的整体哲学来说的局部现象的哲学，如同先前就有的"自然哲学"、"社会哲学"、"心智哲学"等等一样。

也可以说存在着"两种信息哲学"："关于信息的哲学"（philosophy of information）和"信息性的哲学"（informational philosophy），后者才起到了更换视界的作用，将以前所谓物质性或实体性的哲学变成了以信息解释为基石的哲学，而不像前者那样仅仅对信息现象加以哲学研究、说明信息的哲学含义之类的部门性的工作。就像"实践哲学"，可以有"关于实践的哲学"（philosophy of practice）和"实践性的哲学"（practical philosophy），后者是一种"实践世界观"，而前者是一种"哲学实践观"。与此类似，"关于信息的哲学"所达到的最高成果是"哲学信息观"。这样的例子在"科学哲学"中也可以看到："关于科学的哲学"（philosophy of science）所达到的最高成就是形成哲学的科学观，解决哲学意义上的"科学是什么"的问题，即科学划界的问题；而"科学性的哲学"（scientific philosophy）则是要走向一种（自然）科学世界观，即科学主义的世界观，形成的是科学主义。

所以"关于信息的哲学"从本质上作为一种局部哲学，是掀不起一种哲学上的"本体论风暴"从而导致所谓"全新的哲学革命"的，除非将其转换为"信息性的哲学"，走向信息主义世界观，但通常的信息哲学倡导者们又不愿意明确承认这一点，所以形成了一种悖论性的处境，一种没有本体论根基的"哲学全新革命"，实际上是不成立的。

或许可以将上面的问题"软化"为：信息和信息技术究竟在多大程度上改变了哲学，改变了人们的社会观和世界观？信息问题对哲学的影响和改变是肯定存在的，问题是其性质如何？是一种"丰富性"的改变，还是一种转向性的改变？还是一种根本性的转变？对此或许可以像《数字凤凰——计算机如何改变哲学》中的评价，该专刊是美国哲学会哲学与计算机分会在1997年完成的哲学普查总结，首次确认信息哲学是哲学的一股新生力量，改变了哲学家理解的那些诸如心智、意识、经验、推理、知识等诸多哲学基础和概念的方式。因此哲学这门古老的学科对于信息的研究也取得了不少的成绩，信息哲学这门新兴的学科给哲学界带来了新的空气；也就是说，在新的信息时代，哲学的丰富和发展是存在的，但"全新的哲学革命"并不存在，即使是信息哲学、虚拟哲学、赛博哲学、数字哲学等等可以百花齐放，那也是哲学百花园中增加了新的品种，而不是取代和横扫了"旧物种"的那种革命；或者说，可将信息哲学视为哲学的"一股新生力量"[1]，但并不是对以前哲学的一股摧毁性力量。

或者还可以从非本体论革命的意义上来强调信息哲学为"第一哲学"。从笛卡尔的"第一哲学沉思录"开始，谁强调什么哲学时通常就称那种哲学为第一哲学，如胡塞尔称自己的现象学为"第一哲学"（在他的《第一哲学》中将自己的哲学作为一门全新的哲学之整体向世人展示出来，并提出要赋予现象学以第一哲学发展形态的历史任务），列奥·斯特劳斯则认为"政治哲学是第一哲学"。李泽厚也持这样的观点：现在来讲，政治哲学是第一哲学，无论现在还是将来，在中国在世界上都会成为显学；政治哲学是伦理性的；甚至还有人认为也许在未来美学可能会成为第一哲学；这个和教育学有关。可以说这都是在一般的重要性

① Terrell Ward Bynum and James H. Moor. *The Digital Phoenix*, *How Computer are Changing Philosophy*, Wiley-Blackwell, 1998, p. 1.

意义上所说的，而不是从本体论意义上说的。在这个意义上，强调生成论的还可以把生成哲学视为第一哲学，强调系统论的则会把系统论称为第一哲学。"第一哲学"导致的就是各种"主义"的兴起，于是就有了"政治主义"、"现象学主义"、"生成主义"、"系统主义"等等，而"信息主义"如果也在这个意义上产生了它的能指和所指，信息哲学如果在这个意义上成为"第一哲学"，那么还是具有一定的合理性的。这样，信息哲学无疑是一种"新哲学"，但并不是什么"全新的哲学"，也没有引发一场什么"全新的哲学革命"。就是说，可以认为信息革命导致了哲学的许多更新，但说它导致了"全新的哲学革命"则是言过其实。

或许对信息哲学的"核心价值"可以采取另一种解读：信息优位的哲学。

如果避开本体论上的非此即彼来谈信息优位还是物质优位，可能更能反映一些"信息哲学"的本来意义。而且这种信息与物质之间的优位问题，实际也是信息与材料之间谁更优位的问题，并且是从相对的、局域性的意义上来谈论的。

这样，信息哲学就是信息优位的哲学。

这个意义上的解读实际上是要显现在什么情况下信息是优位的？这个命题又进一步扩展为：如果信息是优位的，那么是针对谁而优位的？这种优位是事实上的优位还是价值判断上的优位？是实际如此，还是我们认为如此？

如果将信息的优位理解为非本体论的优位而是认识论上的优位、非实在论的优位而是价值论上的优位，那么就是要从哲学上看到信息非常重要！尤其是当物质条件具备后，信息甚至可以起决定性的作用。当然，如果要结合本体论来解读，信息的决定性作用无论如何也是第二性的决定作用，是以物质为基石的决定作用，是"万事俱备，只欠东风"的那种决定性作用，即有条件的、在特定语境下的决定作用。就如同有了武器以后，瞄准的问题才成为决定性的；但如果没有武器，瞄准这种信息问题就根本不存在！更是起不了决定性的作用了。也如同说：一个人如果有了个好身体，那么其是否聪明睿智就对其生涯发展起决定作用。

可见，信息的重要性都是奠立在一定基础之上的，只是基础、前提、条件具备之后，就不感觉其存在了，而越是作为"短板"的信息就越显得重要了。也就是解决了信息存在的基础条件之后，信息的重要性才为一个问题，否则连决定什么都没有对象，甚至连"信息是否重要"的问题都不会存在。

第四节　去掉信息泡沫之后

回归到信息主义的本来含义，如同在本书一开始就指出过的，信息主义具有多种层次和多个层面，可以将其看作是发端于信息社会学领域中的信息技术决定论的语义扩展，也可以看作是信息主义的一总多分，还可以看作是信息（技术）问题的理论升华，当然更是对一类思想观点的学术归纳。作为一个整体的信息主义实现了对各种信息主义的层次提升，形成用广义的信息主义来统称对信息和信息技术极度重视的各种思想观点，并可以从包括经济、政治、文化信息主义在内的社会观信息主义和包括本体论、认识论、方法论、价值论信息主义在内的哲学信息主义等不同的层面加以刻画，并在语义扩展的基础上实现视界融合。

如果信息主义是一个具有多面性的范畴，那么当我们谈论到信息主义时，就必须进一步追问所谈论的是什么样的信息主义，是一种特殊的还是一般的信息主义、认识论的还是本体论的信息主义、狭义的还是广义的信息主义……这种统一性中的多样性，也使我们会面临这样一个问题：即使我们加入了"信息转向"的行列，即使我们真正融入了信息主义的信息思维，也要进一步问我们倾向于接受或"走向"一种什么样的信息主义？进而还要问从何种意义上，信息主义是一个可以接受或不可以接受的概念？

显然，如果走向一种本体论上的"强信息主义"，将一切还原为信息，或只承认信息主义范式的唯一合理性，认为信息主义的视角可以取代其他一切视角，从而走向"唯信息主义"或"信息主义崇拜"，就会过于强化信息的解释功能，并将其绝对化而走向与既有智力传统完全对立和排斥的偏激立场上去，而目前用信息取代物质等传统的本体论承托的根据显然是不充足，纯粹的信息还难以"胜任"万物的起源，也无法视信息为超出物质和意识的本体，或认为信息是统一世界的基础，就像我们并不能证明"裸信息"可以存在一样，因此从本体论上，至少目前为止，"强信息主义"的说服力远不如唯物主义。例如从功能和作用上看，信息只是对物质能量起调控作用的，而且这种作用的实施还要通过物质能量来完成。

而在"一切都与信息相关"的意义上，采用认识论的或温和的信息主义立场，将其作为一种方法，那么信息主义的兴起，无疑给我们增加了观察世界的新视角和新内容。尤其是信息主义作为策略的有效性，如在分子生物学中、认知可计算主义中的有效性。这些都是方法论意义上的信息主义，也是"温和的"信息主义。它使我们看到一切对象在我们介入时所具有的信息属性或信息相关性，揭示和利用这种信息属性或相关性，将使我们对事物的认识和改造达到新的境界。因此，这种意义上兴起的信息主义，无疑形成了与其他视角的互补，在此基础上与既有的智力传统和理论范式也形成了某种程度上的"视界融合"，并构成一幅更完整的世界图景。

同时也要看到，虽然社会观上的信息主义为我们认识当代社会的特征以及历史演进逻辑的一种新视角，世界观上的信息主义则丰富了我们对世界的认识，但无论是社会观上的信息主义还是世界观上的信息主义，都不是解释社会和说明问题的万能工具，不仅强信息主义的说服力不够，而且一般信息主义的过度解释也会陷于错误，走向信息崇拜、唯信论等歧路上去。

在一定意义上，从信息的视角看世界，用信息的方法去分析和解决问题，形成"信息方法"，但也有的将"信息方法"的功能无限夸大，使其成为无所不能的"点金术"，并认为它导致了"方法论革命"，由此形成所谓的"方法论信息主义"。我们知道，科学方法被扩大化后，将自然科学的方法应用到人文学科中去，就形成了"科学方法万能论"的唯科学主义，也就是方法论科学主义。同理，方法论信息主义也可视为对信息方法的扩大化，或称"泛信息方法论"，当其被强化到一定程度后，必定要将信息方法加以根基化，视信息方法为一切方法的基础，是所有方法中最重要的方法，一切方法都是从信息方法中派生出来的，都需要从信息方法中得到说明，如此等等。例如，如果认为过去是所谓"质料的时代"和"力的时代"，现在是"信息时代"，由此导致了"方法上的全新革命"，就必然会认为信息方法取代了过去的一切方法。只见系统的信息，而不见系统中的其他；以为我们所谈论的一切系统问题，都是信息世界中的系统问题，或都是信息化后的系统问题。或者以为搞清了系统中的信息，就搞清了其中的一切。

方法论信息主义有时自觉或不自觉地走向本体论信息主义，如本来是用信息方法分析自然现象，结果反过来把自然现象看作是信息。方法论信息主义的扩大化，就是将只能说明信息现象的方法也拿去说明物质现象，这样就会走向世界观信息主义，走向一种强信息主义。一位有辩证法思想的苏联学者写到，"信息方法并不是普遍性的认识手段，而是十分专门化的认识手段。因其有片面性，所以必须和其他'非信息'方法结合起来。例如在设计信息技术时不能忘记物质—能量方面。信息方法能很好地反映系统客体的结构—功能属性，但历史唯物主义原则即发展原则又是和它格格不入的。人工智能问题突出地证明了信息方法的局限性，因为信息方法在这里虽然是必要的，但却不是充分的"①。

方法论信息主义将信息作为万能的解释装置，即使对于所谓"终极实在"也试图用信息的方法去解释，如认为宇宙的本质就是火球中信息的展开过程……信息成为解释一切的"阿基米德点"；它即使不从"载体"意义上行使本体论的功能，也从"终极原因"上行使本体论的功能，就类似于"第一推动"那样的本体论功能，类似于"主宰"、"灵魂"那样的本体论功能。此时，虽然从直接层面上物质还是信息的载体，但从终极层面上信息则成为物质的载体，物质不过是"帮助"信息实现自己的手段。然而，如果信息本身并不被视为一种终极存在，又如何可以作为一切现象的终极解释？当我们用信息来解释一切之后，又用什么来解释信息？

信息时代必然导致"信息繁荣"的现象，其表现之一就是《信息的社会层面》一书所说的"以信息开头的造字热"：书本被描述为信息容器，图书馆被描述为信息仓库……把人看作是信息处理员……"你做的任何东西以及你想要的任何东西都能转变为信息"，"价值存在于信息之中，信息能从物质世界的粗糙且令人不感兴趣的外壳将该价值提炼出来"②。信息主义的兴起就更是信息繁荣的标志之一，它代表了一种对信息无以复加的重视程度，像信息崇拜、信息拜物教（拜信教）、信息乌托邦、信息万能论、信息至上主义、信息迷信与信息神话、唯信论（唯信息主义）；以及信息霸权主义、信息殖民主义、信息恐怖主义、信息消费主义、信息资本主义等等，尽管多属"贬义"，但也是与信息主义相关的现象，是信息主义兴起的另一幅图景。

信息的这种"繁荣"很大程度上是泡沫式的繁荣。

———————

① ［苏］A. 索科洛夫：《信息是现象，是功能，还是假象?》，《世界哲学》1991年第 2 期。

② ［美］约翰·希利·布朗等：《信息的社会层面》，王铁生等译，商务印书馆2003 年版，第 21—22 页。

信息比起物质来，就是一种"虚在"性的东西，泡沫性的东西，所以"信息泡沫"是物质载体的表层现象，如果将物质比喻为"深流"，则信息就是物质深流所泛起的泡沫，在这个意义上，"泡沫"揭示了信息对于物质而言的特性，信息只能是带有虚在性质的泡沫，并且是一个并非贬义的用词。

"信息"作为一种"虚在"，不是实在的东西；不实在就是虚幻，就是想象，信息多少就是具有这类特性的存在现象。而泡沫也与此类似。在这个意义上，信息与泡沫之间具有等价的关系，信息就是泡沫，它们都是物质表层所泛起的现象，透过它可以想到物质，也可能想不到物质。

"泡沫"的另一个特征是可以"虚胀"，它来源于"实在"的东西但又可以不完全受实在东西的制约，于是可以一定程度上脱离开原有的基础，形成一种胀大之后的虚假繁荣景观，过度膨胀之后还易于破灭，这就是我们使用"经济泡沫"、"金融泡沫"时的意指。信息作为一种后于物质被人们认识和看重的东西，也类似于一种可以被人为吹胀的泡沫，其作用和意义被过度夸大，以致形成信息崇拜、信息拜物教、信息迷信之类的信息主义主张，导致信息世界的虚假繁荣。

基于上述两重属性，泡沫具有"双重属性"：一是反映了它深层或"底部"的实在基础，折射其中富含的各要素之间的相互作用，或标引了某种造成泡沫的实在原因，并展现了存在现象的瑰丽一幕。二是泡沫可以掩盖真实的存在，误导反映者对事物的正确把握和认识，进而将虚幻之表象作为行事论断的根据。

信息本身就是泡沫，物质也需要信息这种泡沫，否则物质就表现不出其丰富多彩性；但信息泡沫又不能过多过大，从而对物质喧宾夺主，甚至湮没了物质在人们视线中的存在，使人看不到信息的真实基础，忘记了信息泡沫的来源……

信息的这种泡沫式的繁荣背后的另一大原因还在于对信息的定义的泛化，就像牛顿力学前对力的定义一样，无所不包，无所不能；过去是有多少种现象，就有多少种力（于是就有"生命力"、"亲和力"、"权力"……）；现在是有多少种现象，就有多少种信息（于是就有"宇宙信息"、"自然信息"、"生命信息"……）。

信息被泛化的另一种方式就是认为"信息是无所不包的，如运动、时间、质量、能量等等所有物质的存在方式、属性、状态、特征，都是靠物质的信息属性来揭示的。由此可见，这一定义的范围极广，可以用于一切方面"①。于是形成了间接意义上的"一切皆信息"，它替代了"一切可表现为信息"的说法，成为语义转换后的信息主义世界观。

截至目前，各方面以及不同的人把同一过程的不同阶段或环节、同一事物的不同方面或部分都定义为信息的，更有人把世界上的一切都叫做信息，于是整个人类和整个世界，都是信息昌盛的杰作：人类随信息启蒙而奔向文明，生命由信息驱动而莺歌燕舞，万物因信息导引而生机盎然；总之，一切都笼罩在信息的光环之下，信息似乎是"天籁之音"，似乎是宇宙之谜，似乎是生命真谛，也似乎是万有之源。

于是认为信息资源可以代替其他一切资源，"好像单纯的信息可以拼凑出任何东西"。人们已经习惯地认为不仅自己的基因，而且自己的意识和个人的心理都是"程序化"的。过去的时代曾被称为"信仰的时代"、"理性的时代"和"发现的时代"，今天的时代则被称为"信息时代"，"与'信仰'、'理性'和'发现'不同，信息具有舒适、安全、模棱两可的含义。它既不使人紧张也没有高尚的追求。它从本质上就是平淡的，正因如此也就无懈可击"②。这就是"信息繁荣"时代的到来：信息主义形成了几乎横扫一切领域之势。

---

① 李学英：《信息接受论》，湖北教育出版社 1994 年版，第 113 页。
② ［美］西奥多·罗斯扎克：《信息崇拜》，苗华健等译，中国对外翻译出版公司 1994 年版，第 14—15 页。

一阵一阵的信息热浪被我们掀起之后，难免形成虽是绚烂多彩却多少是空洞乏实的信息泡沫。也就是说，当信息被抬高到无以复加的地位、被扩展到无处不在的领域、被描述和赋予了无所不能的功用后，才发现其中的神奇和万能多是人造的神话堆积起来的，或者是通过语言游戏与修辞手段"虚在"地建构起来的，甚至在许多地方"信息"就如同"皇帝的新衣"是子虚乌有的东西，是一厢情愿者们"需要出来"的，用今天的流行语来说，是"被信息"的结果。正是非信息现象的大量、普遍地"被信息"，使得人们在对信息的重视和颂扬中，也有不切实际的夸张，形成虚假的信息繁荣，这就是越吹越大的"信息泡沫"。

而去掉泡沫之后，我们发现我们真正需要的是一种走下神坛的信息，需要日常生活中的信息，需要人化、属人性的信息；只有摆脱对信息的唯信息主义理解，唯此才能有一种对信息价值的真正发挥；为此就需要反对信息崇拜、信息万能论。

如果把信息主义看作是认识世界的一个阶段，是认识世界成果的一个组成部分，是多维世界的一个侧面的描述，这或许是值得称道的。或者说，我们需要将一种可能基于信息技术决定论的信息主义进路与信息崇拜划清界限。就是说，在走向信息主义时要避免极端的、单向性的信息主义，而是一种科学与人文接缘、信息技术与社会文化互动的信息主义，一种可以与其他的合理视界兼容的视界，而不是排斥其他一切视界的"独断性"的信息主义。

后 记

大概在四五年前，我开始对技术哲学如何向具体技术形态的哲学研究推进感兴趣，其中首推信息技术。在对信息技术进行哲学研究时，发现兴起于信息社会学领域中的"信息主义"是一个很有意思的概念，但由于它又是限制于社会学领域，而缺乏当我们接触它时产生的哲学联想，所以萌生了将其推向哲学视阈的想法。此后，我陆续在《中国社会科学》、《哲学研究》等刊物上发表了十几篇论文，探讨了一般的和以各种特殊方式表现出来的哲学信息主义，主要包括：《论作为一种理论范式的信息主义》（《中国社会科学》2007 年第 2 期），《"是论"的信息哲学分析》（《哲学研究》2009 年第 3 期），《信息、文化与文化信息主义》（《自然辩证法通讯》2010 年第 2 期），《信息的价值与价值论信息主义》（《学术界》2010 年第 2 期），《从信息认识到认识论信息主义》[《洛阳师范学院学报》（哲学社会科学版）2010 年第 1 期），《信息政治与政治信息主义》（《中国青年政治学院学报》2010 年第 1 期），《"资本信息主义"与若干经济哲学问题的呈现》（《学术月刊》2009 年第 12 期），《信息主义的多种含义》（《哲学动态》2009 年第 12 期），《历史观信息主义：从媒介决定论到信息方式》（《科学技术哲学研究》2009 年第 6 期），《信息方法与方法论信息主义》（《中国人民大学学报》2009 年第 6 期），《信息技术决定论：从信息社会到信息主义》（《东北大学

学报》2009年第5期），《论信息消费主义》（《江西社会科学》
2009年第5期），《信息主义视域中的两个人本学问题》（《中国
青年政治学院学报》2009年第1期），《科学哲学中的信息主义
趋向》（《自然辩证法通讯》2008年第5期），《技术哲学中的信
息主义》[《东北大学学报》（社会科学版）2008年第1期]，《论
"信息主义"的兴起》，[《光明日报》（学术版）2007年10月23
日]……最后形成了一部专著《信息主义：从社会观到世界观》，
于2010年5月由中国社会科学出版社出版。

在上述的研究过程中，以及专著出版后，不断有一些新的问
题产生出来，促使我进一步围绕这一问题去继续思考，尤其是关
于信息的哲学含义问题、信息主义的认识论形式问题、信息主义
与金融危机问题、信息技术决定论的全面表现问题……恰逢此时
剑英总编提议编写一套"当代新哲学丛书"，特别邀我写其中关
于信息主义的一本，于是借此机会将一些新的思考叙述出来，成
为了眼前的这本《信息主义及其哲学探析》。

本书得以出版，要由衷感谢剑英总编对我选择"信息主义"
加以研究的一贯支持和鼎力相助。还在他任《中国社会科学》副
总编辑时，就对我的投稿《论作为一种理论范式的信息主义》表
现了极大的兴趣，并提出了宝贵的修改意见；后来他任中国社会
科学出版社总编辑后，听说我完成了书稿《信息主义：从社会观
到世界观》，便随即让我电邮给他电子版的书稿，在审读后很快
表示希望此书在本社出版；然后就是支持我深化对信息主义的研
究后再为"当代新哲学丛书"写出一本兼具介绍性和研究性结合
的读物。总之，"信息主义"在国内的研究和传播历程是和剑英
总编的倾力关心分不开的。此外，本书责任编辑为本书的编校付
出了辛勤的劳动，在此一并深表感谢。

肖　峰

2010年8月30日